JACQUES NEIRYNCK

Docteur en sciences appliquées, Jacques Neirynck a enseigné aux universités de Kinshasa (République démocratique du Congo) et de Louvain (Belgique). Après une carrière dans l'industrie, il a dirigé, à partir de 1972, la chaire des circuits et systèmes de l'École polytechnique fédérale de Lausanne. Il a siégé au Conseil national de la Confédération helvétique de 1999 à 2003, et se consacre depuis 1996 à son activité de journaliste et d'écrivain.

Il est l'auteur d'une vingtaine d'ouvrages scientifiques, d'essais et d'œuvres de fiction, dont une trilogie romanesque comprenant *Le manuscrit du Saint-Sépulcre* (Cerf, 1994 – prix des Libraires religieux), *La révélation de l'ange* (paru initialement aux éditions Desclée de Brouwer sous le titre *L'ange dans le placard* en 1999) et *La prophétie du Vatican* (Presses de la Renaissance, 2003).

JACQUES NEIRYNCK

Docteur en sciences appliquées, Jacques Neirynck a enseigné aux universités de Kinshasa (République démocratique du Congo) et de Louvain (Belgique). Après une carrière dans l'industrie, il a dirigé, à partir de 1972, la chaire des circuits et systèmes de l'École polytechnique fédérale de Lausanne. Il a siégé au Conseil national de la Confédération helvétique de 1999 à 2003, et se consacre depuis 1996 à son activité de journaliste et d'écrivain.

Il est l'auteur d'une vingtaine d'ouvrages scientifiques, d'essais et d'œuvres de fiction, dont une trilogie romanesque comprenant *Le manuscrit du Saint-Sépulcre* (Cerf 1994 – prix des Libraires religieux), *La révélation de Léonard* (paru initialement aux éditions Desclée de Brouwer sous le titre *L'ange dans le placard* en 1999) et *La prophétie du Vatican* (Presses de la Renaissance, 2003).

LA PROPHÉTIE DU VATICAN

DU MÊME AUTEUR
CHEZ POCKET

UN PAPE SUISSE

1. LE MANUSCRIT DU SAINT-SÉPULCRE
2. LA RÉVÉLATION DE L'ANGE
3. LA PROPHÉTIE DU VATICAN

JACQUES NEIRYNCK

Un pape suisse

***

LA PROPHÉTIE DU VATICAN

PRESSES DE LA RENAISSANCE

ISBN 2-266-14498-7

Pour Lucas

Les scribes lient de pesants fardeaux et les mettent sur les épaules des hommes, alors qu'eux-mêmes se refusent à les remuer du doigt. Ils aiment à occuper les premiers sièges dans les synagogues et à s'entendre appeler « Maître » par les hommes. Pour vous, ne vous faites pas appeler « Maître » car vous n'avez qu'un seul maître et vous êtes tous frères. N'appelez personne sur la Terre votre « Père » car vous n'en avez qu'un seul, le Père céleste. Ne vous faites pas non plus appeler « Docteurs » : car vous n'avez qu'un seul Docteur, le Christ.

(Évangile selon saint Matthieu au chapitre 23)

1

Bien avant que la motrice n'atteignît sa position réglementaire à dix mètres du butoir, le convoi s'arrêta, comme s'il était essoufflé d'avoir parcouru les cinq cent soixante-quatre kilomètres de rail qui séparent la *Stazione Termini* de Rome de la *Stazione Centrale* à Milan.

Le train ressemblait à une chenille multicolore. Des graffitis recouvraient les wagons, au point qu'il devenait impossible d'en distinguer encore la couleur originale. Sans doute le beige sale, un gris sombre ou ce vert fade qui expriment la retenue esthétique convenant à une entreprise d'État. En revanche, les bombages déployaient l'arc-en-ciel dans ses nuances les plus bigarrées, l'écarlate, le cobalt, l'émeraude, l'orange, le mauve. Au premier regard, on ne distinguait que de simples taches de peinture. Puis, en y prêtant attention, on détectait des hiéroglyphes qui n'appartenaient à aucun alphabet connu. La caste des barbouilleurs célébrait son culte de la laideur, en alignant des signes dénués de sens pour se moquer de toute écriture.

Plus bas, la rouille et la poussière s'étaient mélangées avec l'huile de graissage pour composer un enduit noir et gluant qui caparaçonnait les roues, les essieux et la suspension. À intervalles réguliers, des liquides douteux s'échappaient du corps de l'animal blessé et coulaient sur le ballast qui refusait de les boire, tant il était saturé par les déjections de tous les convois antérieurs, qui s'étaient accroupis le long du même quai.

Le machiniste partait en retraite le lendemain. Il aurait pu mener la motrice au bout de sa course, comme un écolier sage qui transcrit sa copie jusqu'au point final. Mais il avait décidé de terminer salement un sale métier. Il ne songeait pas à protester contre la vie menée durant trente années, même si la routine avait été pénible à supporter. Les horaires irréguliers contrariaient la vie de famille, les trajets de nuit détraquaient le sommeil, les mauvais repas ruinaient l'estomac, les cantines lugubres sentaient la cigarette éteinte et le café bon marché. Le pire avait été les pauses entre deux périodes de travail, aux quatre coins de l'Italie : il se figurait alors sa femme en train de le tromper. Pour en avoir bénéficié lui-même, il connaissait trop bien l'affabilité œcuménique des conjointes de cheminots, se morfondant seules dans les petits appartements des quartiers sordides à proximité des gares.

En garant mal le convoi, il voulait protester plutôt contre le retard du train et prouver qu'il n'en était pas responsable. À chaque gare intermédiaire, à Florence, à Bologne, à Parme, à Piacenza, il avait dû céder la voie à l'Eurostar. Ce train des nantis respectait l'horaire, car ses éventuels retards étaient sanctionnés par le remboursement des billets. Comme les riches achetaient le droit de voyager vite, les *Ferrovie dello Stato* honoraient en priorité ce contrat exceptionnel qui prévoyait quatre heures et demie pour le trajet Rome-Milan. En revanche, un train ordinaire, celui qu'il avait conduit, prenait déjà six heures quarante-neuf minutes selon l'horaire. En fait, il avait circulé et attendu au total près de huit heures. On ne fait pas rouler impunément des trains lents et des convois rapides sur la même voie, sinon en acceptant d'arrêter les premiers au moindre contretemps. Dans cette société à deux vitesses, lui, le machiniste, avait donc décidé de se figer dans une protestation muette à la dernière minute. Son ultime arrivée à Milan aux commandes d'un convoi peinturluré l'avait outré : il se sentait pareil à un clown giclant sur une piste de cirque avec un gros nez rouge pour faire rire les enfants.

Il serra les freins, libéra les portes et se pencha par la lucarne pour voir défiler les passagers qu'il avait conduits jusqu'au bout de cette course de lenteur. Il fallait qu'ils fussent écervelés ou nécessiteux pour s'embarquer sur un train catalogué « express », selon la grandiloquente terminologie des *Ferrovie dello Stato*. À chaque arrivée, c'était sa marotte de contempler le cortège de ratés qu'il avait convoyés vers leurs destins minables.

Le premier voyageur, qui arriva à sa hauteur, courait autant que le permettait son bagage, une pauvre mallette de cuir tout à fait usagée. Le machiniste n'était pas expert en maroquinerie, sinon il aurait remarqué que cette petite valise portait la griffe d'un grand bagagiste et qu'elle devait être quelque relique d'une période prospère dans la vie de l'homme. En regardant de plus près, il aurait découvert qu'une chaînette dorée liait la poignée de la mallette au bras gauche de son propriétaire.

Mince, le visage pâle et austère mangé par une barbe naissante, le cheveu rare tirant sur le gris, vêtu d'une chemise toute blanche, élimée mais bien repassée, d'une veste noire aux revers luisants et d'un pantalon fripé par le trajet, le voyageur pouvait avoir la soixantaine. Les chaussures un peu avachies avaient été scrupuleusement cirées. Il portait un béret noir et des lunettes de soleil, alors que celui-ci était couché depuis longtemps. Il donnait l'impression d'être équipé de bric et de broc, comme un pauvre habillé par une œuvre de bienfaisance ou un prisonnier relâché après une longue peine.

L'homme se précipita vers le tableau d'affichage des départs. Le dernier train interrégional pour Vintimille, départ selon l'horaire à 20 h 15, n'y était plus affiché. L'horloge numérique du tableau affichait 20 h 18. Il n'avait raté sa correspondance que de trois minutes. Alors que les trains normaux arrivaient toujours en retard, ils partaient tout aussi systématiquement à l'heure exacte, comme pour faire enrager les voyageurs pressés.

Selon la légende dorée, qui tient lieu d'histoire à un peuple distrait, les trains italiens étaient arrivés à l'heure durant quelques décennies, grâce à la poigne de Benito Mussolini. Cependant le peuple n'avait pas longtemps supporté cette exaction contraire au génie national : il avait suspendu par les pieds le cadavre du dictateur tatillon à la poutre d'une station d'essence de la piazza Loretto à Milan. Depuis cet épisode déplaisant, les Italiens vivaient en République et les trains suivaient des horaires fantaisistes, conséquence de l'absolutisme d'un pouvoir maffieux tempéré par l'anarchie des cheminots.

D'un pas plus lent, le voyageur se dirigea vers de grands placards jaunes à la typographie minuscule et vieillotte, qui affichaient à contrecœur le détail des horaires. Le prochain train pour Vintimille ne partirait qu'à 3 h 25. S'il décidait de le prendre, il serait obligé de patienter à Milan jusqu'au milieu de la nuit et de s'embarquer dans les pires conditions. D'ici quelques heures, l'alerte risquait d'être donnée à Rome et la police entamerait naturellement ses recherches dans les aéroports et les grandes gares.

C'était miracle qu'il n'ait pas été reconnu dans le train, alors qu'il n'avait pu se procurer d'autre déguisement que son béret noir, ses lunettes de soleil et une esquisse de barbe. Depuis une semaine, il ne s'était pas rasé en prétextant une irritation de la peau. Il avait poussé la ruse jusqu'à demander qu'on lui fournisse une crème dermatologique. Tous les soirs, il vidait une partie du tube dans les toilettes, tant il était persuadé que ses moindres mouvements étaient épiés et que ses affaires étaient fouillées durant les heures où il travaillait.

Il avait minutieusement organisé son escapade, en choisissant de prendre à la *Stazione Termini* l'express de 12 h 30, qui aurait dû le conduire à Milan à 19 h 09 avec une marge de sécurité pour assurer la correspondance avec le dernier train pour Vintimille. Il avait renoncé à voyager dans un train Eurostar pour minimiser le risque d'être reconnu.

Ce matin aux alentours de midi, lorsque les estomacs creux des fonctionnaires commençaient à les faire bâiller et à relâcher leur vigilance, il s'était éclipsé du vieux bâtiment poussiéreux attenant à la basilique de Saint-Jean-du-Latran. Pour éviter de prendre un taxi, il avait parcouru d'un pas rapide la via Merulana, qui le mena à Sainte-Marie-Majeure et à la gare, en résistant à la tentation de s'arrêter à un comptoir pour rafraîchir sa gorge desséchée par l'angoisse. À la gare, il avait acheté à un automate un billet de seconde classe pour Vintimille. Personne ne l'avait remarqué, il était passé inaperçu comme ces héros de légende qui peuvent se rendre invisibles.

Durant tout le trajet de Rome à Milan, il avait feint de somnoler, le béret rabattu sur le front. Il partageait le compartiment d'une famille sicilienne au complet, plus occupée à saucissonner qu'à se préoccuper d'un homme entre deux âges, qui ne manifestait aucune velléité d'engager la conversation. Apparemment, ils ne l'avaient pas reconnu. C'était à peine croyable, compte tenu de toutes les photos diffusées dans la presse ou de ses passages dans les journaux télévisés. Peut-être avaient-ils feint de ne pas l'identifier. Pour survivre en pays maffieux, on apprend à fermer les yeux ou à les garder baissés.

Ainsi son chemin de fuite s'interrompait provisoirement à Milan. D'ailleurs il n'avait aucun itinéraire précis. Il s'était mis en route sans savoir où celle-ci le mènerait. Il voulait simplement quitter le pays aussi vite que possible sans exhiber des papiers d'identité, qui l'auraient trahi à coup sûr. Comme la frontière entre l'Italie et la France est la seule où la police ne procède à aucun contrôle, elle constituait un passage obligé. Après l'avoir franchie, il aviserait. Puisque sa langue maternelle était le français, il serait de toute façon moins repérable qu'en Italie, où son accent l'aurait vite fait découvrir. Il rejoindrait peut-être son vieux maître à Sylvanès, en Aveyron. Là il parviendrait sans doute à se faire oublier.

Bien sûr, il eût mieux valu ne pas traîner dans cette gare qui constituait une souricière idéale. Néanmoins il résista à la tentation de prendre un des deux trains pour Genève ou pour Zurich, qui partiraient dans moins d'une demi-heure. La police suisse était réputée pour son zèle et il courrait tous les risques de se faire remarquer. Il se résigna donc à attendre dans la gare le prochain train pour Vintimille, en essayant de ne pas se faire remarquer. Il n'était pas question de descendre dans un hôtel, car dans ce pays le voyageur doit remplir des fiches de police et présenter ses documents d'identité.

Dans la gare, la police ne se manifestait guère que par la balade ostentatoire de deux carabiniers en grand uniforme, pantalon bleu à bande rouge et baudrier blanc, arpentant d'un pas régulier le hall de la gare, comme l'enseigne vivante d'une Italie d'opérette à usage des touristes venant du Nord. Cependant la police, en uniforme ou en civil, ne constituait pas son plus grand souci. Au pis, il serait reconnu, son escapade s'arrêterait là et il serait reconduit à Rome. Mais des limiers bien plus dangereux le suivaient peut-être. Si c'était le cas, si ses appréhensions étaient fondées, ceux-là ne connaissaient ni foi, ni loi et ils ne se limiteraient pas à le capturer.

*

Comme il n'avait rien mangé depuis tôt le matin, il chercha un endroit discret pour se nourrir. À l'autre extrémité de la salle des pas perdus, il distingua une enseigne au néon rouge, qui annonçait *Gran Bar*. Il parcourut sur toute sa longueur l'immense coursive qui devait bien mesurer cinq cents mètres.

Au plafond, de gigantesques lustres portaient des ampoules diffusant une lumière monochrome et lugubre, soit jaune de sodium, soit bleue de xénon. Les murs étaient ornés de bas-reliefs nobles : farouches guerriers casqués, aigles, lions, flambeaux, faisceaux de licteur, couronnes de laurier, feuilles de chêne, colonnes doriques en voie de corinthinisation, tout le bric-à-brac de l'époque fasciste qui avait érigé ce monument comme s'il s'agissait d'un décor pour y jouer *Aïda*. L'abus des opéras romantiques constitue le point faible du peuple italien, car il l'entraîne à affecter des passions qui dépassent ses moyens.

Un instant, l'homme s'arrêta devant le kiosque à

journaux pour parcourir les grands titres. Aucun ne le concernait. Il était encore trop tôt pour que la nouvelle de sa fuite se soit répandue. En passant, son regard incrédule s'égara sur les titres des revues et des brochures : « *Donne in calore* », « *Giovani prostitute* », « *Asshole* », « *Wie ein Volkan* », « *Les chattes en délire* ». Dans toutes les langues de l'Europe se déclinait l'obsession génitale de ses contemporains. L'homme s'éloigna en secouant la tête. Il avait été trop longtemps tenu à l'écart de la vie quotidienne. Ainsi, il existait maintenant un huitième péché capital, la platitude, pire que les sept premiers car il mettait en péril le salut en ce monde-ci.

Par sa surface le *Gran Bar* était effectivement grand, mais là se limitait sa prétention à l'excellence. Quelques consommateurs assiégeaient le banal comptoir de la cafétéria, surtout des jeunes, en shorts effrangés, chargés de sacs, effectuant une halte obligée à Milan dans la navette des gens du Nord vers le Sud. C'étaient de robustes géants, blonds ou roux, aux cuisses livides ou écarlates selon le sens de leur migration, escortés par des filles à peine moins grandes que leurs compagnons, efflanquées comme des chattes faméliques. Les garçons engloutissaient sans remords des hot dogs, des hamburgers, des pizzas, des sandwichs, des aliments industriels qui coupaient la faim sans vraiment rassasier. Ils ne mangent pas, songea le voyageur, ils se nourrissent, ils ne savent plus ce que signifie un repas. Ils n'ont jamais vraiment mangé. Ils ne savent pas de quoi ils ont faim. Ils ne le sauront sans doute jamais.

L'homme hésita un instant devant un distributeur automatique, qui laissait le choix entre des Bacci de Perugina, des panettone de Motta, du chocolat Toblerone, des mignonnettes de Grappa Julia, mais il y renonça car il avait trop envie d'un repas chaud, même au risque d'être reconnu. À une caissière totalement indifférente, il acquitta le prix d'un croque-monsieur et d'une orangeade. Il échangea ses tickets au comptoir, sans susciter aucun intérêt de la part du barman. Le regard des employés était vide, ils remplissaient leur tâche par habitude, ils ne risquaient guère de le reconnaître. Ils travaillaient à la chaîne : clients et marchandises étaient normalisés et interchangeables.

Comme sa main gauche était entravée par la mallette, le voyageur fut obligé de coincer l'assiette en grosse porcelaine blanche entre le pouce et l'index de la main droite, tout en tenant la bouteille d'orangeade avec les trois autres doigts. Il semblait très adroit de ses mains. Peut-être était-il musicien.

Il s'assit sur une sorte de tabouret en plastique lie-de-vin devant un guéridon minuscule et crasseux. Un parasol aux armes de Coca-Cola l'abritait d'un soleil imaginaire. Le propriétaire du bar espérait manifestement conférer un air de vacances à son sinistre établissement.

Le voyageur mordit avidement dans le croque-monsieur. Il se brûla les gencives dans une pâtée qui possédait la consistance du fromage fondu sans en avoir le goût. À vrai dire, cela n'en avait strictement aucun. Tandis qu'il s'efforçait de rafraîchir ses muqueuses brûlées avec une lampée d'orangeade, qui n'évoquait pas l'orange même de très loin, un homme vint s'asseoir sur le tabouret en face de lui et le dévisagea avec insistance avant de prendre la parole d'une voix rauque :

« Je ne vais pas dire qui tu es, mais tu dois bien te douter que je t'ai déjà zyeuté quelque part. C'est comme si tu étais un membre de ma famille. Vraiment curieux cette impression de te connaître depuis toujours. De ne t'avoir plus rencontré depuis cinquante balais et cependant de t'avoir maté tous les jours dans les canards. »

Le voyageur se figea. L'autre l'avait interpellé en français. Comment savait-il ? Il avait mauvaise façon, des cheveux sales et trop longs, un blouson et un pantalon de ce coutil grossier qui sert à faire les blue-jeans, l'encolure ouverte sur une poitrine très poilue, le visage rougeaud, des dents gâtées ou absentes, l'haleine rebutante. Il alluma une cigarette.

« Tu serais bien gentil de me payer à boire. Une boutanche de valpolicella. Une grande avec un long col comme celle qui se trouve derrière la caisse. Je pomperais facilement les deux litres de picrate en une heure. Il fait sec. J'ai beau écluser, j'ai de plus en plus soif. Si la mer était du pinard, je crois que je l'écluserais. Et puis, je clamserais content. »

Il sentait mauvais, de cette odeur âcre des corps qui n'ont pas été lavés depuis longtemps. Une odeur de pauvre, de sale et de vieux que l'on ne connaît plus dans les pays riches. La véritable odeur de l'homme. Il prit de force la main droite du voyageur et la posa sur son propre poignet.

« Quand j'ai pas à boire, j'ai mal aux articulations. Tâte comme elle est gonflée. Cela me rend dingue. Je gamberge de plus en plus vite. Je finirais par dire ton blase à haute voix. Tandis que je m'arrête de penser dès que j'ai sifflé. T'as donc intérêt à me payer la fiole de valpolicella. Tu piges ? »

Le voyageur avait toujours eu horreur du contact avec le corps d'un autre. Il s'efforça de retirer sa main droite de l'étreinte du vagabond mais il était entravé par la mallette toujours attachée à son poignet gauche.

« Tiens, je vais même te dire ton prénom. C'est curieux, je me souviens toujours mieux des prénoms que des noms de famille. Tu t'appelles Emmanuel. Oui, c'est ça. Il y a pas plus Emmanuel que toi. C'est écrit sur ta bobine. Tu mérites bien ton prénom. D'ailleurs tu n'as plus de nom de famille. »

Emmanuel demeura impassible. L'autre ajouta :

« Mais t'es connu sous un autre prénom, qui est le mien du reste, Jean. Dans ton métier, on change de prénom quand on est promu. Et on y ajoute un numéro d'ordre. Ce numéro-là je le connais aussi. Divisible par 2, 3, 4, 6, 8, 12. J'ai la passion des chiffres, je les retiens par la liste de leurs diviseurs. Mais ton nom de famille, je vais faire comme si je ne m'en souvenais pas. »

La fumée irritante de sa cigarette fit tousser Emmanuel, qui se leva sans mot dire, alla à la caisse et revint en tenant la bouteille de valpolicella à la main droite, un gobelet de plastique ballottant sur le sommet de la bouteille, la mallette toujours enchaînée à la main gauche.

Son compagnon déboucha la bouteille avec un canif extirpé d'une poche. Il se servit et but coup sur coup deux gobelets. Puis il regarda Emmanuel en souriant :

« Ah ! La vie est bonne. T'es donc en cavale. Cela devait arriver. Et dans cette mallette, tu emportes sans doute ce qui t'a décidé à fuir. Est-ce que tu te rends compte du blé que vaudrait cette information, si je rencardais un journaliste ? »

Il se resservit de vin, but, claqua la langue et alluma une autre cigarette au mégot de la première.

« Rassure-toi. Je vais pas cafter. Mais toi, vraiment tu ne me retapisses pas ? »

Emmanuel secoua la tête. Il commençait à être plus intrigué que dégoûté.

« Toi, tu peux pas me reconnaître car tu m'as plus vu depuis très longtemps, mais moi je vois ton portrait au moins une fois par semaine. Sans barbe, sans lunettes et sans béret. Tu es un autre gus. Même plus qu'un homme. »

La voix présentait des intonations familières à Emmanuel, mais elle était devenue rauque, sans doute par l'abus d'alcool et de tabac. Deux grandes rides encadraient la bouche, exprimant davantage d'ironie que d'amertume. Il y avait quelque chose de gamin dans l'attitude de l'étranger, qui se resservit un verre de rouge et l'absorba d'un coup. Il annonça d'un coup :

« Je suis Jean Batsi, ton cousin d'Échallens. »

Tout aussi subitement Emmanuel se souvint du visage de son cousin dont il démêlait vaguement les traits dans la figure du vagabond. Cela pouvait effectivement être Jean Batsi mais il avait bien changé.

Emmanuel parla pour la première fois :

« Je suis désolé, Jean, je ne parvenais pas à te reconnaître. Maintenant que tu me le dis, je me souviens très bien que nous jouions ensemble lorsque tu venais chez mes parents dans le Valais. Mais nous avions alors dix ou douze ans. J'espère que tu ne m'en veux pas. »

« Il y a pas de mal. »

Emmanuel se sentit obligé de manifester une curiosité polie :

« Et toi, qu'est-ce que tu es devenu ? »

Jean commença à se raconter. Son histoire était banale. Il avait travaillé comme compositeur typographe, puis comme correcteur d'épreuves durant un quart de siècle, mais il avait mal pris le tournant de l'informatique. À cinquante ans, il avait perdu son emploi par manque de qualification lors de la restructuration de son entreprise par une multinationale.

« Restructuration, j'ai dégusté ce mot compliqué pendant des années comme un bonbon contre la toux. Ils choisissent des mots obscurs pour cacher une réalité simple, toujours la même : ils te lourdent parce que les machines remplacent les mecs, parce que cela va leur rapporter du pèze en plus. Même pour un franc par jour, ils te balancent. Les articles pour les canards imprimés dans le turbin arrivaient d'abord sur des disquettes, puis par Internet. Il y avait plus qu'à couper, coller, composer le titre et les intertitres. Ce n'est plus un boulot. Cela s'apprend en quelques jours. Toute ta jeunesse, tu t'échines à apprendre et, quand tu es adulte, tu découvres que ton métier n'existe plus. C'est-à-dire que tu ne vaux plus rien. »

Il avait tout fait pour s'en sortir : serveur dans un fast-food, caissier dans une station d'essence, vendeur d'encyclopédies par téléphone. C'était la crise. Il n'y avait plus de place pour lui. Ses enfants étaient partis. Sa femme l'avait quitté.

« Elle aussi, elle m'a licencié. Sans scandale. Elle en avait marre de me voir vautré toute la journée sur le divan face à la téloche. Elle me reprochait ce que je me reprochais à moi-même, de ne pas travailler. Elle a déménagé, elle travaille comme réceptionniste dans un petit hôtel. J'ai un fils qui est employé de commerce et une fille qui fait coiffeuse. Ils survivent tous, mais de justesse. Quand ils doivent aller chez le dentiste, c'est la cata. L'assurance maladie ne rembourse pas les appareils. Ils sont édentés. Au jour d'aujourd'hui, quand quelqu'un ouvre la bouche tu peux évaluer son salaire rien qu'en comptant les chocottes qui manquent à l'appel. »

Les indemnités de chômage épuisées, il n'avait pu payer le loyer d'un logement.

« On ne se trouve jamais à la rue par hasard. Il y a une longue histoire avant. Un jour tes épaules plient. Et tu te casses. Alors j'ai commencé à tailler la route, conclut-il posément. En été je vis en France à gauche et à droite. Plutôt à gauche d'ailleurs. En hiver, je descends tout en bas de l'Italie, vers Naples ou Reggio. Il fait plus chaud et c'est très important quand on dort dans la rue. Je suis en train de remonter vers le Nord tel que tu me vois, comme une hirondelle au printemps. Je voyage léger. Je n'ai pas vraiment de bagages. Un sac, mes vêtements, c'est tout. »

« Tu as faim ? demanda Emmanuel. Tu ne veux pas que je t'achète quelque chose ? »

« Non, je n'ai jamais vraiment faim. La vinasse nourrit. Et puis la société de consommation jette de la nourriture. Inutile de gaspiller ton pèze à l'acheter. Il suffit de faire la tournée des places de marché. Important de connaître les jours de marché. C'est le premier renseignement qu'il faut dégoter quand on arrive dans un patelin. »

Il but encore un coup. La bouteille était à moitié vide. Dans son enthousiasme, Jean remplit de vin le gobelet d'Emmanuel. L'orangeade se mélangea au vin et prit une jolie couleur de sangria.

« Remarque : les fruits et les légumes, cela cale l'estomac mais tu ne vas pas très loin. Tu attrapes la courante, ce qui est chiant, si tu me passes l'expression, quand on se trouve en rade. Tu dois baisser le froc entre deux bahuts et les flics te courent sus, parce que des nanas te dénoncent pour exhibitionnisme. Alors pour équilibrer ton régime, il faut trouver de la viande et du pain. La meilleure ressource, ce sont les poubelles des restaurants. La bouffe se trouve entassée en couches géologiques exploitables alors que les poubelles ménagères sont plutôt chaotiques, façon pêche avariée mélangée au camembert coulant. Au fond, ta seule cantine, j'y reviens obstinément, c'est le kil de rouquin. »

« C'est-à-dire » ? demanda Emmanuel que le vin grisait tout doucement.

« Le litre de rouge ! Tout ton fric doit être réservé pour ça. Et n'essaie surtout pas le blanc. Bourré de soufre. Il te file la chiasse, voir plus haut. Mais le rouge cela tient au corps. Cela te fait du sang. Quand tu rencontres un type dans ton genre, tu lui offres le coup de rouge. Comme la marquise qui tend la tasse de thé à sa visiteuse, le petit doigt en l'air. »

Emmanuel ne put résister à sa pente moralisatrice :

« C'est très dangereux quand tu dors en plein air de boire de l'alcool. Tu risques de prendre froid et même de mourir. »

« Boniment de toubib, ça. Ou de curé. Ils feraient mieux de nous ouvrir leurs portes. La vérité, la vérité vraie, c'est que le pinard est indispensable pour tenir le coup. Essaye donc de pioncer une nuit dehors, sans avoir vraiment biberonné. Tu te mets à trembler. C'est impossible de roupiller. Et le lendemain tu t'endors debout. Dès que tu t'assieds sur un banc, tu ronfles et la flicaille te ramasse. Le rouge, il y a que ça de vrai. Il réchauffe le cœur. Illusion peut-être mais salutaire. Tu dors malgré le froid. Il y a que ça de vrai. »

Emmanuel se tut. Il consulta sa montre : il était à peine neuf heures et demie. Il devrait encore attendre près de cinq heures pour embarquer. Autant demeurer avec son compagnon. Il serait moins facilement repéré. Et puis, il ne se sentait pas le courage d'abandonner Jean Batsi.

Ce soir parmi tous les soirs, pourquoi avait-il fallu qu'il rencontre un cousin qu'il n'avait plus vu depuis un demi-siècle ? Il n'avait donc pas quitté Rome en vain. Il éprouva le sentiment d'avoir fait le bon choix, comme si, de toute éternité, sa rencontre avec Jean Batsi avait été préparée dans un dessein bien précis.

Jean lui rendit la politesse :

« Et toi ? Qu'est-ce que tu deviens ? Et tout d'abord

que fais-tu, tout seul à te planquer dans la gare de Milan ? »

« C'est une longue histoire. »

« Nous avons tout le temps. »

Et Jean remplit leurs deux verres avant de commenter sentencieusement :

« La vie est bonne. »

Puis il essuya avec sa manche une goutte de morve sur sa lèvre supérieure, il cala son menton sur son poing et il écouta ce que Emmanuel voudrait bien lui confier. Il savait que ce ne serait qu'une partie de la vérité, la moins intéressante. Comme l'étrange métier de son cousin consistait à ne se tromper jamais, il fallait qu'il se taise bien plus qu'il ne parle et, s'il parlait, qu'il ne dise rien que l'on ne sache déjà.

2

Tu te souviens sans doute de mon élection surprise, voici dix-huit mois, dès le troisième scrutin du conclave. Je n'ai jamais pensé, fût-ce un seul instant, que ces suffrages aient couronné mes mérites ou qu'ils se soient adressés réellement à ma personne. Ils procédaient d'un malentendu que j'avais agencé moi-même, sans même m'en rendre compte.

Avant mon élection, j'occupais la fonction de cardinal préfet de la Congrégation pour la Doctrine de la Foi. Confronté aux dégâts causés par l'ère précédente, je m'étais efforcé de garder un profil bas, de ne rien dire et de ne rien faire. Moins une doctrine est précisée, moins elle suscite d'objections ; moins on condamne, moins on risque de se tromper ; il suffit de ne pas approuver pour ne pas se compromettre. De temps en temps lors d'un entretien avec un journaliste, j'émettais une formule obscure qui pouvait être interprétée contradictoirement par tous les camps.

Conditionné par les années passées dans l'appareil de l'institution, j'étais passé maître dans l'art de ne dire ni oui ni non, je me conduisais à rebours du conseil évangélique. Loin de prendre la parole pour prêcher le royaume de Dieu, je l'escamotais en me persuadant que cela constituait un moindre mal et que j'agissais par humilité. En vérité, je redoutais surtout de me compromettre. Moi-même, je ne tenais pas tellement à réussir. Mais comme toute la prélature environnante considérait que la carrière était sacrée, qu'elle mesurait le zèle déployé au service de l'Église et que l'ambition en devenait légitime, je m'évertuais à réussir par pur mimétisme, comme le caméléon qui prend la couleur du décor. Même si l'on n'a pas le goût du pouvoir, il s'attrape comme une maladie contagieuse. Il m'a fallu cette épreuve pour comprendre que l'œuvre de Dieu commence où se termine le pouvoir des hommes.

Puisque personne n'avait rien à me reprocher, puisque je n'avais aucun mérite qui puisse écraser les autres candidats, puisque je n'étais ni excellent ni bon mais passable, je constituais le candidat de compromis idéal pour le siège de Pierre. Dans l'état de confusion où était et est tombée de plus en plus l'Église catholique, écartelée entre des tendances divergentes, le choix d'un pape suisse semblait une issue providentielle. Neutre par définition, il ne prendrait aucun parti ; inerte par tradition, il ne provoquerait aucun bouleversement. Par sa présence inanimée, par son Absence Réelle, il imposerait une trêve d'appesantissement. Comme la Croix Rouge qui demeure l'ultime sauvegarde contre la décomposition d'un pays ravagé par la guerre civile, je personnifiais un brancardier spirituel, apte à ramasser les blessés des conflits doctrinaux du XXe siècle. J'arbitrerais la trêve de Dieu entre les fonctionnaires de Dieu.

Très curieusement, jusqu'à ce que je sois élu, il n'y avait jamais eu de pape suisse. Plus de deux cents papes durant vingt siècles et pas un seul Suisse. Cent gardes suisses pour un pape non suisse, comme si notre peuple était spécialisé dans les fonctions subalternes. Cela aurait dû alerter les virtuoses de la *combinazione*, qui organisèrent mon élection, comme toutes les précédentes du reste. Ils auraient dû réfléchir qu'un pape suisse était et demeure une contradiction dans les termes.

Dans le passé, les éventuels candidats suisses ne furent jamais sérieusement pris en compte, parce qu'un démocrate ne pouvait assumer le pouvoir absolu et qu'un républicain ne pouvait devenir monarque. Aujourd'hui, alors que la démocratie est devenue politiquement correcte, sinon en réalité du moins en principe, le passeport suisse cesse d'être un inconvénient pour un futur pape. Il ne demeure plus que les mérites, réels ou supposés, de notre peuple : la neutralité, le pragmatisme, le goût du travail bien fait, le civisme, la modestie. Ces vertus bénéficiaient d'un prestige démesuré au Vatican, dans l'exacte mesure où personne ne les pratiquait. Cette assemblée de célibataires par métier, à la fois paresseux et agités, onctueux et intrigants, secrètement blessés de ne pas atteindre l'idéal de leur jeunesse, cherchaient à contrebalancer leurs défauts évidents par mes qualités supposées.

C'est exactement sur ce point que les stratèges de mon élection se trompèrent. Une fois élu, je n'avais plus aucune promotion à espérer et il me devenait possible d'exprimer ma véritable nature, de me comporter en Suisse. Je n'entends pas attribuer quelque charisme singulier à notrc peuple, mais il est impossible de naître et de vivre dans un pays où règnent l'égalité et la liberté depuis des siècles sans adopter instinctivement une attitude circonspecte à l'égard du pouvoir. À force de vivre dans une société réellement démocratique, on apprend, dès le plus jeune âge, que la gloriole d'un potentat quelconque est ridicule avant d'être odieuse et, surtout, stérile.

Ce réflexe ne procède pas d'une longue maturation intellectuelle, comme celle des philosophes français du siècle des lumières, qui ne produisit en fin de compte que la Terreur et le bonapartisme. Il ne provient pas davantage de l'opportunisme des Russes, qui se convertissent théoriquement à la démocratie pour sortir pratiquement de la misère, mais qui sont bien incapables de la pratiquer.

Après sept siècles de démocratie helvétique et cinq siècles de paix suisse, les vertus chrétiennes deviennent innées. Il n'est plus besoin de se forcer pour les pratiquer. Par mon élection, la vie chrétienne se manifestait à Rome comme un don naturel, sans qu'il faille l'atteindre par une conversion jalonnée de renoncements et de questionnements. Vivre sur terre le royaume des cieux dans la paix de l'esprit et la joie du corps, quelle énigme pour ceux qui en sont à mille lieues !

Tout de suite après mon élection, j'ai appelé mon frère Théo à Rome, parce qu'il me semblait pressant d'aborder le débat entre la foi et la science et que Théo constituait une référence indiscutable, aussi bien par son prix Nobel que par ses découvertes archéologiques à Jérusalem[1]. Ma sœur Colombe s'est jointe à nous, parce que l'autre débat prioritaire à mes yeux concernait la place de la femme dans l'Église. Elle est médecin et s'occupe de l'accompagnement des mourants : je considère qu'elle accomplit un véritable ministère spirituel. L'Église, dont j'avais maintenant la charge, devait se débarrasser de l'héritage antique : la sagesse grecque et sa suspicion à l'égard du progrès ; les philosophes stoïciens et leur méfiance face à la vie. Un

1. Voir *Le Manuscrit du Saint-Sépulcre*.

frère physicien et une sœur médecin pouvaient m'aider bien plus que tous les théologiens du monde. Les chercheurs et les soignants acceptent de ne rien savoir sur Dieu et d'agir cependant comme s'ils le connaissaient.

Lorsque nous sommes confrontés aux grands choix dans la famille, nous avons gardé cette habitude de nous concerter à trois. Cela remonte à notre enfance. Cela vient de ce que notre mère est morte prématurément et de ce que notre père était absorbé par ses occupations. Nous nous sommes élevés mutuellement. Chacun de nous fut, est et sera père et mère des deux autres.

Nous avons sereinement fait le point de la situation. Sur le conseil de Théo et de Colombe, après quelques semaines de réflexion, j'ai posé un geste symbolique : quitter le Vatican pour Saint-Jean-du-Latran. Cette basilique est la cathédrale du diocèse de Rome. En m'y installant, j'affirmais en priorité ma position d'évêque de Rome. Je clôturais un épisode relativement court de l'histoire de la papauté, puisque le Vatican n'est devenu la résidence principale des papes que depuis 1309. Au sens propre et figuré, je remettais l'église au milieu du village.

Je cessais d'apparaître d'abord comme le chef d'un État. Et quel État ! Celui qui fut consenti par les fascistes en 1929 pour maintenir la fiction d'une souveraineté temporelle, c'est-à-dire pour reconduire une esquisse politique de la Cité de Dieu et pour enfermer l'Église catholique dans la posture d'une religion d'État. J'arrêtais de me présenter comme le chef de l'Église universelle, monarque absolu plutôt que pasteur. J'occupais la place qui me revenait, un évêque comme un autre, jouissant d'une présidence d'honneur au titre du siège de saint Pierre, sans prétendre exercer un magistère sur toutes les Églises locales. Symbole de l'unité et non gestionnaire de celle-ci. J'ai quitté le Vatican pour me rendre au Latran à pied et sans soutane, afin de marquer que je me dépouillais de tout apparat.

Sur la même lancée je promis de vastes réformes administratives : retour du territoire du Vatican à l'Italie, fermeture des nonciatures, dissolution de la Curie romaine, érection de patriarcats dans les grandes régions du monde catholique, transfert à ceux-ci de la plupart des attributions du Saint-Siège en commençant par la nomination des évêques. Ce genre de réorganisation ne peut être sérieusement contesté, car il ne se situe pas sur le plan du dogme ou des mœurs. L'organisation interne de l'Église catholique n'est pas d'institution divine. En m'occupant d'intendance plutôt que de doctrine, j'espérais rassurer provisoirement les milieux conservateurs. Je jouais mon rôle de Suisse amateur de bonne organisation, obsédé par l'ordre, maniaque de la propreté.

En revanche, je me suis bien gardé d'annoncer des réformes radicales. Bien entendu, les milieux progressistes me pressaient d'aborder les sujets polémiques : ordination des femmes, abandon du célibat ecclésiastique dans l'Église d'Occident, réhabilitation canonique des divorcés remariés, accueil des homosexuels, autorisation de la contraception, meilleur discernement à l'égard de l'avortement et de l'euthanasie, acceptation de la fécondation in vitro. Ma sœur Colombe se faisait particulièrement insistante. Malgré l'influence, qu'elle a toujours eue sur moi, je l'écoutais sans parvenir à me déterminer. Dès que je toucherais à la discipline et à la morale, je serais farouchement contesté. Il me fallait procéder avec la plus grande prudence. Je n'avais ni le droit à l'erreur, ni le droit de supposer que mes prédécesseurs en aient commis.

Certes, je souhaitais clore le chapitre navrant des interventions obsessionnelles de l'Église catholique en matière de sexualité. Je comptais publier une série de documents relativisant les condamnations précédentes et ouvrant d'autres perspectives. Je rédigeai secrètement trois encycliques : *Ancilla Domini* pour la condition de la femme et son éventuelle accession au sacerdoce, *Ad altare Dei* pour l'ordination d'hommes mariés qui devrait dépendre exclusivement des nouveaux patriarcats, *Crescere et multiplicare* pour la morale de la reproduction. Je polissais et repolissais les textes en espérant faire passer le fond en soignant la forme. Faute de pouvoir convaincre toutes les factions, j'espérais vaguement les séduire par la pureté de mon style. Je rêvais de parachever dans la sérénité cette grande œuvre de Jean XXIII que Paul VI n'avait pas eu l'audace de poursuivre, que Jean-Paul Ier fut empêché de reprendre par sa disparition prématurée et que Jean-Paul II tint sous le boisseau.

Je présumais de mes forces. Je commençais à hésiter. La prière ne m'éclairait pas. Avant de jeter aux orties des traditions vieilles de plusieurs siècles, je me demandais avec angoisse si j'en avais le droit, si je ne me laissais pas entraîner par une mode, si je ne causerais pas un gigantesque scandale au sein de l'Église, sans parvenir à déboucher sur une solution raisonnable. Un homme seul, même appuyé par un petit groupe d'amis et de parents, à commencer par mon frère et ma sœur, ne peut ébranler une administration luttant pour sa survie.

Plus de trois mille personnes percevaient un salaire du Vatican à un titre quelconque, depuis les cardinaux jusqu'aux jardiniers. Le noyau dur était formé par un millier de prélats, italiens en majorité, qui faisaient carrière au Saint-Siège comme ils l'auraient fait dans une fonction publique quelconque. La perspective de retourner dans leur diocèse d'origine et de s'occuper du ministère ordinaire d'un prêtre, avec son défilé de baptêmes et de mariages, de messes et de kermesses, d'homélies hebdomadaires et d'écoute patiente de vieilles femmes isolées, ne les ravissait nullement. Le pouvoir ou même sa seule proximité, les perspectives de promotion, les titres emphatiques, les tenues d'apparat constituent des tentations sournoises. Celui, qui se croit appelé au sacerdoce en vertu d'une vocation singulière, en arrive toujours à se considérer comme le sauveur du monde. Il est plus facile d'y croire en se tenant dans l'entourage immédiat de celui que l'on considère à tort comme le représentant de Dieu lui-même. Rien n'est plus humain que de se prendre pour un ange.

Par ailleurs on ne dissout pas un État, fût-ce le Vatican, comme si c'était une société anonyme qui dépose son bilan. Au préalable, il fallut s'entendre avec les 169 États qui entretenaient des relations diplomatiques avec le Vatican et aussi avec des dizaines d'organisations internationales. Au nom de l'obéissance, je pouvais rappeler un nonce et mettre un terme à sa carrière diplomatique, mais je n'avais aucun pouvoir sur son correspondant, l'ambassadeur du pays étranger auprès du Saint-Siège, qui appréciait les douceurs de la vie romaine et qui ne souhaitait nullement se retrouver à Ouagadougou. Je me suis enlisé sur un banc de sable administratif, diplomatique et politique. Depuis dix-huit mois, j'ai tout essayé mais je ne progresse qu'avec une lenteur désespérante.

Bien entendu, je rencontre des difficultés financières inextricables. Dans le monde entier, les diocèses transfèrent maintenant aux nouveaux patriarcats le produit de la quête annuelle, qui alimentait jadis le denier de

Saint-Pierre. Or cette collecte entretenait le budget du Saint-Siège à concurrence de cinquante millions d'euros par an, un revenu annuel bien nécessaire pour payer les médiocres salaires du personnel et combler une partie du déficit qui s'accumule depuis plus de dix ans. À trois reprises en un an et demi, le Saint-Siège a frôlé la banqueroute. Il en a été sauvé à la dernière minute par des interventions, qui m'ont paru bien moins miraculeuses qu'intéressées. On ne quémande pas impunément chaque année des dizaines de millions d'euros sans accorder aux donateurs quelques droits qui se monnayeront plus tard.

Je n'en sors plus. Je quitte Rome comme jadis Abram a quitté Ur et Harran en Chaldée pour marcher vers la Terre promise. Il doit y avoir quelque part un terme à ce pèlerinage. Je souhaite voyager seul et incognito, comme un pèlerin ordinaire. Quand il n'est plus possible d'agir, il ne reste plus qu'à marcher. En bougeant dans l'espace, on se refuse à l'engourdissement spirituel. Dans les pays développés, la mode est maintenant à la retraite lors de marches dans le Sahara. Il fallait que j'effectue ma traversée du désert, comme Moïse, Jean-Baptiste et Jésus.

*

Face au vilain guéridon écarlate du *Gran Bar*, en buvant son orangeade chimique, Emmanuel se garda bien de tout dire à Jean Batsi, qui du reste ne s'y attendait pas. L'essentiel, le plus grave, le plus secret, le plus honteux il ne l'avait partagé qu'avec Théo et Colombe, son frère et sa sœur.

Cela s'était passé trois mois avant la fugue d'Emmanuel, le 31 décembre de l'année précédente. Pour les fêtes de fin d'année, Colombe et Théo venaient de le rejoindre à Rome.

Non sans peine Emmanuel avait réussi à se ménager un appartement personnel dans le vieux palais du Latran. Celui-ci avait longtemps servi de musée pour y empiler les dons des missions, dont l'intérêt artistique était loin d'être évident au point qu'on finit par les évacuer, les vendre ou les jeter. On était sorti de l'ère de la *conquista*. Depuis 1963, le palais abritait les bureaux du vicariat de Rome. Emmanuel apprit à ses dépens qu'un fonctionnaire, fût-il ecclésiastique, dérangé dans sa tanière est aussi féroce qu'une ourse allaitant ses petits. Chaque mètre carré de plancher représente une parcelle de pouvoir ; le nombre et la dimension des fenêtres manifestent l'accession à un certain rang. Faute d'autre satisfaction, le prélat est farouchement attaché à tout ce qui marque son excellence réelle ou supposée. À son corps défendant, Emmanuel dut promouvoir les plus opiniâtres pour s'en débarrasser, selon la formule vaticane prise au pied de la lettre : *promoveatur ut amoveatur*. Il ne parvint à ses fins qu'en transigeant avec ses convictions et en se pliant aux lois du milieu. Les faits sont têtus, comme l'avait déjà remarqué un autre réformateur appelé Lénine.

Au dernier étage d'un bâtiment sans ascenseur, Emmanuel disposait maintenant de quelques petites pièces tournées vers l'arrière du bâtiment, donnant sur le parc coincé entre la basilique et les remparts de Rome. À la tombée du dernier jour de l'année, la famille de Fully s'y trouvait réunie pour célébrer une fête tout à fait particulière. Il faisait très doux et le soleil avait brillé toute la journée.

La fête de sainte Colombe, qui se situe le 31 décembre, est partout négligée. Les uns commémorent le passage de l'an, salué dans toute la ville de Rome par une débauche de nourriture et de boisson, par des éclatements de pétards, des concerts de klaxons, des bouteilles (vides) jetées par la fenêtre, une sorte d'orgie romaine au petit pied durant laquelle les habitants de la ville la plus polluée d'Europe se débarrassent du souvenir d'une année bâclée, pour supporter l'angoisse d'en recommencer une nouvelle, toujours aussi dénuée de sens. Les quelques chrétiens, qui subsistaient à Rome et dans le monde, fêtaient saint Sylvestre, en souvenir du premier pape à avoir gouverné l'Église triomphante après sa sortie des catacombes par la grâce de l'empereur Constantin, le premier pape à n'être pas mort martyr comme ses trente-deux prédécesseurs. Cet homme de pouvoir pesait naturellement plus dans le calendrier des saints que sainte Colombe, simple vierge et martyre, espagnole de surcroît. Seuls donc dans la chrétienté, les frères de Fully, Emmanuel et Théo, fêtaient leur sœur.

Encore tout engourdie par son voyage depuis San Francisco et un décalage horaire de neuf heures, Colombe avait voluptueusement paressé dans le salon en butinant vaguement *Le Monde*, la *Neue Zürcher Zeitung* et le *Corriere della Sera* pour reprendre contact avec l'Europe, tandis que Théo s'activait en cuisine et qu'Emmanuel mettait la table, débouchait le vin, allumait les bougies, disposait les cadeaux. Il avait exposé une crèche somptueuse peuplée de santons provençaux. Jadis c'était une coutume de placer les trois rois mages à la frange et de les propulser jour après jour : les enfants de Fully avaient chacun leur roi mage et les déplaçaient juste avant le souper. Emmanuel prit sur lui de propulser les rois mages jusqu'au centre de l'action, en anticipant sur la date de l'Épiphanie. Un pape a tous les droits.

Théo, lui, se conforma strictement à la tradition : des toasts de saumon mariné à l'aneth, suivis d'une gigue de chevreuil avec ses trois compotes de coing, d'airelles et de marrons. Puis une véritable glace à la vanille qu'il avait confectionnée avec du lait, des œufs, du sucre et un bâton de vanille. Ils mangèrent en silence pour rendre hommage au travail scrupuleux de Théo, qui avait pour principe inaltérable d'entreprendre une seule tâche à la fois : « *age quod agis* », répétait-il souvent.

Le repas terminé, ils burent le café, debout sur la terrasse pour se reposer d'être assis, en jouissant de la relative tranquillité du parc et de la douceur anormale de la soirée. La nuit opaque était crevée par les éclats des premiers feux d'artifice. Quelques klaxons se préparaient à la symphonie qui se déclencherait à minuit. Des passants chantaient. Le scepticisme de ce vieux peuple se manifestait par quelques menues infractions aux lois.

Ils rentrèrent pour passer aux affaires sérieuses. Emmanuel avait apporté un gros classeur dans lequel étaient rangés les documents qu'il souhaitait discuter. Il commença à lire le premier texte à haute voix :

« Il y a deux mille ans un ovule fut fécondé de façon miraculeuse par l'action surnaturelle de Dieu. De cette union merveilleuse a résulté un zygote avec un patrimoine chromosomique en qui se trouvaient le Verbe de Dieu et le salut des hommes. Dès le premier mois de la grossesse, quand le fœtus mesurait déjà 0,8 à 1,5 centimètre, le cœur de Dieu commença à battre avec la force du cœur de Marie, et à utiliser le cordon ombilical pour se nourrir par sa mère, la Vierge immaculée. Le Verbe de Dieu était absolument dépendant d'un être humain, mais il possédait une totale autonomie génétique. »

Théo éclata de rire :

« Je ne sais pas quel est l'auteur de ce texte stupide et je vois encore moins pourquoi tu nous le soumets. C'est tout simplement ridicule. »

Avec l'âge sa tolérance scientifique ne s'améliorait pas. Il y avait le vrai et le faux, le savoir et l'ignorance, la modestie et la prétention, rien entre deux. Un monde en blanc et noir.

Colombe le coupa :

« Écoute Théo, moi, cela ne me fait pas rire du tout ! Moi, je trouve que c'est encore plus odieux que ridicule. Dans cette conception, si j'ose dire, le génome est purement divin tandis que l'utérus est humain. Marie n'est qu'un support biologique, un corps qui fournit du sang. Biologiquement l'enfant qu'elle porte n'est pas le sien. Elle prête son utérus comme une simple mère porteuse. Seul un homme peut imaginer que les femmes servent de réceptacle passif à la précieuse semence masculine, humaine ou divine, puisque bien entendu dans cette affaire Dieu est mâle. Je serais curieuse de savoir qui est le triste inventeur de ce nouveau délire. »

Emmanuel laissa tomber d'une voix neutre :

« Le cardinal Tarcisio Bertini, préfet intérimaire de la Congrégation pour la Doctrine de la Foi, mon successeur tout à fait provisoire dont la seule fonction devrait être de liquider cette institution. J'ai extrait ce texte du discours par lequel il a inauguré, le 16 novembre dernier, un colloque sur les relations entre les connaissances biologiques et la foi catholique. »

À nouveau Théo trancha sans concession :

« Non seulement il aurait mieux fait de se taire mais un tel colloque n'aurait jamais dû être organisé. Les théologiens ne connaissent rien à la biologie et les biologistes n'ont rien à faire de la théologie dans leur recherche. De toute façon ne pouvait s'instaurer qu'un dialogue de sourds, les mêmes mots ne signifiant pas les mêmes choses pour les deux parties en présence. Ce n'est pas la première fois que ce Tarcisio Bertini se mêle des rapports entre science et foi [1], qui ne sont pas ce qu'il croit ou feint de croire. J'ai une question qui me vient irrésistiblement aux lèvres : que cherche-t-il ? Fait-il simplement du zèle ? »

« Oui et non, dit Colombe, on ne peut pas exclure qu'il soit stupide et qu'il se jette à corps perdu dans une impasse parce qu'il est inculte en biologie. Mais il est tout aussi possible qu'il soit animé des plus sombres desseins et qu'il vise à compromettre la foi par des énoncés grotesques, que la presse à sensation présentera comme infaillibles, pour mieux les moquer et pour ridiculiser l'Église catholique. »

« Oh, dit Emmanuel, c'est bien plus grave que vous ne le croyez ! Bertini énonce, dans un langage moderne, une des plus vieilles hérésies, celle des monophysites, qui prétendaient que la nature humaine avait cessé d'exister en tant que telle dans le Christ, personne divine. Elle a été condamnée dès le concile de Chalcédoine en 451. Quand le préfet de la Congrégation pour la Doctrine de la Foi commence à soutenir des opinions hérétiques, qui feraient rougir de honte un séminariste de première année, où va-t-on ? »

« Donc, conclut Théo, qu'il soit incurablement bête ou encore qu'il soit malfaisant, il vaudrait mieux que tu t'en débarrasses et que tu le promeuves le plus loin possible de Rome. »

« Ce n'est pas possible, dit Emmanuel. Dans trois semaines, il faudra payer les salaires du mois de jan-

1. Voir *La Révélation de l'ange*.

vier. Je n'ai pas un sou en caisse. Bertini assurera ces versements à partir des fonds de l'Opus Dei. Sinon c'est la faillite, le scandale médiatique et, surtout, une situation dramatique pour les employés qui sont pères de famille. Ils ne sont pas protégés par la sécurité sociale italienne et ils n'auront pas droit au chômage. L'injustice serait considérable et je ne puis supporter cela. »

« Justement, répliqua Colombe, il faudrait savoir ce que tu veux : fermer le Vatican ou non. Tu ne peux pas dissoudre une organisation quelconque sans licencier le personnel. Puise dans le capital, paye des indemnités de licenciement convenables et arrête les frais, dans tous les sens de l'expression. »

Théo soupira en levant les épaules dans ce geste propre aux hommes confrontés à une femme ignorant tout des finances :

« Il n'y a plus de capital, Colombe ! À la demande d'Emmanuel, je me suis intéressé à cette question. Dans les années 80, le capital du Vatican était déjà tombé à quelques centaines de millions d'euros. Année après année, les déficits l'ont rongé. En 1984, il a fallu puiser dans les réserves pour étouffer le scandale du Banco Ambrosiano en versant 240 millions de dollars aux créanciers de celui-ci. Cela ne représentait du reste qu'une compensation partielle. La Maffia n'a pas pardonné cette défaillance et elle a liquidé physiquement les responsables, Michele Sindona et Roberto Calvi. En 2000, il a aussi fallu satisfaire les emprunteurs escroqués sous le couvert du cardinal Michele Giordano, archevêque de Naples. Et je n'en finirais pas de décrire cette politique d'étouffement des affaires. Lorsque Emmanuel a été élu, les caisses étaient vides. Une institution quelconque, gérée par des incompétents qui se croient dotés de la science infuse, finit toujours par faire faillite. »

« Je me suis même parfois demandé, constata piteusement Emmanuel, si cela n'avait pas été une raison parmi d'autres pour m'élire : les Suisses ont la réputation d'être habiles et richissimes. On m'a peut-être pris pour un banquier. »

Colombe se laissa aller à une crise d'hilarité qui fit suffisamment de peine à Emmanuel pour qu'il le montre et qu'elle se lève pour l'embrasser. Théo laissa passer un instant, puis reprit :

« La déroute financière fait partie d'une longue habitude. En 1929, Pie XI a signé le concordat du Latran où il renonçait à ses prétentions sur les anciens États pontificaux en échange d'un capital d'un milliard sept cent cinquante millions de lires, qui paraît aujourd'hui bien dérisoire. Mais il n'avait pas le choix, il était au bord de la banqueroute. Il a été obligé d'accepter les conditions de Mussolini qui a concédé un territoire ridicule de 44 hectares, la moitié d'un kilomètre carré ! Pour les mêmes raisons, Emmanuel est aujourd'hui en position de faiblesse. »

« C'est la vérité, ajouta Emmanuel. Mes prédécesseurs, Pie XI et Pie XII n'ont pas eu les mains libres à l'égard du fascisme. Certes, ils ne l'ont pas soutenu, ils l'ont même condamné comme tous les régimes totalitaires mais en termes très généraux et allusifs. De fait, ils en étaient les prisonniers. Comme eux, faute d'argent, je ne suis pas libre de mes mouvements. Je désire une Église modeste et pauvre. Il faudrait que je sois riche et puissant pour y arriver. »

Colombe débarrassa les tasses de café et rapporta une grande carafe d'eau de la cuisine. Elle répétait souvent qu'il fallait laver les reins pour acquérir des idées claires. Théo agita l'eau dans son verre sans se résoudre à avaler ce liquide insipide :

« Emmanuel, tu n'as pas le choix. Tu dois donner ta démission, sinon tu couvres des agissements inacceptables. Si tu ne te démets pas, tu te soumets. »

« Les démissions de pape ne se sont jamais bien passées, objecta Emmanuel : l'exemple de Célestin V, démissionnaire au bout de cinq mois, que l'on cite toujours comme un moine exemplaire, plus soucieux du salut de son âme que du gouvernement de l'Église, cache une réalité moins rose. Il était tout simplement incapable, il fut forcé de démissionner sur les instances des cardinaux. Son successeur le fit enfermer dans une forteresse, où il mourut au bout de deux ans. C'est un scénario qui pourrait se répéter. Si je démissionne, Bertini se fera élire. Il me fera interner comme si j'avais perdu la raison, pour mieux marquer que la véritable doctrine est à l'opposé de mes tendances. Et il retournera triomphalement au Vatican. »

« Alors, il ne te reste que la dissidence, conclut Colombe. »

« Qu'est ce que cela veut dire ? »

« Adopter publiquement une attitude où il apparaît que tu n'es absolument pas d'accord avec la Curie. Démontrer que ceux qui prétendent te servir cherchent surtout à préserver leurs minables privilèges. Maintenir une pression continue sur ces gens qui s'efforcent pour l'instant de laisser passer l'orage jusqu'à ce que ton successeur revienne à la routine. »

Emmanuel regarda sa sœur fixement et prononça ces paroles étranges :

« Si ce que tu dis est vrai – et tu as sans doute raison – plus vite je disparais, mieux cela vaut selon leur point de vue. Je suis donc l'homme à abattre, au sens propre du terme. »

Théo avait horreur des mélodrames :

« Nous avons passé l'âge de nous faire peur. Essayons de garder notre sang-froid et de ne pas nous perdre dans des spéculations insensées. »

Colombe le contra :

« Les grands de ce monde courent toujours des risques. Kennedy, Reagan, Martin Luther King, Jean-Paul II ont essuyé des coups de feu. Cela pourrait aussi bien arriver à Emmanuel. Il n'y a aucune garde à l'entrée du bâtiment où nous sommes, à part un concierge. »

« Un ancien garde suisse, corrigea Théo avec un sourire attendri. »

Colombe haussa les épaules. Les militaires ne l'avaient jamais impressionnée. Vêtus de façon excentrique, agitant des armes sous le nez des civils, ce n'étaient pour elle que des parasites.

Emmanuel devait avoir vraiment peur, car il se mit soudain à crier :

« Mais je n'arrête pas de proclamer que je n'ai aucune importance ! Pourquoi vouloir m'enlever un pouvoir dont je ne veux pas ? Je souhaite n'avoir aucune importance ! Je ne suis pas le Vicaire du Christ comme on désigne à tort les papes depuis le stupide XIXe siècle. Je suis un chrétien ordinaire qui occupe une fonction extraordinaire, je ne suis pas indispensable ou providentiel et je serais remplacé de toute façon. »

« Ton extraordinaire importance, résuma Théo, consiste à ne pas vouloir être important. Les papes non conformistes ont toujours été exécutés. D'abord les martyrs du début. Et puis quelques autres, Jean VIII, Étienne VI, Théodore II au Moyen Âge. Mais depuis un millénaire, aucun pape n'est mort en témoignage de sa foi. »

« Théo, tu es un pédant incorrigible ! interrompit Colombe. À ton âge tu passes encore ton temps à apprendre par cœur des listes puisées dans les encyclopédies pour essayer de nous impressionner. Moi, j'ai découvert, tout bêtement sur un site Internet, l'histoire édifiante de Jean XII battu à mort par un mari jaloux au Xe siècle et celle de Clément XIV empoisonné au XVIIIe par l'officier chargé de déguster les mets avant qu'ils arrivent sur sa table. Ce n'étaient pas des martyrs mais des princes italiens, liquidés selon les mœurs habituelles de ce charmant pays. »

« Typiquement féminin, commenta méchamment Théo. L'histoire par le trou de la serrure ! Internet n'est pas une source d'information fiable. »

« Avec l'âge, ton machisme empire », répliqua Colombe.

« Si quelqu'un veut me tuer, interrompit Emmanuel, il n'aura pas de peine. J'y pense parfois, j'y pense même souvent. Personne ne sait si Jean-Paul Ier, Albino Luciani, est mort naturellement ou non, mais j'occupe la même situation que lui et je pourrais connaître le même sort. »

*

À cette époque je travaillais déjà à la Congrégation pour la Doctrine de la Foi sous la férule du cardinal Weiss. Je me souviens de l'inquiétude provoquée dans les rangs de la Curie par l'élection d'Albino Luciani. Avec lui, tout redevenait possible comme avec Jean XXIII. Non seulement, Luciani n'appartenait pas au sérail, il n'était pas un fonctionnaire de la Curie, comme Paul VI, ou un diplomate, comme Pie XII, mais il était de provenance vraiment populaire, fils d'un maçon. Et surtout, en tant qu'évêque, il avait publiquement remis en cause la sagesse des prescriptions de *Humanae vitae* et souhaité que l'Église adopte une autre attitude en matière de contraception.

Albino Luciani tenta tout de suite de reprendre la politique d'ouverture vers l'Est, mais un incident dramatique coupa court à cette tentative : Nikodim, l'archevêque orthodoxe de Leningrad, mourut d'une crise cardiaque dans l'antichambre en attendant de rencontrer Jean-Paul Ier. Naturellement ce genre d'incident peut se produire chez des messieurs d'un certain âge, mais l'histoire, que je vais raconter, comporte trop de crises cardiaques, survenant toujours au moment le plus opportun.

Une semaine plus tard, un journal romain *OP*, spécialisé dans les ragots, publia une liste de 121 prélats accusés d'être francs-maçons. L'origine de ce document plus que suspect n'a jamais été établie. Il contient aussi bien les noms de prélats qui ont guidé le camp progressiste lors de Vatican II, comme les cardinaux Liénart et Suenens que les noms de conservateurs comme les cardinaux Villot, Poletti et Baggio. Personne ne prit au sérieux les accusations lancées contre les cardinaux progressistes. La ficelle était vraiment trop grosse.

En revanche, certaines précisions concernant les cardinaux conservateurs étaient troublantes. Mais cela dépassait les bornes de l'entendement d'imaginer que le secrétaire d'État Villot, le vicaire de Rome Poletti et le préfet de la Congrégation des évêques Baggio seraient simultanément des agents doubles. Bien évidemment la tentation d'infiltrer une taupe a été irrésistible pour des institutions comme l'Internationale communiste, la Maffia ou la franc-maçonnerie, qui veulent miner l'Église catholique. En son sein se trouvent peut-être des agents doubles comme partout ailleurs, mais pas 121 au niveau le plus haut. La liste fut discutée pendant une journée, puis rangée au rayon des canulars. Ceux qui n'étaient pas cités se sentirent même légèrement vexés : cela voulait dire qu'ils n'avaient aucune importance. On passa à autre chose.

Durant ce temps Albino Luciani avait pris contact avec le cardinal Benelli, un partisan résolu de l'ouverture, pour lui proposer de remplacer Jean Villot dans la fonction de secrétaire d'État. Il semble bien que Benelli accepta. Le 28 septembre 1978, Luciani informa Villot de sa décision. Il lui fit part également du déplacement de Baggio à Venise et de Poletti à Florence. Enfin, pour achever de démanteler le pouvoir en place, il annonça que Marcinkus, le trop célèbre gestionnaire improvisé des finances du Vatican, celui qui fut compromis bien plus tard dans la faillite du Banco Ambrosiano, serait obligé de démissionner.

Dans la nuit qui suivit, trente-trois jours après son entrée en fonction, Jean-Paul Ier mourut. Une vague d'effroi se répandit sur Rome. On se serait cru reporté à l'époque de la Renaissance. Les circonstances exactes de la mort furent tout d'abord dissimulées sous une anecdote édifiante : le secrétaire particulier du pape, le père Magee, prétendit avoir découvert, en venant réveiller Albino Luciani, qu'il était mort durant son sommeil avec une copie de l'*Imitation de Jésus-Christ* entre les mains.

Ce pieux mensonge ne soutint pas longtemps l'examen. Il fut remplacé par un tout autre récit. Une certaine sœur Vicenza avait découvert le décès en apportant une thermos de café à cinq heures du matin. Cette apparition féminine à une heure indue avait scandalisé les belles âmes des prélats de la Curie, qui avaient inventé la première version pour dissimuler ce fait tout à fait innocent. Dans la seconde version, le pape ne tenait pas en main un livre édifiant, mais le brouillon de l'allocution qu'il comptait faire à l'audience publique du mercredi. Mais ce document pouvait être tout autre chose, par exemple celui qui ratifiait les changements de fonction évoqués durant la journée précédente. Un document qui ne devait être publié sous aucun prétexte. En rectifiant un gros mensonge par une demi-vérité, on sema définitivement le doute.

Il est certain en revanche que le cardinal Villot, en tant que camerlingue fut le premier averti du décès du pape. Il arriva dans la chambre mortuaire à six heures du matin. Après son départ, le document que lisait Luciani avait disparu de même qu'une bouteille d'Effortil, un médicament que Luciani conservait sur sa table de nuit car il était sujet à des chutes de tension artérielle.

Il n'y eut aucune autopsie. Le médecin du Vatican signa une déclaration selon laquelle la mort était due à un infarctus du myocarde. Le médecin personnel du pape ne fut pas autorisé à s'approcher du corps. Mais il déclara à la presse qu'Albino Luciani ne souffrait d'aucune maladie cardiaque, déclaration confirmée par la famille du pape défunt.

Voilà ce que l'on sait de certain. De là, à imaginer que Jean-Paul Ier a été empoisonné, il y a une marge que je ne franchis pas. Mais un quart de siècle plus tard, la question reste ouverte.

Ah oui ! J'allais oublier. Dans les semaines qui suivirent la mort, des mains zélées extirpèrent des archives du diocèse de Venise toute référence aux vues de l'archevêque Luciani sur *Humanae vitae*. À l'époque, j'en ai reçu la confirmation par un de mes collègues, chargé de cette besogne. Mais il n'a pas détruit les documents comme on le lui avait prescrit. De son métier, il est bibliothécaire. Il eut un réflexe professionnel. Il sauva les documents. Il me les a remis, y compris des notes manuscrites de Luciani, que j'ai versées aux archives secrètes du Vatican. À la mort du cardinal Villot en 1979, ses archives personnelles ont été transférées au même endroit. Je les ai consultées. Le document qu'il avait saisi dans la chambre mortuaire d'Albino Luciani s'y trouve. Il nomme Benelli comme secrétaire d'État. Il est signé par Jean-Paul Ier. Il était valide. Jean Villot n'a pas éliminé le document, par un scrupule qui l'honore.

*

Théo parla le premier :

« Ce que je ne comprends pas dans ton histoire, c'est la position de ces cardinaux conservateurs, que l'on prétend être des agents doubles francs-maçons. S'ils le sont vraiment, ils auraient dû applaudir à la thèse de Luciani. Pour un libre penseur, la contraception doit tout naturellement être autorisée et son utilisation laissée au choix des époux. Or, ils agissent comme s'ils souhaitaient le contraire. S'il y avait vraiment des cardinaux libres penseurs, ils se rangeraient du côté des progressistes dans l'Église, ils essayeraient de faire triompher leurs thèses, ils ne se livreraient pas à des activités criminelles pour maintenir à toute force des positions qui ne sont pas les leurs. D'ailleurs un cardinal assassin, cela se conçoit à la Renaissance, quand il s'agissait de fils de grandes familles italiennes, élevés dans une atmosphère de violence et de complots. Les cardinaux d'aujourd'hui sont des lettrés, des diplomates, des juristes, des intellectuels bien incapables d'égorger un poulet. »

Colombe corrigea :

« Théo, tu es toujours aussi naïf. Tu fais une analyse au premier degré. Le but du complot libre penseur, s'il existe, ne peut être de corriger les errements de l'Église catholique en agissant de l'intérieur mais de les exagérer et de les rendre irrévocables. L'objectif est de détruire l'Église, non de la conforter en la réformant. Pour un athée, l'Église n'est pas amendable. D'ailleurs la loge P2 n'avait plus rien d'une organisation à but philosophique. C'était une machine politique, visant à confisquer le pouvoir. S'il existe des cardinaux indignes, il y a aussi des francs-maçons délinquants. On a affaire à un conflit classique entre deux familles de la Maffia. Elles s'efforcent de se doter d'une honorabilité en compromettant deux institutions prestigieuses. »

Emmanuel intervint à son tour :

« Rien ne dit du reste que le complot soit le fait des cardinaux conservateurs. Je ne parviens pas à croire qu'une vie entière consacrée au sacerdoce, fondée sur une authentique vocation, puisse mener à un crime, même motivé par le souci de préserver la doctrine ou la morale. Je crois que Villot a été maladroit, probablement troublé par les documents qu'il avait découverts et qu'il a cru de son devoir de dissimuler. Si Albino Luciani a été victime d'un empoisonnement, il a pu tout aussi bien périr par la volonté de la Maffia. »

Théo approuva :

« C'est astucieux comme explication. Dans un bon roman policier, celui qui cache les traces du crime se dénonce par le fait même comme étant l'assassin. Mais dans le cas présent, le meurtre éventuel est à double détente. Une bonne hypothèse consiste à admettre que la Maffia a tué Luciani et que le cardinal Villot, effrayé par le scandale possible, se soit arrangé pour dissimuler les preuves. Reste à découvrir le mobile du crime. La Maffia a l'habitude de liquider les gêneurs sans aucun scrupule, mais quels griefs pouvait-elle bien nourrir à l'encontre de Luciani ? Il n'avait pas annoncé son intention de s'en prendre à elle. »

Emmanuel esquissa une moue dubitative :

« Je n'en sais rien mais je me méfie de tout le monde à Rome. J'aurais bien de la peine à mentionner une personne en qui je pourrais avoir confiance. Je ne sais pas, je ne sais rien, je doute de tout. »

Il ajouta plus bas :

« Je doute même de moi mais je ne doute pas de vous. »

Colombe lui répondit :

« Moi, j'ai une explication toute bête. La Maffia durera aussi longtemps que l'ignorance, la pauvreté et la superstition subsisteront en Sicile et ailleurs en Italie. Il n'y a pas de meilleure méthode que d'écraser les femmes sous des grossesses non désirées. Si cette violence-là est juste et bonne, toutes les violences ont une justification. Un pape, qui s'en prend à *Humanae vitae*, attaque la Maffia à la racine. Il y a peut-être un parrain à Palerme ou à New York pour avoir compris cela. »

Emmanuel laissa paraître son doute, sans exprimer à quel point il pensait que le féminisme de Colombe l'égarait dans une explication extravagante.

« Plus simple encore, dit Théo. Sans s'en rendre compte, Marcinkus couvrait le réseau bancaire du Vatican qui blanchissait l'argent de la Maffia. En annonçant qu'il allait le démettre, Luciani a signé son arrêt de mort. La mort par empoisonnement constitue une signature de la Maffia. De la même façon, Michele Sindona avait beau être en prison, son café fut tout de même empoisonné au cyanure, sans que l'on découvre jamais le coupable.

« Dans cette hypothèse, un agent de la Maffia empoisonne l'Effortil, ce qui n'est pas très compliqué, Luciani meurt le soir à onze heures en absorbant son médicament au moment de s'endormir. Le lendemain en arrivant, Villot comprend ce qui s'est passé et il confisque la fiole de médicament pour que la vérité ne soit pas découverte. De même, il se hâte de faire procéder à l'embaumement du corps de façon à empêcher toute autopsie. Il n'est pas le responsable du crime, mais celui-ci permet d'éliminer un document déclenchant une réforme de l'Église dont il ne veut pas. »

« La mort de tous ces Italiens maffieux me laisse de glace, conclut Colombe, mais Rome étant ce qu'elle est, je n'ai vraiment pas envie qu'Emmanuel continue ce jeu dangereux et inutile. Alors, dit-elle en se tournant vers son frère, je te donne un conseil, un seul, mais sérieux : tu t'en vas ! Tu claques la porte avec un grand éclat et tu vas cultiver des roses à Fully. »

« Et Bertini prend ma place ! »

« Si ça l'amuse de jouer à ces jeux pervers, grand bien lui fasse ! »

Théo définit la solution de compromis :

« La sécurité d'Emmanuel est un impératif, mais la survie de l'Église un autre. Il faut découvrir une solution qui assure le respect des deux. »

« La pérennité de l'Église est un leurre, coupa Colombe. Elle aura une fin comme toute institution humaine. À quoi sert-elle aujourd'hui ? »

« Tu as vécu trop longtemps aux États-Unis, objecta Théo. Vous croyez que tout peut être réinventé à partir de rien. Le pullulement des églises le long de la *Main Street* du moindre patelin ne vous dérange pas. Dans des pays de vieilles civilisations, on aspire à des cadres fixes : une église au milieu du village. L'Église catholique est une structure aussi rigide que le sont les règles du sonnet. Mais l'intérieur de cette structure, il est possible de travailler. Des écrivains moyens ont écrit de beaux sonnets, parce qu'ils ont accepté la règle. »

« On n'en écrit plus ! » répliqua Colombe.

La réponse fusa :

« On n'en écrit plus parce que l'on n'accepte plus aucune règle. L'Église catholique représente la dernière autorité morale dans une société en déliquescence. »

Colombe s'avoua provisoirement battue par une grimace comique et fit une proposition constructive :

« Emmanuel peut quitter Rome sans démissionner pour autant. »

Emmanuel secoua la tête :

« Ma fonction d'évêque de Rome n'est pas secondaire par rapport à celle de pape. Celle-ci n'est pas attachée à un individu, qui deviendrait une sorte de monarque spirituel, mais à la place qu'il occupe. Un évêque doit demeurer dans son diocèse et s'en occuper. Si je quitte Rome, je laisse la place libre pour Bertini. D'ailleurs les papes qui ont résidé à Avignon n'ont pas réformé l'Église pour autant. Loin de là ! »

« Mais je m'en fiche complètement ! éclata Colombe. Le problème n'est pas de savoir qui sera évêque de Rome. Pour ce que cela signifie encore ! Si tu es vraiment menacé, tu dois t'enfuir. Il faut te protéger, c'est ton devoir. Tu n'as pas à chercher le martyre pour une cause perdue. Si tu es tué, Bertini prendra tout de même ta place, revalorisée par ton sacrifice. »

« S'il faut garantir ta sécurité, je m'en occupe ! » dit Théo, avec un excellent sourire. Il avait toujours adoré les défis. Protéger Emmanuel contre un danger d'autant plus menaçant qu'il était imprécis le replongeait dans les jeux de leur enfance.

Il se lança dans une longue explication dont il ressortait que la plus grande difficulté pour Emmanuel consistait à se doter de communications sûres. Les téléphones, fixes ou mobiles, seraient mis sur écoute. On pouvait convenir d'un langage codé mais les messages cryptés finissaient toujours par être décodés à force de les multiplier et de fournir une matière suffisante pour les algorithmes de décryptage.

« Mais là n'est pas le plus grand danger. Si tu es en fuite et que tu m'appelles, on pourra te localiser. Même avec un téléphone mobile. La seule voie de communication... »

« Le vrai problème, coupa Colombe excédée par les exposés techniques de Théo, n'est pas de savoir qui occupe la place d'évêque de Rome, ex-pape, à moitié pape ou pas du tout pape. Le vrai problème, à partir de maintenant, est de savoir si cela vaut la peine de prolonger l'agonie de l'institution, qui a dépassé depuis longtemps sa durée d'existence utile. Et de risquer ta vie dans cette entreprise dérisoire. »

« Ce qui est en jeu, Colombe, répliqua Emmanuel, est rien de moins que l'avenir de l'Église catholique romaine. Je connais ses lacunes mais aussi ses mérites. Le centralisme romain comporte des inconvénients, mais l'émiettement des Églises réformées ou orthodoxes en signifie d'autres. Il n'y a pas de société humaine qui soit idéale. Il ne faut pas jeter le bébé avec l'eau du bain. »

« On ne risque rien, soupira Colombe. Il n'y a plus de bébé, il n'y a plus que de l'eau sale. »

« Non, trancha Théo, il reste un bébé dans l'eau sale. Il faut jeter l'eau et sauver le bébé. Mais comment ? »

Tels furent les prodromes du grand jeu dans lequel se lança la fratrie de Fully.

3

À une heure du matin, Emmanuel fut graduellement tiré d'un sommeil sporadique par trois tourments successifs. Tout d'abord, il ressentit le froid, comme le lui avait prédit Jean Batsi, car l'effet du vin commençait à se dissiper, mais il écarta en songe cette méprisable raison de se réveiller. Ensuite, au fur et à mesure qu'il émergeait à contrecœur du sommeil, il sentit que le fond de son pantalon était mouillé, mais il se refusa à l'admettre en entretenant l'illusion que cela faisait partie de son rêve. Enfin, il fut secoué sans ménagement par une grosse poigne.

Obligé d'ouvrir les yeux, il découvrit la réalité dans la silhouette d'un individu qui devait être un policier. Non pas un carabinier pompeux en costume d'opérette, mais un gaillard à faciès de videur de boîte, au front tellement bas qu'il pouvait passer pour une reconstitution paléontologique du Neandertal, vêtu d'une combinaison grisâtre sur laquelle était imprimée en grandes lettres, tant sur le dos que sur la poitrine, *Polizia*. Emmanuel découvrit un monde où les voleurs et les gendarmes se ressemblaient tellement qu'il fallait les étiqueter pour ne pas les confondre.

« On ne dort pas dans la gare. Lève-toi et marche ! »

Ranimé par cette injonction évangélique, Emmanuel

se réveilla tout à fait et se leva avec peine. Toutes ses articulations lui faisaient mal. Le bas de sa colonne vertébrale ressemblait à une pelote d'aiguilles. Il tâta le fond de son pantalon qui était effectivement humide. Il s'efforça de reconstituer les événements malgré l'engourdissement de son cerveau.

Après avoir quitté Jean Batsi vers dix heures du soir, il avait jugé plus prudent d'errer dans les rues aux alentours de la gare plutôt que de s'attarder dans celle-ci en risquant de se faire repérer. Le ciel était lourd de gros nuages noirs sur fond de pleine lune. Un orage avait fini par éclater, tout à fait hors de saison, comme cela devenait fréquent depuis que le climat changeait. Emmanuel fut inévitablement ramené vers la gare, lieu de tous les dangers. Il y éprouvait le sentiment bizarre d'être épié en permanence sans pouvoir fonder cette sensation sur quoi que ce soit de tangible. Il voletait de-ci de-là comme une mouche observée par une araignée dans sa toile.

À minuit, le bâtiment était presque désert, sauf aux alentours des quelques voies sur lesquelles transitaient des trains de nuit au long cours, venant de Zagreb à destination de Paris ou de Bari en vue de rejoindre Hambourg. Quelques voyageurs hâves, les hommes mal rasés et les femmes mal coiffées, en descendaient pour se précipiter vers leur logis ou un hôtel, sans regarder autour d'eux. Le reste de la gare était surtout peuplé d'auxiliaires de police, accompagnés de chiens, munis de grandes matraques et vêtus de combinaisons fonctionnelles. Ils houspillaient les vagabonds qui traînaient sur les bancs. De temps en temps, ils entamaient une course-poursuite avec un petit revendeur de drogue, qu'ils capturaient sans coup férir, qu'ils menottaient en le jetant à terre et qu'ils traînaient vers un fourgon posté à côté de la station de taxis. Lorsque le fourgon était plein, il partait avec sa cargaison encagée et le fourgon suivant venait prendre sa place. La *Stazione Centrale* ressemblait à un de ces papiers attrape-mouches, que l'on pendait jadis dans les cuisines pour engluer les insectes : de l'Europe entière les drogués venaient se ravitailler à la filière albanaise et se faire prendre par la police italienne.

Mort de fatigue et d'angoisse, Emmanuel essaya de trouver un coin reculé pour s'y effondrer. Son bras gauche était désarticulé par le poids de la mallette, toujours attachée à son poignet par la chaînette qui écorchait la peau. Il s'était finalement endormi sur un palier de l'escalier monumental, qui descend depuis la coursive supérieure de la gare jusqu'au niveau de la rue. Une double volée de marches en pierre de taille, qui aurait été idéale pour jouer le défilé d'*Aïda*, encadrait un jeu d'escaliers roulants, tout à fait incongrus dans ce décor d'opéra. À chaque palier, un banc de pierre avait été aménagé dans le mur de marbre. Un de ces bancs que l'on imagine plutôt niché dans la façade d'un palais antique, pour y deviser à l'ombre du soleil d'été avec un courtisan en écoutant de la harpe, en câlinant une houri ou en se gavant de loukoums. Peut-être le tout en même temps. Un banc de rêve où il vécut des cauchemars.

En fait, le banc était sale et mouillé, mais Emmanuel n'y avait pas pris garde lorsqu'il s'y était effondré vers minuit. Il localisa maintenant le mince filet d'eau qui coulait du plafond. Emmanuel se sentit tout à fait ridicule. Il ressemblait à un petit garçon qui se serait oublié. Il errait dans une gare majestueuse dont le toit était percé, tout comme sa prestigieuse fonction était ramenée à la condition misérable d'un homme entre deux âges, réduit à vagabonder. Il avait beau être le pape, le primat de l'Église italienne, provisoirement encore chef d'État, issu d'une famille prestigieuse, porteur d'un passeport suisse, il éprouvait tout simplement le froid, la faim et le sommeil. Cela devenait insupportable. Et sa conscience le poignait. Sacrifiait-il l'Église dont il avait la charge à sa seule sécurité ?

Il commença à éprouver la nostalgie de son appartement romain. À l'heure qu'il était, il serait en train de dormir entre des draps blancs, bien repassés et changés toutes les semaines. Il entassait lui-même le linge sale dans un sac que le concierge du palais déposait anonymement dans une buanderie du quartier. Depuis trois mois, personne ne pénétrait plus dans son appartement – à sa connaissance du moins – hormis la femme du concierge qui assurait le ménage trois fois par semaine en sa présence. Les autres jours, Emmanuel faisait son lit, lavait la vaisselle, passait l'aspirateur et arrosait les bégonias du balcon. Il avait fait changer la serrure par un artisan valaisan, recruté par Théo et venu tout spécialement à Rome. La seule clé de sécurité était pendue à la chaînette autour de son cou, celle qu'il avait reçue à sa confirmation et qui servait à porter une petite croix dorée.

*

Il essaya encore une fois de se persuader qu'il s'était alarmé en vain. Ce complot contre la vie de Luciani n'avait sans doute pas d'autre substance que des potins, tout juste bons à fournir de la copie à des journalistes en mal de notoriété. Un attentat éventuel contre sa vie à lui, Emmanuel, n'avait probablement pas d'autre fondement que des coïncidences. La marge d'incertitude aurait dû le rassurer. En conscience, elle lui permettait, non, elle lui ordonnait de revenir vers son confort romain. Tout plutôt que cette fuite absurde. Comment réfléchir ou prier quand on a faim, froid, sommeil et que le fond du pantalon est mouillé ?

Bien entendu, il y avait le chat. Celui que lui avait confié Colombe en janvier avant de quitter Rome. Un chat de luxe qu'elle avait acheté dans une animalerie pour dames élégantes près de la via Veneto. Une chatte qu'Emmanuel avait baptisée Cléopâtre pour son allure africaine et son museau court. Colombe fit promettre à Emmanuel de disposer, dans son écuelle, un échantillon de toute nourriture ou boisson suspecte.

Théo avait renchéri :

« Depuis vingt siècles que l'on empoisonne à Rome, les assassins maîtrisent toutes les astuces. Bien évidemment est suspect tout cadeau que l'on t'apporte, même s'il provient d'une sainte personne. Plus question d'accepter une invitation ou un repas au restaurant. Méfie-toi de la nourriture achetée par quelqu'un d'autre que toi, même si les emballages sont fermés, même si les fruits ou les légumes doivent encore être pelés. Tu feras toi-même tes courses et tu mangeras seulement ce que tu as choisi toi-même dans le rayon d'un magasin. Tu changeras régulièrement de fournisseur. Tu éviteras les habitudes alimentaires, les routines qui permettent de prévoir ton comportement. Tu ne laisseras rien traîner dans ton frigo. »

Depuis trois mois, Emmanuel faisait ses courses et concoctait sa cuisine, réduite à l'essentiel. Comme tous les intellectuels, il s'était imaginé qu'un livre de recettes pallierait ses lacunes. Mais le vocabulaire de base lui manquait : que signifiaient des verbes comme abaisser, blanchir, brider, foncer ou pocher ? Et forcément il consommait seul le résultat douteux de ses essais, ce qui le déprimait davantage.

Des journalistes le pistaient dans les magasins du quartier, notaient ses achats et construisaient chariot après chariot la légende fabuleuse du bon-pape-qui-fait-lui-même-son-ménage. Un témoignage visible de l'humilité et même de la sainteté d'un pape hors du commun. Des photographes, agissant pour le compte de publicitaires, guettaient le moment où il posait dans son chariot un baril de poudre à vaisselle ou un paquet de pâtes, même s'il prenait soin de changer de marque à chaque achat. En matière de risotto, il partageait ses faveurs équitablement entre Buitoni Cucina Creativa, Bofrost Belli e Pronti et Mara Pronto : il évitait Findus et Knorr qui auraient pu le faire accuser de soutenir une multinationale suisse. Tarcisio Bertini se permit d'observer que cette modestie ostentatoire devenait perverse dans la mesure où elle était médiatisée à outrance. Emmanuel avait des tâches plus importantes à remplir que d'acheter six œufs et quatre pommes à l'épicerie du coin.

Le danger s'était matérialisé un lundi, voici dix jours à peine. Alexis, le métropolite de Kiev – « et de toute l'Ukraine », avait-il l'habitude de compléter –, avait rencontré Emmanuel. Les deux hommes s'entendaient à merveille pour attaquer le problème inextricable de l'Église ukrainienne unie à Rome, en conflit perpétuel avec l'Église orthodoxe dont Alexis avait la charge. Emmanuel s'efforçait discrètement de convaincre ses propres ouailles de cesser de faire bande à part et de se ranger sous la crosse d'Alexis. Les évêques uniates en faisaient des crises d'apoplexie : Emmanuel se comportait à leurs yeux comme un fossoyeur de la véritable Église, la seule, celle dont ils étaient les chefs. Aussi acquiesçaient-ils en paroles pour mieux désobéir en actes. Abreuvés aux mamelles de la casuistique, ils possédaient l'art de se donner bonne conscience à bon compte.

L'affaire était à ce point embrouillée que les discussions ne pouvaient se dérouler qu'à huis clos entre les deux prélats. Alexis, arrivé incognito à Rome, s'était faufilé dans l'appartement d'Emmanuel par l'escalier de service. À midi, ils avaient déjeuné d'une omelette au parmesan râpé, cuisinée approximativement par Emmanuel lui-même. Au moment de partir, Alexis avait sorti, de sa serviette noire et fatiguée, un gros bocal de caviar béluga qu'il avait fourré maladroitement dans la main d'Emmanuel. Les deux hommes avaient échangé le baiser de la paix et Alexis était parti sans rien dire. Emmanuel était demeuré interdit devant la boîte de conserve posée comme un point d'interrogation sur la table de la cuisine. Il aimait le caviar et il aimait Alexis.

Selon les consignes de Théo, cette boîte aurait dû filer à la poubelle sans hésitation. Emmanuel considéra que cela eût constitué un sacrilège, moins par rapport à sa propre gourmandise qu'en fonction de sa relation de confiance avec Alexis. Il fallait bien qu'il se fie à l'homme, au frère dans l'épiscopat avec lequel il entretenait un rapport essentiel pour la paix entre les Églises chrétiennes. D'ailleurs, Alexis avait tout avantage à ce qu'Emmanuel reste en poste. Mais un reliquat de prudence ou d'obéissance à Théo incita tout de même Emmanuel à tenter un essai sur Cléopâtre.

Le lundi soir, il déposa donc une toute petite cuillérée de caviar dans l'écuelle de Cléopâtre, qui se délecta et en réclama une portion supplémentaire par des miaulements indignés. Emmanuel fut intraitable et passa dans son bureau en laissant l'animal se pourlécher les babines.

Quelques minutes plus tard, Cléopâtre vint se frotter à sa jambe malgré l'interdiction stricte qu'elle avait de déranger Emmanuel durant son travail. Puis elle émit quelques gargouillis bizarres, sembla s'étirer, se convulsa et se raidit. Avait-elle sacrifié sa petite vie de chatte pour la sauvegarde de l'évêque de Rome ? En des temps reculés, il y avait eu des martyres plus importantes, Cécile, Agnès, Barbe, Agathe.

Emmanuel s'efforça d'entretenir un scepticisme raisonnable. Peut-être le caviar était-il tout simplement avarié, contre-indiqué pour les chats en général ou générateur d'allergies pour certains chats délicats comme Cléopâtre. Mais tous ces faux-fuyants ne le rassuraient pas. Redoutant d'être mis sur écoute, craignant de paraître ridicule, il se garda d'appeler Théo ou Colombe et il marina seul dans ses doutes. Le concierge se chargea d'évacuer la dépouille de Cléopâtre, qui eut pour linceul un sac poubelle en plastique noir.

Le mardi après-midi, Emmanuel fut encore moins rassuré lorsque Tarcisio Bertini, qui prétendait avoir reçu le même cadeau durant la visite d'Alexis, l'entretint des mérites du caviar dont, le lundi soir, il avait régalé sa petite communauté de l'Opus Dei.

« Il ne faut surtout pas le laisser traîner. Le caviar n'est qu'une semi-conserve. À la longue il se gâte, même au frigo. Ce serait dommage. »

Il compléta en se forçant lourdement à faire un trait d'humour ecclésiastique, appuyé par un sourire qu'Emmanuel trouva mielleux :

« Ce serait même un péché. »

Ses cheveux rares étaient étalés pour dissimuler sa calvitie. Celui qui use de tels artifices est capable de toutes les vilenies, songea Emmanuel. Et Tarcisio était parti en laissant un paquet de blinis et une toute petite bouteille de vodka. Il ne s'était jamais guéri de son habitude de donner des cadeaux, dont chacun remplissait une fonction précise dans un plan dont seul il avait le secret.

Emmanuel se trouva confronté à un choix déplaisant. Ou bien Alexis prétendait ne rencontrer qu'Emmanuel mais il rendait aussi visite à Bertini en se cachant. Ou bien Alexis ne rencontrait pas Bertini, mais celui-ci était au courant de ses visites chez Emmanuel. Il n'y avait pas à sortir de là : Alexis était un fourbe ou Tarcisio disposait d'un espion. Emmanuel demeurait perplexe face à plusieurs hypothèses, toutes plus désagréables les unes que les autres : ce chat était une bête trop délicate pour servir de cobaye ; le métropolite de Kiev souhaitait l'éliminer ; Tarcisio Bertini était suffisamment puissant pour faire empoisonner un bocal de caviar dans les bagages du métropolite Alexis, sans que celui-ci s'en aperçoive. De toute façon, il devenait de plus en plus plausible que quelqu'un voulait sa mort, à lui, Emmanuel.

Il mit la boîte de caviar dans un carton à chaussures, emballa le tout dans une feuille du *Corriere della Sera*, prit un taxi pour Fiumicino après avoir vérifié l'heure du dernier avion pour Genève. Rien qu'en se montrant, il franchit toutes les barrières douanières ou policières. Très vite, il fut rejoint par un responsable du protocole, courbé en deux à l'équerre, qui le mena vers la salle de repos où attendait l'équipage suisse. Le pilote en second, qui était valaisan et habitait à Martigny, promit de porter le soir même le colis et la lettre jointe à Théo, qui occupait la maison familiale à Fully.

Dès le mercredi soir, un message laconique tomba sur le fax d'Emmanuel dans son appartement du Latran : « Tu m'as envoyé un carton vide ! Ta lettre parle de caviar : il n'y en avait pas une miette. » Le message était codé par une méthode impossible à briser sur un message aussi court. Chaque lettre était remplacée par deux chiffres, repérant dans un texte convenu le numéro de la ligne et la position de la lettre : le texte était le sonnet des voyelles de Rimbaud, que les deux frères connaissaient par cœur. Le z et le w, absents du texte, étaient codés par 0,0 et 15,15. En dehors de ces deux cas particuliers, les autres lettres possédaient plusieurs représentations qui empêchaient tout décodage en utilisant un algorithme fondé sur la fréquence.

Emmanuel se creusa la tête pour essayer de comprendre ce qui s'était passé. Il se savait distrait mais pas à ce point-là. S'il n'était pas en train de perdre l'esprit, il fallait donc que quelqu'un ait ouvert le colis durant son transfert de Rome en Valais. Le pilote, une hôtesse, un bagagiste ? L'adversaire, quel qu'il fût, jouait serré et ne commettait aucune négligence.

À force d'observer les règles du jeu prescrites par Théo, Emmanuel commença à reprendre ses esprits. Son destin n'était pas irrémédiable. Il pouvait y échapper en s'appuyant sur la science de Théo et l'intuition de Colombe. Que quelqu'un puisse sérieusement comploter contre sa vie continuait à lui paraître invraisemblable. Il se jugeait lui-même tellement insignifiant qu'il ne pouvait imaginer que l'on puisse chercher à le supprimer.

Peut-être tout cela était-il le produit de son imagination. À Rome il ne pouvait se confier à personne. Il n'osait pas s'ouvrir de ses soupçons à Théo par écrit. Le codage obligeait de se limiter à des messages courts. Or, les états d'âme nécessitent de longs développements. Emmanuel était tenaillé par la crainte d'être ridicule. Plus d'une fois, il forma le numéro de Théo, à des heures où celui-ci était certainement sorti. Emmanuel laissait sonner dans le vide, puis il raccrochait au moment où le répondeur s'enclenchait.

Néanmoins, le lendemain, jeudi, pour la première

fois, il ne se rasa pas en prétextant une irritation de la peau. Pour éviter de consulter un médecin, il se fit prescrire une pommade quelconque par Colombe qui faxa une ordonnance. Le concierge ramena le médicament dont Emmanuel vida consciencieusement une dose dans les toilettes chaque jour. Il se préparait un déguisement au cas où il parviendrait à se décider.

Au bout d'une semaine, il estima que la barbe lui mangeait suffisamment le visage pour qu'il ne soit plus reconnaissable à première vue. Très tôt le matin après n'avoir presque pas dormi de la nuit, sur une impulsion subite il se fit conduire aux Archives secrètes du Vatican, dans le nouveau bâtiment souterrain de la cour de la *Pigna*. Le conservateur était un prêtre hors d'âge comme on le dit de certains alcools précieux. Il portait soutane à bordure violette, col dur qui lui écorchait la pomme d'Adam, barrette couvrant certainement une tonsure. À l'arrivée et au départ d'Emmanuel, il s'agenouilla pour baiser l'anneau du pêcheur. Il ouvrit toutes les armoires et laissa Emmanuel consulter les dossiers sur de vénérables pupitres. Depuis des mois, Emmanuel avait assidûment fréquenté les archives et il savait exactement ce qu'il voulait. Ce matin-là, il n'emporta pas des photocopies ou des microfilms comme lors de ses visites précédentes, mais les originaux car il était persuadé qu'ils seraient détruits, dès qu'il aurait quitté Rome et que la nouvelle de sa fuite se serait répandue. Il était aussi la seule personne qui ne serait pas fouillée à la sortie des archives.

À l'angélus de midi, récité pieusement dans tous les bureaux du bâtiment par les prélats fonctionnaires, il retira l'anneau du pêcheur, le mit en sûreté dans sa mallette avec les manuscrits ramenés des archives secrètes et il s'éclipsa en descendant le grand escalier désert. Il sortit par la porte dérobée qui servait à évacuer les poubelles et que personne ne surveillait.

Sur son bureau, bien en évidence, une feuille couverte de quelques lignes de sa très fine écriture :

« Je quitte Rome et je n'y reviendrai que lorsque tous les collaborateurs, dont j'ai demandé explicitement la démission, auront eu l'obligeance de retourner dans leurs diocèses d'origine et de se mettre à la disposition de leurs évêques respectifs. Je suis en parfaite santé physique et mentale. Ce départ ne doit pas être interprété comme une démission de ma charge, que j'assumerai à nouveau dès que cela sera rendu possible par la démarche indiquée ci-dessus. Il est inutile d'essayer de découvrir où je me trouve. Je suis et je reste l'évêque de Rome, mis dans l'incapacité provisoire d'exercer sa fonction par la désobéissance de ses collaborateurs.

« Je les adjure de mettre un terme à leur révolte. Je les assure de ma prière fervente et loyale. »

*

À une heure du matin, Théo estima qu'il pouvait téléphoner à Colombe. Compte tenu du décalage horaire, il était quatre heures de l'après-midi à Berkeley et elle devait se trouver à son bureau en train de ranger ses papiers, une fois le travail terminé. Effectivement elle répondit dès la première sonnerie. Théo qui téléphonait depuis une cabine de la gare de Martigny pour éviter les écoutes, sans doute branchées en permanence sur sa maison, lui demanda de rappeler la cabine, ce qu'elle fit. Ayant ainsi assuré la confidentialité de la communication par les moyens les plus simples, ils purent parler librement.

« Emmanuel est dans la gare de Milan. Il a quitté Rome hier aux alentours de midi. »

La voix de Colombe arriva à Théo, si claire qu'elle semblait dans la pièce d'à côté. Théo la sentit réprobatrice et tendue :

« Ainsi, il est parti sans nous prévenir. »

« Il a paniqué après l'incident du caviar dont je t'ai parlé la semaine passée. Au lieu de me téléphoner et de discuter le coup, il a ruminé tout seul comme d'habitude jusqu'à perdre les pédales. J'ai été prévenu de sa fuite par le concierge, un ancien garde suisse qui a épousé une Italienne et qui a préféré vivre à Rome. Sans rien dire à Emmanuel, j'ai fait monter une caméra de surveillance dans l'escalier de service et une alarme déclenchée par infrarouge : les grands de ce monde utilisent les escaliers de service lorsqu'ils n'ont pas la conscience tranquille. Le concierge l'a suivi jusqu'à la *Stazione Termini* où il s'est embarqué pour Milan. À l'arrivée un collaborateur d'une agence privée de détectives, prévenue par mes soins, l'a aperçu. Il le surveille de loin. »

Colombe soupira bruyamment :

« C'est un véritable gamin ! Je parie qu'il n'a aucune idée de ce qu'il veut faire. Mais cela ne pourra pas durer très longtemps, cette petite fugue. Il faudra bien qu'il rentre à Rome, à moins qu'il ait le courage de démissionner. »

Théo émit un petit rire qui se voulait rassurant :

« Il apprend à vivre. À la dure. Il cessera alors de se poser des questions sans réponses. Je te tiens au courant. Ne te fais pas de soucis d'ici mon prochain appel. Demain il sera retourné dormir entre les draps blancs de son bon lit à Rome. Tu sais à quel point il est douillet ! Je t'embrasse. »

Colombe donna un baiser bruyant au combiné. Le

baiser sonore se propagea autour de la Terre avant que la communication soit coupée.

Théo sortit dans la nuit de Martigny. Le clair de lune était magique. Les montagnes, accroupies de part et d'autre de la vallée du Rhône, portaient encore la neige de mars qui brillait comme une grande chape blanche. Théo remonta dans sa voiture et rentra tout songeur à Fully.

Comme il n'avait pas sommeil, il zappa sur toutes les chaînes de télévision en buvant un gin tonic. La nouvelle de la fuite d'Emmanuel n'avait encore touché aucune rédaction, même les mieux informées. Le monde dormait alors que l'inouï s'était produit : Rome n'était plus dans Rome.

*

Depuis une heure, Emmanuel arpentait la gare de Milan dans tous les sens, en s'octroyant parfois quelques minutes de repos adossé à un mur, sans oser s'asseoir de peur de s'endormir à nouveau. Comme coussin pour ses reins, il utilisait la mallette de cuir, que la chaînette dorée liait toujours à sa main gauche.

La chaînette ! Il en avait acheté un mètre dans un magasin de souvenirs en face du Vatican. Il avait affirmé à la religieuse vendeuse qu'il en avait besoin pour les médailles qu'il distribuait comme cadeaux après les avoir bénies. Ce petit mensonge s'insérait si bien dans le commerce des médailles bénies qu'il fut admis sans hésitation par la religieuse, tout épanouie d'avoir pu s'entretenir de sa modeste fonction en direct avec le Vicaire du Christ : le commerce des médailles allait reprendre si le pape lui-même le prenait au sérieux. Elle entrevoyait déjà des containers de chapelets et de médailles bénis à la chaîne par un Jean XXIV rendu enfin à la raison ecclésiastique, qui n'a rien à voir avec la raison pure, plus grande ennemie de la foi, comme le disait Martin Luther lui-même.

Juste avant de s'esquiver de son appartement hier midi, Emmanuel avait procédé à un test de résistance dont le résultat fut désastreux : la chaînette pour médaille bénite ne résista pas à une traction sèche et se déglingua vilainement. Emmanuel se rabattit sur la chaînette de la croix pectorale qu'il avait reçue pour sa consécration épiscopale vingt ans plus tôt. Elle s'avéra résistante comme il convient pour le matériel d'un prélat. Rien ne vaut l'équipement professionnel.

Comme il était maintenant deux heures du matin, Emmanuel songea à repérer la voie d'où partirait le train pour Vintimille. Machinalement il tâta son portefeuille pour contrôler que son billet s'y trouvait.

La poche intérieure de son veston était vide ! Dans son épuisement et sa confusion, il n'avait pas remarqué l'absence de son portefeuille. Il se souvenait parfaitement de l'avoir sorti pour payer la bouteille de vin de Jean Batsi, sans être sûr de l'avoir remis en poche. Il était tellement tendu et fatigué qu'il pouvait avoir négligé de le rempocher. Plein d'espoir, il trottina jusqu'au *Gran Bar*, avec le sentiment bizarre d'être perpétuellement observé sans parvenir à déceler un éventuel suiveur. Malgré l'atmosphère froide et humide le fond de son pantalon commençait à sécher.

L'enseigne éteinte, la porte cadenassée, toutes les lumières éteintes, personne n'était visible. À force de réfléchir, Emmanuel parvint alors à se remémorer distinctement qu'il possédait encore son portefeuille au moment de quitter la cafétéria, puisqu'il l'avait sorti pour donner un billet de cinq euros à Jean, qui était à court de cigarettes. Ensuite, il l'avait bien remis en place, avant de serrer la main de son cousin. Il revoyait la scène avec une précision absolue, comme s'il avait été l'acteur d'un film. Il s'était d'ailleurs reproché à cet instant de n'avoir pas consenti une aide plus généreuse, tout en se demandant s'il ne blessait pas son cousin en lui faisant l'aumône. Il ne savait jamais quelle attitude adopter à l'égard des pauvres, sinon en leur donnant trop ou trop peu. Puis il avait commencé son errance dans les rues. Revenu à la gare, il s'était assoupi sur le banc, trop fatigué pour songer à son portefeuille.

Il se retrouvait sans argent et sans papiers. La solution la plus raisonnable consistait à s'annoncer à la police de la gare, qui se ferait un devoir de le reconduire discrètement à Rome. Mais Emmanuel ne parvint pas à s'y résoudre. Pas tout de suite. Il voulut prendre conseil. Il pêcha dans sa poche droite le téléphone cellulaire que Théo lui avait confié avant de partir. Puis il se souvint de la recommandation de ne pas en faire usage sinon en cas de nécessité absolue, car cela créait une occasion de se faire repérer et écouter, tout autant qu'en utilisant un poste fixe. Être privé d'argent et de carte d'identité ne semblait pas une nécessité absolue. Manger et dormir primaient.

Emmanuel songea à l'église située au coin de la via Fabio Filizi à cinq minutes à pied de la gare. Elle ouvrirait sans doute à six heures du matin. Il se ferait reconnaître par le curé, il lui réclamerait un silence absolu et il se ferait prêter l'argent nécessaire pour acheter un billet de train jusqu'à la frontière française. Comme il se déplaçait à l'intérieur de l'espace Schengen, il n'avait pas besoin d'un document d'identité pour passer en France.

Il prolongeait ses hésitations au haut du hall monumental, quand il vit Jean Batsi remonter la pente, porté majestueusement par l'escalier roulant. Le visage impassible, son cousin s'approcha de lui et le dévisagea sans rien dire.

« J'ai des ennuis », confessa Emmanuel.

« Je veux, répondit Jean. Tu les cherches, tu les trouves. »

« J'ai perdu mon portefeuille. »

« On ne se promène pas dans cette gare après avoir payé au café au moyen d'un talbin bourré de biffetons. Je l'ai vu. J'ai pas été le seul. Tu as été suivi. On t'a bousculé et tu t'es rendu compte de rien. Le tire-gousset s'en prend de préférence à des gens du troisième âge. »

Emmanuel apprit ainsi qu'il ressemblait à un vieillard. Était-ce la fatigue ? Les deux hommes restèrent face à face, sans rien se dire pendant un long moment.

« C'est pas tellement grave, finit par dire Jean avec l'ébauche d'un sourire. Depuis deux balais, je me passe d'oseille. Et tes papelards, de toute façon, tu pouvais pas les exhiber. Alors, bienvenue au royaume de la cloche. La vie est bonne. »

Emmanuel huma l'haleine pourrie de Jean. Puis, il se dit que les éventuels tueurs à ses trousses ne viendraient pas le chercher dans cette compagnie. S'ils l'avaient suivi jusqu'ici, ils iraient plutôt visiter les presbytères, l'archevêché ou les palaces de Milan, le *Principe di Savoia* ou le *Duca di Milano*. Là où dorment les prélats et les riches, là où un assassin ordinaire s'attendrait à dénicher un pape normal, somnolant entre les draps blancs d'une couche molle.

*

Ils étaient arrivés au bout du quai, d'ailleurs parfaitement désert. Il n'y avait plus que la lumière monochrome des lampes à vapeur de sodium, oscillantes sous la pluie et le vent, un vaste espace de rails et d'aiguillages, parsemé de cahutes incongrues et de signaux dégingandés, sur lequel stagnaient quelques rames de wagons abandonnés. Du béton, du gravier, du fer, une planète minérale sur laquelle toute vie semblait exclue. Quelques mauvaises herbes avaient échappé aux herbicides et à la rigueur de l'hiver. La vie était la plus forte, mais une vie diminuée par l'étouffement de la société industrielle.

« N'aie pas peur, dit Jean Batsi, je te précède, je reconnais ton chemin et je veillerai à ce que tu ne trébuches pas. Là, où je t'amène, tu auras à manger et tu pourras dormir. C'est l'essentiel maintenant. Demain on réfléchira à la suite. Tu me raconteras aussi tout ce que tu ne m'as pas dit. Tu n'es pas ici pour rien. Il se passe des choses à Rome que tu m'as carottées. »

Il parlait tout en marchant sous la pluie. Emmanuel se réjouit d'avoir songé à se munir d'une casquette. L'eau lui coulait sur le visage et ses vêtements étaient transpercés, mais au moins son crâne était au sec. Il n'avait jamais supporté la pluie tombant sur la tête. Il se demanda comment sècheraient ses vêtements. Mais Jean Batsi avait raison : il fallait manger et puis dormir. Sinon il ne pourrait pas continuer son voyage. Il éprouvait une faiblesse dans les jambes. Il risquait à tout moment de s'évanouir de froid, de faim et de sommeil. Il puisait dans des réserves d'énergie qu'il ne se connaissait pas.

La marche lui parut interminable dans cet univers ferroviaire désert, glacé et humide, qu'il percevait à peine, tant il prenait soin de regarder où il mettait les pieds. Il quittait le monde ordinaire, quadrillé de rues éclairées entre des immeubles habités pour pénétrer dans un univers de ferraille, de gravier et de goudron. Sur cette terre insultée ne poussait plus un brin d'herbe, seuls des ronces, des épines, des chardons et des orties prospéraient, comme si le diable avait ici licence de créer le jardin de son choix.

Enfin Emmanuel entrevit une série de wagons faiblement éclairés du dedans. En s'approchant, il entendit d'abord une rumeur, puis une musique de plus en plus précise, un tam-tam africain.

Jean Batsi se haussa sur le marchepied et poussa la porte entrouverte. Une bouffée de chaleur et de vapeur accueillit les arrivants. L'intérieur du wagon sentait la cuisine, la lessive, les corps mal lavés, la fumée de cigarette, le parfum bon marché, les épices et même un peu l'encens. Il y faisait moins froid. En ouvrant la porte du compartiment, ils découvrirent que la lueur provenait d'une lampe de camping accrochée au plafond. En se forçant un peu, le spectacle évoquait un Rembrandt, un clair-obscur où l'obscurité dominait. Une casserole toute noircie mijotait sur un réchaud à gaz et la vapeur accrochait le peu de lumière disponible. Une quantité indéfinie d'Africains occupaient le compartiment. Du linge pendait à des ficelles tendues entre les porte-bagages.

Jean Batsi fut accueilli sans surprise. Il se pencha à l'oreille du seul Africain qui avait des cheveux blancs et il lui murmura quelques mots. Le vieux se leva, prit la main droite d'Emmanuel entre ses deux paumes, s'inclina et dit quelques mots à haute voix dans une langue incompréhensible pour Emmanuel. Puis il lui parla dans un français impeccable :

« Je m'appelle Eusèbe Habyarimana. J'étais préfet à Butare. Nous sommes très honorés. Soyez béni pour votre visite. »

La formule était diplomatique. Emmanuel ne parvint pas à décider s'il avait été reconnu.

Tout le monde se leva et l'un après l'autre les Africains vinrent le saluer. Il en sortait de partout. Il y avait beaucoup d'enfants, des nourrissons qui tétaient leur mère dans un demi-sommeil, quelques hommes aux visages émaciés. Emmanuel serra les mains, caressa les têtes. Une main lui tendit une cigarette. Un briquet éclaira son visage et, pour la première fois depuis son adolescence, Emmanuel se mit à fumer, assis entre Jean et le vieux. La fumée calmait sa faim et le réchauffait.

Puis on lui proposa une assiette en plastique sur laquelle s'étalait une sorte de ragoût composé de légumes indéfinissables et de quelques filaments de viande. Une bouteille de rouge circulait de bouche en bouche. Il y but au goulot comme les autres. Sa faim s'apaisait, ses vêtements séchaient à la chaleur des corps pressés contre le sien. Il fuma encore une cigarette, puis il s'évanouit ou il s'endormit. Cela n'avait pas d'importance. Il cessa de penser et de s'inquiéter. Cette nuit-là, il n'eut pas de cauchemar. Ce qui ne lui était pas arrivé depuis des mois.

En fait il dormait mal depuis son élection. Ici, au moins il se sentait justifié. Le Dieu exigeant, qu'il servait si mal, ne pourrait pas lui reprocher d'exister là où il se trouvait et de faire ce qu'il faisait. Ici, il était au-delà du bien et du mal, dans un univers sans coupables, parce que sans péché. Il était au sein de l'Église invisible, celle des humiliés et des offensés.

*

Une fois de plus le froid le réveilla. Il n'était pas assez habillé. Tous ses compagnons dormaient. Une vague lueur perçait maintenant par les vitres sales du wagon. Le jour se levait, mais il n'avait pas arrêté de pleuvoir. On entendait les gouttes tomber dru sur le toit. Emmanuel se colla à Jean Batsi dans l'espoir qu'en se réchauffant il parviendrait à se rendormir. Tout, plutôt que s'éveiller dans ce monde hostile.

Il était assis sur une banquette. Les courbatures de son dos achevèrent de le réveiller. Il se trouvait dans un compartiment de première classe aux fauteuils fatigués. Il évalua à plusieurs dizaines de personnes, toutes africaines, les occupants endormis les uns serrés contre les autres. L'ensemble des ronflements entretenait une sorte de basse continue, sur laquelle se détachaient de temps en temps le gémissement d'un enfant ou les paroles confuses d'un adulte.

Emmanuel se souvint d'une image, qui l'avait frappée au début du film *La Guerre du feu*. Dans une grotte, où un veilleur entretient le feu sacré, le reste de la tribu dort tant bien que mal, en grappe compacte pour préserver un peu de chaleur. L'humanité était issue de ces tribus à moitié animales, perdues dans une nature dont elles ne pouvaient rien comprendre, rendant un culte barbare à des divinités féroces. Bien plus tard, la même espèce avait peint la Sixtine, rédigé *La Critique de la raison pure* et composé la *Neuvième*.

Aujourd'hui, Emmanuel en constituait une pointe avancée dans ce territoire inconnu : la foi sans la Curie, l'Église réduite à la communion des saints. De lui dépendait la mutation du christianisme qui devait se débarrasser des derniers oripeaux païens hérités de la Rome impériale jusque dans le vocabulaire du pouvoir : préfet, dicastère, diocèse, curie, basilique, manifestement hérité de l'omnipotente administration de l'empire. Il devait, lui tout seul, purifier la source et retourner à l'eau vivifiante du baptême dans le Jourdain de Jésus de Nazareth. Il lui fallait briser la gangue grossière qui enfermait un diamant, dur et fragile. Il fallait accomplir un travail extraordinaire sous la seule garde de l'Esprit. Il ne fallait pas se tromper de combat.

Comme le lui avait répété Colombe en embarquant à Fiumicino : « Il ne faut pas jeter le bébé avec l'eau du bain. Tu avais raison de le dire l'autre soir. Mais il faut jeter l'eau du bain, car le bébé est en train de se noyer. Tiens le bébé bien fort dans tes mains maladroites. Dommage qu'il n'y ait pas une femme pour remplir cette tâche. »

Autour de lui les corps mal lavés s'étiraient dans des remugles, des bâillements, des rots et des pets. Jean Batsi fut éveillé un des premiers et il commença à expliquer à Emmanuel où ils se trouvaient.

« Nous sommes dans la gare de triage, où les convois sont assemblés après nettoyage des wagons. La nuit, le personnel des chemins de fer ne se risque pas ici. Chaque groupe colonise un wagon, l'occupe le soir et l'abandonne avant le début du travail des équipes d'entretien. Il doit être six heures du matin, nous avons tout le temps d'ici huit heures. »

« Le temps de quoi ? » demanda Emmanuel interloqué.

« Hier soir, j'ai dit à Eusèbe Habyarimana qui tu étais... »

« Tu m'avais promis de garder le secret... »

« ... il y a pas de secret entre les habitants de la *Stazione Centrale*. Ici tout se sait car nous n'avons rien d'autre à faire que de causer l'un avec l'autre. Nous avons l'habitude d'observer car notre vie en dépend. Les voyageurs pressés ne t'ont pas reconnu. Ils évitent de se reluquer les uns les autres, car ils sont obsédés par eux-mêmes ou par les marchandises qu'ils peuvent acheter ou par les corps qu'ils peuvent baiser. Toi, tu es tellement gris que tu passes inaperçu, sauf pour nous qui sommes aussi gris que toi. Quand je suis venu vers toi, au *Gran Bar*, on m'avait prévenu de ta présence. On m'a délégué parce que je cause français et que je suis considéré comme instruit. Tu penses ! Un typographe. Mais personne ne sait que nous sommes cousins. »

« Nous avons le temps de quoi ? » interrogea obstinément Emmanuel.

« Ils sont tous de la même ethnie et souvent de la même famille. Ils viennent du Rwanda. Ils sont tous baptisés sauf quelques bébés. Ils veulent une messe. C'est la seule fois qu'ils auront l'occasion d'assister à une messe pontificale, ajouta Jean Batsi avec un sourire qui étira ses deux rides et lui donna soudain un air de surnaturelle bonté. »

« Il faut du pain et du vin », objecta piteusement Emmanuel.

« Cela va de soi. Il ne manque ni de l'un ni de l'autre. Ne chipote pas. C'est leur droit. Tu peux pas leur refuser. »

Emmanuel baissa la tête. Il se sentait transi et fatigué, affamé et assoiffé. Il était à bout de forces mais il fit un effort extraordinaire, se leva, se pencha vers Eusèbe Habyarimana et lui dit simplement :

« Si vous le voulez vraiment, je suis prêt à dire la messe. »

L'autre inclina la tête et dit quelques mots dans la langue inconnue. La foule s'ébroua. Les derniers dormeurs furent réveillés sans ménagement. Quelques minutes plus tard, Emmanuel se retrouva devant une valise de carton placée en équilibre au travers du couloir, appuyée sur les fauteuils de droite et de gauche. Sur l'autel improvisé, se trouvait un gobelet de plastique, pas très propre, rempli à ras bord de vin rouge et un gros morceau de pain.

Emmanuel extirpa son trousseau de clés de sa poche droite et ouvrit le cadenas qui bouclait la chaînette autour de son poignet gauche. Il sortit de la mallette un missel des dimanches et choisit les lectures du cinquième dimanche du carême, celui qui serait célébré dans trois jours. Il passa son missel à Jean Batsi pour qu'il assure les deux premières lectures.

Comme toujours il s'attendait à ce que les textes le renvoient à sa propre condition, car toute la Bible oriente chaque lecteur vers une facette de sa vie. Mais il fut tout de même surpris par la pertinence des citations.

« *... Ne vous souvenez plus d'autrefois. Ne songez plus au passé. Voici que je fais un monde nouveau. Il germe déjà, ne le voyez-vous pas ?... Les bêtes sauvages me rendront gloire...* »

« *... Tous les avantages que j'avais autrefois, je les considère maintenant comme une perte à cause de ce bien qui dépasse tout : la connaissance du Christ Jésus, mon Seigneur... Certes je ne suis pas encore arrivé, je ne suis pas encore au bout, mais je poursuis ma course pour saisir tout cela... Une seule chose compte : oubliant ce qui est en arrière, et lancé vers l'avant, je cours vers le but...* »

Il lut lui-même l'évangile de la femme adultère. Il fut embarrassé. En Afrique, dans certaines ethnies l'adultère d'une femme n'a aucun sens imaginable, car la polyandrie est la coutume. Il risquait de ne pas être compris. Il partit sur une tout autre piste. Ce groupe de Rwandais ne se trouvait pas à Milan par hasard.

« ... la question n'est pas de savoir quelle faute a commise cette femme sinon pour nous rappeler que, selon la Loi de l'époque et du lieu, elle devait être mise à mort de la manière la plus horrible qui soit. Enterrée jusqu'aux aisselles pour l'empêcher de s'enfuir, elle devait être assommée par les pierres que chacun lui jetterait à la figure. Jésus fait remarquer que, pour faire justice de cette façon abominable, il faut au moins être impeccable soi-même. Le récit montre que personne ne se sent innocent. Il s'agit donc d'un évangile de la culpabilité et de la miséricorde. À cette époque, il n'y avait pas de pardon. La seule façon de se sentir moins coupable consistait à trouver une personne plus coupable que soi-même et à la sacrifier, en la chargeant en quelque sorte de tous les péchés de la communauté. La plus que coupable morte, le péché était éliminé et chacun pouvait se sentir justifié, malgré ses propres péchés. Jésus fait sentir que chacun est responsable de ses propres fautes et qu'il n'en est pas absous par la condamnation publique d'une victime expiatoire. Il proclame que lui n'est venu ni pour condamner, ni pour renforcer le caractère implacable de la Loi.

« Vous êtes ici parce que deux peuples se disputent le même pays. Vous avez été expulsés ou vous vous êtes enfuis parce que l'autre ethnie a été provisoirement la plus forte. Beaucoup de victimes de la guerre ont été assassinées non pas pour quelque crime qu'elles aient commis elles-mêmes, mais parce qu'elles appartenaient à l'ethnie opposée et qu'elles étaient tenues pour responsables des crimes perpétrés par d'autres membres de cette ethnie. Chacun se purifiait de sa culpabilité en prenant comme bouc émissaire un membre de l'autre ethnie. Chacun pour se justifier commettait de nouveaux crimes... »

Emmanuel eut presque pitié de son auditoire. Le sang quittait le visage de plusieurs, lui donnant cette teinte grisâtre qui équivaut chez les Africains à une grande pâleur chez un Européen. Il fut tenté de s'arrêter mais il continua. Lui-même avait dépassé toutes les bornes de la bienséance et des conventions, ces expressions d'une fausse charité. Au point où il se trouvait, il n'avait plus d'autre ressource que de dire la vérité. Son oui était devenu un oui et son non, un non. En conditions de survie, seule la parole peut sauver. Il n'y avait plus de place pour la langue de bois, l'art de faire croire aux autres que je crois à ce que je ne crois pas. Il n'y avait plus que la confession de foi dans son plus grand dépouillement.

*

La messe poursuivit son cours. Sur la valise qui lui servait d'autel, Emmanuel avait étalé son mouchoir sale comme corporal. Une goutte d'eau fut mélangée au vin du gobelet. Une goutte d'eau prise dans une bouteille d'eau minérale qui servait sans doute à faire les biberons des bébés. En guise d'hostie, un de ces petits pains de blé dur que l'on sert dans les restaurants et qui avait sans doute été ramassé dans une poubelle ou bien donné par un cuisinier compatissant.

Le petit pain était dur comme de la brique. Après la consécration, Emmanuel ne réussit pas à le briser en fragments mais plutôt à l'émietter. Il posa quelques miettes dans chacune des mains brunes qui se tendaient vers lui, en caressant au passage la tête des enfants portés sur les bras des femmes. En pliant son mouchoir sale, il parvint à recueillir au creux de la main la plupart des miettes restantes. La plupart, mais pas toutes. Il n'osait pas regarder sur le sol, tant il était sûr que des miettes s'y trouvaient. Il rinça le gobelet avec de l'eau et il le sécha avec son mouchoir. Puis il prononça une brève prière d'action de grâces, qu'il improvisa en demandant le retour des exilés au pays.

Comme on le distinguait par la lueur filtrant à travers les fenêtres sales, le jour devait être tout à fait levé. Les Rwandais quittaient le wagon par petits groupes. Emmanuel remit son missel dans la valise qu'il referma à clé et qu'il rattacha à son poignet. Des yeux, il chercha Jean Batsi pour qu'il le guide vers la gare.

Emmanuel se sentit tiré par la manche. C'était Eusèbe Habyarimana, qui prétendait se confesser. Emmanuel demanda à Jean de sortir et de l'attendre.

« J'étais préfet à Butare. »

« Vous me l'avez déjà dit », interrompit Emmanuel passablement agacé.

Il se sentait mal de partout. Mal de tête, mal au ventre, les articulations gonflées par l'humidité, le cerveau rêche par manque de sommeil, une grande faiblesse de tout le corps. Il commençait à être sous-alimenté mais il n'avait pas vraiment faim. Il avait plutôt envie de vomir la pâtée qu'il avait ingurgitée la veille et qu'il n'avait pas encore digérée.

« Butare est une ville importante. C'est la plus convoitée des préfectures. J'ai été nommé préfet de Butare parce que j'étais le cousin du président, Juvénal, celui qui a été tué le 6 avril 1994 par une roquette au moment d'atterrir à l'aéroport de Kigali. Les massacres de Tutsis ont alors commencé. Pour les protéger, j'ai regroupé ceux de ma préfecture dans une école en construction. J'ai demandé à l'armée de les défendre. Mais je n'avais plus rien à dire. Je n'étais plus le cousin du président. En fait, c'est l'armée elle-même qui a procédé au massacre des Tutsis dans l'école. J'ai entendu les tirs de mitraillettes et les explosions de grenades. En quelques minutes, j'aurais pu m'y rendre et peut-être arrêter le massacre. Je ne l'ai pas fait. »

Il se tut comme épuisé par l'effort. Il regarda Emmanuel dans les yeux, avec une telle attente de pardon qu'Emmanuel eut pitié :

« Vous auriez pu aussi être tué. Les notables hutus, les prêtres qui se sont interposés ont souvent été massacrés. »

« Sans doute. Mais d'autres prêtres et religieuses tutsis ont souvent aidé les tueurs. Leur religion passait après l'appartenance à l'ethnie. Aujourd'hui, moi, je préférerais avoir été tué alors, plutôt que de continuer à vivre en pensant à tous ces corps que j'ai découverts deux heures plus tard, entassés les uns sur les autres, avec des mourants qui payaient les soldats pour être achevés d'une balle dans la tête plutôt que d'être égorgés ou découpés à coups de machette.

« Ces soldats étaient stupides, ils obéissaient aux ordres et ils y prenaient du plaisir. C'était un travail comme un autre, mais tellement gratifiant. Il fallait d'abord éliminer les Tutsis et puis la terre appartiendrait aux Hutus. Personne de leur ethnie ne leur reprocherait quoi que ce soit. J'étais parmi les notables et je n'ai même pas essayé de les détromper. J'ai fait des études de droit à Bruxelles et à Strasbourg et j'ai laissé la coutume décider du sort de ces pauvres gens. Un charnier de mille cinq cents personnes en train de pourrir au soleil, vous n'avez jamais vu cela... »

« Non, dit Emmanuel, je n'ai pas tenu plus de trois mois en 1984 à la nonciature de Beyrouth où j'étais auditeur. Je ne supporte pas la vue d'un cadavre. Je le confesse. »

« Je me suis déjà plusieurs fois confessé de ce péché tellement énorme que je crois que je ne me sentirai jamais pardonné... »

« Vous n'avez pas vraiment commis de faute, interrompit Emmanuel. Vous n'avez pas eu le courage de subir le martyre. Mais celui-ci n'est pas une obligation. Le courage du sacrifice n'est pas donné à tout le monde. Moi aussi, j'ai fui le Liban de peur d'être tué dans un bombardement ou un attentat. Simplement je n'ai pas tenu le coup. Je n'ai aucun courage physique. Au moment où je vous parle, je suis en fuite parce que je risque d'être assassiné en demeurant à Rome. Je suis un lâche. C'est une faiblesse de caractère, ce n'est pas un péché. »

Il s'efforça de sourire malgré son épuisement et ajouta :

« Dites-vous donc que vous n'êtes pas pire que le pape ! »

Eusèbe Habyarimana hocha la tête. Il n'était pas convaincu.

Emmanuel n'avait qu'une seule envie : se retrouver au chaud, se laver, manger, dormir, oublier. Il chancelait sous le poids de sa propre vie et il lui fallait porter la croix de tous les hommes.

« Non, dit son pénitent qui s'agenouilla dans la poussière du wagon jamais nettoyé. Il faut qu'il y ait un coupable d'un crime aussi énorme. Et je suis le premier responsable. »

« Vous n'avez pas tué. »

« Les soldats ne savaient pas ce qu'ils faisaient. Je savais à leur place. »

Emmanuel entrevit une issue :

« Un génocide ne se produit pas par hasard. Les deux ethnies se battaient pour posséder la terre parce que le café est le seul produit d'exportation que votre pays puisse vendre afin de se procurer les devises nécessaires. Pour vivre, il faut posséder la terre. Pourquoi se battre pour la terre, sinon... »

Il laissa longtemps sa phrase en suspens pour obliger son pénitent à la poursuivre :

« ... parce que nous étions trop nombreux, compléta Habyarimana. »

« Combien ? » demanda Emmanuel, implacable.

« Au moment des massacres nous étions plus de huit millions. »

« Et à l'époque de votre naissance ? »

« Je ne sais plus, peut-être deux ou trois millions. Les femmes ont tellement d'enfants. Six, sept, huit. Pour le septième enfant d'une famille de mon district, j'étais toujours le parrain. Je donnais un berceau, un vrai berceau, avec une planche à langer, et plusieurs grandes boîtes de poudre de lait. »

« On n'a jamais parlé de contraception dans votre pays ? »

« Les missionnaires protestants en parlaient et distribuaient gratuitement des pilules. Nos prêtres catholiques expliquaient que c'était un péché. Lorsque l'épidémie de sida a commencé, ils ont aussi expliqué que le préservatif constituait un péché. »

« Et qu'en pensez-vous aujourd'hui ? » demanda Emmanuel, les lèvres serrées au point qu'elles devenaient blanches.

« Je pense qu'ils ont eu tort, avoua Habyarimana. C'est plus grave de tuer des vivants que de ne pas les mettre au monde. »

« Bien, dit Emmanuel. C'est tout ce que je voulais vous entendre dire. Quand je travaillais à la Congrégation pour la Doctrine de la Foi, j'étais chargé du dossier de la contraception. Mon travail consistait à éplucher les écrits des théologiens et des évêques pour dénoncer ceux qui essayaient de justifier la contraception. Par exemple les missionnaires qui expliquaient les difficultés de la surpopulation dans les pays en voie de développement. Parmi eux, il y avait des évêques rwandais qui ne savaient plus comment échapper à la réalité démographique de leur pays. Ils m'envoyaient des lettres déchirantes auxquelles je répondais en style officiel par un non systématique. »

Emmanuel ne réussirait jamais à oublier le regard que l'autre lui jeta :

« C'était vous ? Les missionnaires nous parlaient toujours des ordres qui venaient de Rome. »

« Oui. C'était moi. Et quelques autres. J'obéissais aux ordres du cardinal Weiss. Je n'écoutais pas ma conscience. Et s'il y a un responsable du génocide, c'est moi et quelques autres. Nous avons chargé le peuple rwandais d'un fardeau que nous n'aurions pas nous-mêmes remué du bout du petit doigt. Et nous ne nous sommes jamais sentis coupables ou du moins nous ne l'avons jamais avoué. Nous avons persisté dans l'erreur, faute d'avoir le courage de la reconnaître. Je le regrette lorsque je vois ce qui est advenu. J'essaie de réparer comme je puis. »

Le vieux changeait à vue d'œil. Il se redressa et saisit la main d'Emmanuel pour la baiser. Mais il ne trouva pas l'anneau du pêcheur qu'Emmanuel avait enlevé.

« S'il y a un coupable, répéta doucement Emmanuel, c'est moi et mes semblables. C'est à nous de demander pardon, à Dieu et aux hommes. »

Il posa ses mains sur la tête aux cheveux gris et prononça les paroles de l'absolution. Au moment où il aidait le vieux à se relever, il entendit les premiers aboicments des chiens de la police ferroviaire. Il saisit sa mallette et s'apprêta à fuir mais une main le retint. Une femme lui tendit un bébé couvert de croûtes. La main gauche de la mère avait été vilainement amputée.

« Il n'est pas baptisé. S'il vous plaît ! »

« Si nous ne décarrons pas tout de suite, remarqua négligemment Jean Batsi qui était rentré dans le compartiment, nous serons agrafés par la police ferroviaire. Ils tabassent tout de suite et puis ils causent... »

Habyarimana insista :

« Ce serait un grand bonheur pour cette femme. Les

soldats ont amputé sa main plutôt que de la tuer parce qu'un cadavre cela s'enterre. Un membre amputé continue à semer la terreur. Elle fait pitié et elle fait peur. Elle le sait. Si le pape baptisait son enfant, cela donnerait un sens à ce qu'elle a subi. Ce serait une sorte de compensation. »

« La vie sera bonne pour elle, aujourd'hui au moins », commenta Jean Batsi.

Emmanuel se rappela que Jésus n'avait pas cherché à se dérober au Jardin des Oliviers. Il fallait donc qu'il y passe.

Il prit au creux de sa main le peu d'eau qui restait dans une bouteille de plastique. Au moment de la verser, il s'arrêta soudain car il ignorait le prénom du bébé. La mère devina son incertitude :

« Il s'appellera comme vous le voulez... »

Les aboiements de chiens étaient tout proches. Emmanuel se décida :

« Ambroise, je te baptise... »

À Milan, ce prénom s'imposait. Ambroise, préfet et évêque, avait protégé la ville des troubles de l'époque. Le peuple l'avait élu évêque par acclamation alors qu'il n'était même pas baptisé. Il avait été désigné pour lutter contre l'hérésie arienne qui niait la divinité du Christ et qui était soutenue par l'évêque Auxence, le prédécesseur d'Ambroise. Le peuple avait vu clair et le clergé s'était trompé. La vraie foi avait été restaurée par celui qui n'était même pas chrétien.

4

« Si toi t'es le pape, moi je suis le Premier ministre ! D'accord ? Est-ce que le Premier ministre aurait le temps de s'occuper d'un minable comme toi ? Non ! Alors ? »

En s'esclaffant finement les policiers présents approuvèrent leur chef. Cet embryon de syllogisme devait se répéter à longueur d'interrogatoire. Emmanuel, mains menottées dans le dos, assis sur le rebord d'une chaise, un projecteur braqué en plein visage, se sentait devenu un objet de dérision.

Attaché au radiateur par ses menottes, les mains dans le dos, Jean Batsi l'accueillit par une moue blasée. Il avait connu des questionnements plus créatifs, de fervents chapelets d'invectives, des métaphores ingénieusement égrillardes, des fureurs simulées, des séductions captieuses, des improvisations philosophiques. L'interrogatoire policier bien conduit pouvait constitucr unc telle source d'inspiration littéraire que l'interpellation actuelle le choquait par sa platitude. On ne devient pas vagabond si l'on n'a pas un sens raffiné de l'esthétique. On devient trop souvent policier par manque d'imagination. Puisqu'un commissaire avait obtenu au moins une licence en droit, forcément précédée d'un baccalauréat, il aurait dû posséder quelques rudiments de rhétorique. Où se trouvaient les litotes, hyperboles, antithèses, métaphores et catachrèses, qui métamorphosent le discours, même policier, en un moment de bonheur pur ?

Obsédé par le froid qui raidissait tout son corps et tourmenté par l'envie d'un bon repas chaud, Emmanuel s'était tout de suite résigné à rentrer à Rome. Dès que le chef l'avait sommé d'exhiber ses papiers, il avait décliné son identité exacte. Mais il ne s'était pas attendu à ce qu'on ne le croie pas.

Les menottes lui écorchaient les poignets. Il couvait des yeux sa précieuse mallette de cuir, abandonnée dans un coin du bureau. Prêt à toutes les concessions pour un bon bain chaud, il se trouvait au bord du désespoir tout en se persuadant que ce cauchemar allait bientôt se terminer.

« Écoute, dit le chef sur le ton suave de l'adulte s'adressant à un autre adulte qu'il traite comme un enfant. D'abord, le pape porte une soutane blanche, il habite à Rome, il est rasé correctement et il possède des papiers en règle. Il ne se promène pas à sept heures du matin sur les voies de la *Stazione Centrale* de Milan, en compagnie de réfugiés rwandais qui campent ici depuis des mois. D'accord ? »

Emmanuel ne répondit pas.

« Et l'autre là, qui n'a pas non plus de papiers, pourquoi est-il avec toi ? »

« C'est mon cousin », trouva la force de répondre Emmanuel.

« Tu me prends pour un con. Et moi je suis ton fils, peut-être ! Tu trahis une conception exagérée de la famille. »

Jean Batsi sanctionna la dernière phrase d'une moue de connaisseur : la tournure manifestait une certaine recherche. Cependant, le chef montrait les signes d'une irritation croissante. Il écrasa sa cigarette à peine allumée, puis il tapa trois grands coups de Bottin téléphonique sur son bureau comme s'il s'exerçait à l'asséner sur le crâne d'Emmanuel. Par réflexe, il finit par jurer un bon coup, ainsi que d'autres se mouchent pour se nettoyer les narines et s'éclaircir le cerveau. Il fit mine de se maîtriser à grand-peine pour énoncer posément une vérité de bon sens.

« Si tu étais le pape, tu aurais un secrétaire, tu connaîtrais un numéro auquel nous pourrions téléphoner à Rome afin de confirmer ton identité. »

Emmanuel se détendit. C'était aussi simple que cela. Puisqu'il fallait qu'il se rende, autant capituler tout de suite entre les mains de son véritable ennemi. Il épela le numéro du téléphone mobile du cardinal Tarcisio Bertini, qu'il était un des rares à connaître. Celui-ci serait tellement soulagé par la reddition d'Emmanuel que tout rentrerait instantanément dans l'ordre.

Le chef composa le numéro. La réponse fut instantanée. Tarcisio Bertini devait être sur le qui-vive. Emmanuel ne put s'empêcher de sourire en pensant qu'il avait dû passer une nuit blanche.

Le chef se leva soudain de son fauteuil et esquissa une sorte de garde-à-vous devant le poste téléphonique devant lequel il s'inclina.

« Mes respects, Éminence. Je suis navré de vous déranger, Éminence. Lieutenant Alessandro Martegani, chef du poste de police ferroviaire à Milan. Un vagabond nous a donné ce numéro de téléphone, en prétendant qu'il est le pape. Je ne comprends absolument pas comment il a pu l'obtenir. Nous l'avons découvert errant sur les voies. Il n'a pas de papiers. Comme toutes les personnes arrêtées, il a le droit de donner un coup de téléphone pour s'identifier en désignant un garant. »

Il s'interrompit respectueusement et énonça une série de « Oui » déférents.

« Nous l'avons fouillé. Il possède une petite valise bourrée de vieux papiers qui concernent tous la religion. Puisqu'il se prend pour le pape, c'est tout à fait normal qu'il collectionne des vieux papiers : il y a des tas de maniaques qui sont obsédés par la religion. Sauf votre respect, Éminence ! Je vous en prie, n'y voyez surtout aucune allusion ! Il doit être dérangé, mais il n'a pas l'air dangereux. Nous comptons l'expulser vers la France. »

Un silence.

« Par Vintimille, comme d'habitude. Une voiture de carabiniers le déposera sur une petite route en territoire français. Et puis il se débrouillera. »

Un silence.

« Non, Éminence, nous n'avons pas le droit de confisquer sa valise. Si elle contenait de la drogue, de l'argenterie, des carnets de chèques, des cartes de crédit, bien évidemment nous le ferions. Il possédait un bijou en or, une grosse chevalière bizarre avec un bateau de pêche tirant un filet : nous l'avons naturellement confisqué et mis sous séquestre, nous finirons bien par retrouver le propriétaire. Nous avons aussi découvert un téléphone mobile du tout dernier modèle, qu'il a manifestement volé car il est hors de prix. Bien qu'il soit parvenu à donner le code, nous l'avons confisqué. »

Le policier, qui avait hérité du téléphone, eut un large sourire et jongla avec l'appareil.

« Non, Éminence, je regrette, des vieux papiers cela n'a vraiment aucune valeur. Et n'importe qui peut en transporter. Nous n'avons pas le droit de les saisir. »

Un silence.

« Non, Éminence, il ne s'agit pas d'une secte. Ce sont des papiers sur le Vatican, la Bible, des vieux sermons, des sottises. Aucune valeur. Pensez, c'est du latin et du grec. Du vieux papier, mais il a l'air d'y tenir. La valise était même attachée à son poignet par une chaînette. »

Un silence.

« Bien entendu, lui, nous l'avons photographié pour le fichier. Il n'y a aucun problème, nous vous transmettrons une photo par fax. Mais je ne comprends pas pourquoi ? »

Un silence.

« Vous désirez recenser tous les imposteurs ! Bien sûr. Surtout si la ressemblance est frappante. Vous craignez les sosies. »

Un silence.

« Je ne trouve pas que la ressemblance soit frappante. Mais, sauf votre respect, Sa Sainteté le pape ne présente aucun signe particulier. Si j'osais, je dirais plutôt qu'il est typiquement suisse, c'est-à-dire tout à fait normal. Un peu terne même, passe-partout. Impossible à caractériser dans un document de police. »

Il raccrocha et tourna vers Emmanuel une mine sévère :

« Le pape Jean XXIV se trouve actuellement dans sa résidence de Saint-Jean-du-Latran selon le cardinal Bertini lui-même, qui l'a rencontré voici une heure à peine. Tu n'es donc qu'un imposteur et un vagabond de plus. Voleur de téléphone incidemment. On pourrait te coffrer. Mais ce beau téléphone nous incline à l'indulgence. Il nous récompensera de nos efforts. Et tu n'es pas italien. Tu as un accent français. Donc je t'expulse vers la France. »

« Je suis citoyen suisse, répliqua Emmanuel. »

« C'est possible, mais les Suisses refoulent leurs

propres citoyens à la douane de Chiasso, s'ils n'ont pas des papiers en règle. Voilà au moins un pays sérieux ! »

Il leva les yeux au ciel et parut soudain humain.

« Je préférerais travailler dans la police suisse ! Ils sont quatre fois mieux payés que nous pour s'occuper d'un pays sans problème. »

Il jeta un coup d'œil respectueux vers la photo en couleurs du président Berlusconi, découpée dans un magazine et agrafée par quatre punaises, seule décoration des murs crasseux du poste de police.

« Un jour, l'Italie atteindra le niveau de la Suisse. C'est pour cela que je vais t'expulser en France. C'est un pays qui... »

L'expression de son opinion, sans doute francophobe, fut interrompue par le cri du policier assurant la permanence téléphonique dans la pièce voisine :

« Incendie d'un wagon, chef ! »

Il donna les coordonnées de l'incident. Il y eut une bousculade. Emmanuel se retrouva enchaîné au radiateur aux côtés de Jean Batsi. Juste avant de sortir à la tête de son escouade, le chef cacha la barbe d'Emmanuel avec sa main et le regarda avec attention.

« Je me suis peut-être trompé. Je reviens dès que possible. »

La porte était à peine fermée que Jean Batsi fit signe à Emmanuel de fouiller une poche de son blouson. Parmi divers objets hétéroclites, il en dégagea une petite clé métallique. Bientôt ils furent libres tous les deux. Emmanuel enchaîna sa précieuse mallette à son poignet.

Il n'y avait aucun policier de garde dans le poste, mais la porte était fermée à clé de l'extérieur. Jean balança une chaise métallique dans la fenêtre. Après avoir éliminé les éclats de verre, ils sortirent en enjambant l'appui de fenêtre. Les passants y prêtèrent à peine attention. Il se passait tant d'événements étranges à la *Stazione Centrale* qu'une évasion avec bris de vitre faisait partie de l'ordinaire du flâneur milanais.

Ils avaient à peine quitté le bureau que le téléphone sonna longuement. C'était Théo, prévenu de l'arrestation d'Emmanuel. Ce fut un rendez-vous manqué parmi d'autres.

*

« Maintenant, dit Jean, tu as intérêt à tout déballer. Ta cavale du Vatican because tes états d'âme, cela ne tient pas la route. Il s'est passé autre chose. »

Emmanuel raconta tout ce qu'il avait tu jusqu'à présent. Ils étaient assis par terre dans un souterrain sans le moindre jour sur l'extérieur, où Jean avait pénétré par une porte métallique en utilisant une autre clé extraite tout aussi miraculeusement d'une des poches de son blouson. Semblable à un supplicié accroché à sa corde, une ampoule mélancolique pendait au bout d'un fil électrique. L'atmosphère était lourde, comme si l'air, à force d'avoir été respiré, ne contenait plus d'oxygène. On n'entendait d'autre bruit que les grignotements d'un rongeur dans un coin de la pièce. De plusieurs rongeurs sans doute à en juger par le tapage qu'ils causaient. Emmanuel parlait à mi-voix, comme au confessionnal. Il lui semblait nécessaire de partager ses doutes avec son cousin, dont la réponse fut catégorique.

« C'est clair, ce Bertini veut ta peau. Il a baratiné au téléphone pour ramasser un max de tuyaux. Il reluque ta photo maintenant et il sait à quoi tu ressembles. Si nous étions éjectés d'Italie par Vintimille, il y aurait deux flingueurs sur la charmante petite route de campagne pour nous accueillir avec une giclée de plomb. Et tu serais bientôt élevé sur les autels au rang de martyr. »

Il joignit les mains et inclina la tête dans la pose classique des saints statufiés. Emmanuel sourit, puis il interrogea :

« Et maintenant, qu'est-ce que je fais ? »

« Ah ! Ça, ce sont tes oignons. Pourquoi pas téléphoner à Théo ? Il viendrait te chercher en voiture et puis tu te planques bien peinard à Fully dans la cambuse familiale. La police suisse est bien faite : elle te protégera efficacement. Tu seras verni. »

Emmanuel fut submergé par une vision de salle de bains somptueuse, avec des linges épais comme des édredons, du savon fleurant la lavande, puis des petits déjeuners sur la terrasse avec vue sur le Rhône. Le goût britannique de la confiture d'oranges amères faite par Théo. Le café arabica, parfumé et astringent. La crème de Gruyère s'étalant sur des framboises. Le bouquet de miel de la Petite Arvine avec des rebibes de sbrinz pour apéritif. La vie deviendrait de longues vacances avec des lectures paisibles le soir au coin du feu, des promenades en montagne, des repas tranquilles et délectables, des jeux d'échecs contre Théo, des visites impromptues de Colombe. La vie de famille dans un pays en paix depuis toujours.

C'était une solution. Peut-être la plus simple de toutes. Le pape n'était plus à Rome, il résidait en terre neutre dans sa famille, il refusait de démissionner. Dès lors Bertini ne pourrait plus publier des documents insensés en se réclamant de la caution implicite du pape et de sa prétendue infaillibilité. Comme Emmanuel se comporterait raisonnablement, il ne serait pas possible de le révoquer. D'ailleurs le consistoire des cardinaux comportait une majorité acquise à sa cause. Privé du pontife suprême, le Vatican perdrait de son importance et se dissoudrait dans l'indifférence générale. Le culte de la personnalité se retournerait contre ses officiants par l'absence même de la personnalité. Les fonctionnaires de Dieu apparaîtraient pour ce qu'ils sont : les gestionnaires d'une religion d'État résiduelle, sans État et sans religion. Ils cesseraient d'occulter l'Église invisible dont Emmanuel deviendrait le garant solitaire.

Néanmoins quelque chose d'indéfinissable retenait Emmanuel : le goût amer et fort de ce qu'il avait vécu, une seule nuit au bas de l'échelle sociale, au ban de la société, sans papiers et sans argent. La nourriture infecte partagée avec plus pauvre que lui, la messe dite avec un gobelet de plastique placé sur une valise dans un compartiment obscur, le corps du Christ posé sur un mouchoir sale. Le baptême qu'il avait célébré hâtivement après la confession d'Eusèbe Habyarimana, le crâne couvert de gale sur lequel il avait versé un peu d'eau prise dans une bouteille de plastique remplie au robinet des toilettes, le moignon de la mère amputée par les tueurs tutsis.

Toute sa vie, Emmanuel avait été angoissé à l'idée de sa propre imposture, de cette dignité ecclésiastique qu'il avait convoitée et qu'il avait acquise au prix d'une compromission totale. Toute sa vie, il avait eu peur de mourir parce que son hypocrisie n'échapperait pas à Dieu. Depuis un jour, il se sentait en paix avec lui-même comme il ne l'avait jamais été. Ce qu'il avait, personne ne pourrait le lui enlever, ni un lieutenant de la police ferroviaire, ni le cardinal Bertini, ni la presse qui allait déchaîner ses chiens de plume quand elle saurait que le pape avait choisi de devenir un sans domicile fixe. On ne pouvait plus rien lui enlever puisqu'il ne possédait plus rien. Il avait découvert que Dieu était tout aussi démuni et impuissant que son représentant sur terre. À rencontrer tant de misère, il commençait à discerner que le Seigneur vivait dans la gêne.

« Je reste avec toi, dit-il à Jean Batsi, tu m'as montré le chemin. Je veux continuer à marcher. Je ne veux plus du confort et de la sécurité. C'est trop inconfortable et trop risqué. »

« Bien, dit Jean, je te charriais quand je t'ai proposé de capituler. T'as pas flanché. On est pas des traqueurs dans la famille. La vie est bonne. »

Ils commencèrent une longue errance dans les sous-sols de la gare où Jean se mouvait avec l'aisance d'un habitué. Il connaissait la place des interrupteurs, il crochetait les portes en un tour de main, il balançait des coups de pied efficaces aux rats de rencontre. Lorsqu'il n'y avait pas d'éclairage électrique, il savait où trouver une bougie astucieusement cachée. Emmanuel réalisa que les voies de la gare avaient été construites une dizaine de mètres plus haut que le niveau de la rue et que l'architecte avait créé des sous-sols presque aussi spacieux que le hall d'arrivée. En dessous de la gare officielle peuplée de voyageurs normaux, subsistait une gare inconnue, ouverte sur les sous-sols du monde, un endroit pour entreprendre un voyage qui n'est recensé dans aucun annuaire. Il n'aurait pu trouver son chemin seul. Il n'aurait pu revenir sur ses pas sans se perdre. Il était livré à la merci de son guide, comme Dante le fut de Virgile dans sa descente en Enfer.

Ils finirent par déboucher dans une sorte de hangar, qui servait apparemment de débarras aux meubles de l'administration ferroviaire. La pièce n'était meublée que de sofas et de canapés selon une logique administrative, qui rangeait les objets par catégorie comme de vulgaires citoyens. Emmanuel découvrit un véritable panorama de l'art de s'asseoir en compagnie. Un canapé corbeille Louis XV recouvert d'un brocart argenté plutôt terni. Un lit bateau Empire revêtu de satin vert parsemé d'abeilles. Un absurde canapé laqué noir avec des incrustations de nacre selon le mauvais goût du Second Empire. Un énorme canapé américain en acajou orné d'accoudoirs en forme de lyre. Un canapé De Sede qui se résumait à quatre énormes coussins de cuir noir sans menuiserie apparente, le produit d'un siècle sans culture, le siège pour des hommes sans épine dorsale.

Une dizaine d'individus dépenaillés occupaient cette collection de divans rangés en cercle autour d'une caisse couverte de litrons entamés et de cendriers débordants. Quelques déchets de casse-croûte attendaient la visite des rongeurs. Une seule ampoule, toujours aussi mélancolique, sous-wattée et sous-voltée, répandait une lumière anémique sur la scène. Les convives, souvent couchés sur les divans, prêtèrent une attention distraite à l'arrivée des nouveaux venus.

Jean, d'ordinaire raide comme un piquet, se fendit d'une profonde inclinaison et commença une présentation en règle des membres de l'assemblée en fignolant son italien. Il ne mentionna pas l'identité d'Emmanuel que tout le monde connaissait apparemment et qui semblait même attendu.

« Gastone est notre responsable. Il a été le dirlo général de la poste italienne. Il est plein aux as, mais il a flippé en prenant sa retraite. Il se sent en sécurité que parmi nous dans la *Stazione Centrale*. C'est une victime de l'excès du turbin, un camé du boulot. C'est notre bienfaiteur perpétuel. Il refile toute sa pension. C'est lui, l'organisateur de la gare. Depuis dix ans, il attribue les places de mendiants ou de musiciens ambulants sans que personne y trouve jamais à redire. Il entretient de bons rapports avec les autres tribus, les tire-gousset, les toxicos, les dealers, les putes. La flicaille le respecte et le consulte même dans les embrouilles. C'est le caïd. Un bon caïd, pour une fois ! »

Gastone se leva. Il était tiré à quatre épingles, contrairement à ses compagnons, veston et cravate, chemise blanche avec des boutons de manchette, pochette tirant discrètement la langue, fleurant l'eau de toilette. Poignée de main avec légère inclinaison du buste.

« Chicco, lui, a été un grand cuistot, réputé parmi les chroniqueurs gastronomiques du monde entier. Il est devenu alcoolo à force de travailler dans les meilleurs restaurants pourvus des meilleurs celliers. Le haut-brion et le pétrus, cela ne se vide pas dans l'évier, cela ne se crache pas après dégustation. En quelque sorte un autre invalide du job. Il négocie et distribue les surplus des restaus des environs. Lui-même est invité directement dans les tambouilles. Cela explique son bide. »

Il ne se leva pas. Il aurait eu de la peine. Son corps avait la silhouette d'une poire. La main était grasse, molle et transpirante.

« Gino Stampella, ancien para en Algérie, ne supporte plus l'idée de la gégène qu'il a utilisée sur les bicots. Il a trop dézingué de prisonniers dans les corvées de bois. Il nous protège contre les mailloches de la Polfer. Il distribue gratis des pruneaux quand c'est nécessaire. »

Au garde à vous. Respectueux de l'Église comme on l'est dans l'armée. Un salut militaire, la main à la rencontre d'un képi imaginaire.

« Annarella a trouvé refuge dans ce souterrain pour échapper à un mari jalmince, qui la poursuivait à travers tout Milan en brandissant un surin. Elle élève des chèvres qu'elle nourrit avec les déchets des bouibouis des environs et elle donne volontiers le lait de son troupeau aux malades. »

Les mains cachées derrière le dos. Maigre et laide, avec des yeux exorbités. Elle ne se leva pas.

« La *contessa* Marina, fille d'une famille d'aristos, dont je tairai le nom, a vécu jadis dans le faste et l'aisance. Elle a appris le chant au conservatoire et elle pousse volontiers la romance, qui se termine malheureusement par une crise de désespoir car la dernière note est toujours fausse. La dernière et seulement la dernière. Un cas intéressant. C'est notre artiste. Elle fait répéter les musiciens ambulants. On collecte davantage en chantant juste. Elle dirige aussi notre chorale. »

Une révérence digne de la cour d'Angleterre. Un beau sourire fané. Des rides autour des yeux qui semblent avoir beaucoup pleuré.

« L'abbé Cornélius Roch, qui est en quelque sorte notre aumônier. Il s'appelle lui-même abbé des réfugiés. Il a organisé des centres d'accueil le long de la frontière italienne. Il trouve le moyen de mettre en apprentissage tous les jeunes Albanais, Kosovars, Kurdes qui sont refoulés par la Suisse ou la France. C'est un métier dangereux, très dangereux même. Pendant longtemps le curé de Ponte Chiasso, Don Renzo Beretta, travaillait avec lui et tenait son église ouverte aux réfugiés à deux cents mètres de la douane suisse du côté italien, jusqu'au jour où un cinglé l'a assassiné à coups de surin. »

Cornélius prit la parole en regardant fixement Emmanuel. Il avait des yeux très noirs dans un visage très pâle. Il ne s'embarrassa d'aucune formule de politesse.

« Ce n'était pas un accident. En recueillant les réfugiés refoulés par la douane suisse, Renzo empêchait les souteneurs albanais de recruter à bon compte de futures prostituées. Comme il n'était pas possible de l'abattre à coups de revolver sans déclencher un scandale dans la presse et une opération de police, la solution consistait à exciter un drogué en lui faisant croire que Don Beretta détenait de la drogue. Enfin, je m'excuse, c'est presque un détail. Cela n'a rien à voir avec votre problème. »

« Non, répondit doucement Emmanuel, ce n'est pas un détail. Je connais bien l'histoire de Don Beretta. Je suis intervenu personnellement auprès de son évêque lorsque celui-ci envisageait de lui retirer sa paroisse, sous le prétexte que l'église était à ce point encombrée de réfugiés qu'il n'était plus possible de dire la messe pour les paroissiens. Après son assassinat, j'ai demandé que l'on ouvre le dossier de sa canonisation. J'ai souhaité que ce soit l'ultime procès de façon à conclure la liste contestable des saints sur un cas indiscutable. »

« Mais la cause n'avance pas, objecta l'abbé Roch. »

« La cause n'avance pas, concéda Emmanuel avec un sourire, car Don Beretta s'abstient d'intercéder au Ciel pour obtenir des miracles sur Terre. C'est un saint hors norme pour notre temps. Un temps sans miracle, parce que les miracles ne peuvent pas convaincre une génération de téléspectateurs. Don Beretta, là où il se trouve, attend le seul vrai miracle pour notre temps, qui se produira lorsqu'il n'y aura plus de frontières et que les hommes pourront se déplacer sans rencontrer des barbelés. Un temps où les hommes auront le droit d'exister sans qu'il soit nécessaire de posséder des papiers pour le prouver. Je suis vraiment très heureux de vous rencontrer enfin ! »

Gastone vint se joindre aux deux prêtres. Il exprima sa joie :

« Vous nous faites un grand honneur, Très Saint-Père. Mieux encore, vous rejoignez votre peuple. Nous ne vous abandonnerons pas. Ici vous êtes en sécurité. Restez parmi nous ! Cornélius n'est pas très souvent là. Il nous manque un prêtre. Beaucoup de gens dans cette gare en ont besoin, à toutes les heures du jour et de la nuit. »

Un bref instant Emmanuel envisagea une fin de vie dans ce trou de rat, nourri de croûtons et de lait de chèvre, écoutant les récitals de la comtesse Marina qui se terminaient invariablement sur une fausse note et une crise de larmes. Il eut un frisson et déclina l'offre aussi poliment que possible :

« Le pape doit réapparaître sinon il sera remplacé par un ennemi du peuple de Dieu. Je ne puis pas devenir le curé de cette paroisse souterraine. Ce serait une grande consolation mais... »

Gastone le coupa :

« Depuis quelques minutes, la *Stazione* est parcourue par des hommes que nous connaissons trop bien. Ils interviennent chaque fois qu'il faut récupérer de la drogue qu'un petit trafiquant essaie d'écouler à son profit exclusif. Ils ne connaissent qu'une sanction, ils n'exercent qu'un seul métier : donner la mort. Selon toute apparence, ils vous cherchent. Ils exhibent votre photo dans les commerces. Ils savent déjà que vous êtes passé au *Gran Bar*. Ici, ils ne viendront pas, ils ne connaissent pas le chemin, ils ne l'ont jamais cherché, car nous n'avons jamais caché un trafiquant de drogue. Mais vous ne pouvez pas réapparaître en plein jour et circuler dans la gare sans risquer votre vie. Tous les trains au départ sont surveillés. Il vaut mieux attendre ici. »

Un bain chaud, pensa Emmanuel. Ma mitre pour un bain chaud. Il se sentait étouffer dans ce sous-sol blafard. Le soleil par pitié ! Une course dans la montagne en plein été, lorsqu'il faut se protéger le visage par un écran solaire maximal, tant la neige reflète les ultraviolets. Les fleurs des Alpes avec leurs couleurs franches. L'air transparent qui n'a jamais été respiré.

Son désarroi devait être sensible car Cornélius Roch intervint :

« Je puis vous évacuer de Milan. J'ai un minibus dans lequel je transporte les réfugiés. Je connais une sortie discrète de la gare. »

Au moment où Emmanuel prit congé de Gastone, celui-ci lui rendit son portefeuille. Vide d'argent et de papiers. Gastone s'excusa très civilement :

« L'argent appartient à celui qui a levé le portefeuille. C'est une règle absolue. À chaque peine, son salaire. Les papiers, il est aussi trop tard pour les récupérer. C'est tout à fait exceptionnel et je vous prie de nous en excuser. En principe, on les rend toujours, on les renvoie même par la poste en payant le port, c'est une autre règle. Les pauvres ont le droit de prendre l'argent des riches, pas de leur causer méchamment des ennuis. Cependant un passeport du Vatican, le vôtre en particulier, cela vaut apparemment une fortune. Et je crains que celui qui l'a acheté au pickpocket en fasse le plus mauvais usage. Il a offert une somme tout à fait disproportionnée. Il en avait le plus grand besoin. Pour quoi faire ? Je l'ignore. »

Gastone avait l'air vraiment navré de ce manquement aux convenances. Il glissa un passeport de l'Union européenne entre les mains d'Emmanuel interloqué.

« Je puis tout de même vous fournir de faux papiers. On va vous photographier tout de suite et coller la photo dans le passeport qui est authentique. Il s'appelait Henri Fusain. »

« Poilant ! » commenta Jean Batsi.

« Et pourquoi ? » demanda Emmanuel.

« Fusain, cureton, ratichon, corbeau, ce sont autant de synonymes. Le hasard fait tellement bien les choses. La vie est bonne. »

*

Quand le minibus eut dépassé la *Tangenziale Ovest* et se fut engagé sur l'autoroute A7 au-delà du premier péage, l'abbé Roch prévint ses passagers, couchés entre les rangées de fauteuils pour être invisibles de l'extérieur, qu'il n'y avait plus de danger. Personne ne se leva. Cornélius éprouva un bref moment de panique et rangea son minibus sur l'aire suivante. Il découvrit Emmanuel et Jean dormant comme des souches et il ne crut pas bon de les réveiller. Ainsi Jean XXIV et son cousin vagabond firent-ils le trajet de Milan à Vintimille couchés de tout leur long entre les sièges d'un minibus. Cornélius Roch eut le temps de remarquer qu'un de ses deux voyageurs ronflait vilainement, mais il ne parvint pas à déterminer quel était le responsable de cette basse continue. Un résidu d'onction ecclésiastique lui fit attribuer respectueusement le vrombissement à Jean Batsi.

À la nuit tombante, il arrêta le minibus devant une grande bâtisse dans un faubourg de Vintimille. L'immeuble avait servi à loger des familles d'ouvriers agricoles. À chaque étage, un balcon courait tout le long de la façade et un escalier permettait de monter de l'un à l'autre. Sur les balcons ouvraient des logements sommaires munis d'une porte et d'une seule fenêtre. Des familles entières s'étaient jadis entassées dans une pièce unique.

À moitié éveillé, Emmanuel émergea du bus. Toute la tension des jours précédents s'évacuait. Il était serein, il fallait qu'il redevienne lucide. Un groupe de jeunes l'attendait avec une certaine curiosité. Cornélius le mena dans une sorte de cuisine où un minestrone bien épais fut servi, puis une omelette un peu brûlée sur les bords. Il engloutit de grosses tranches de pain. Puis une pomme golden de supermarché, jaune et fade. Il ne but que de l'eau tandis que Jean Batsi éclusait avec application le rouge à disposition.

Durant le repas, Emmanuel écouta l'histoire d'un jeune homme beau comme un dieu grec, avec des cheveux noirs et bouclés, des dents blanches et des muscles qui saillaient sous la chemise. Il avait fui le Kosovo parce que l'armée serbe voulait l'enrôler. Comme déserteur, il ne lui restait d'autre choix que de passer en Albanie, puis en Italie. Il espérait atteindre l'Allemagne, où un oncle résidait à Düsseldorf. Non, il n'avait aucune nouvelle de sa famille depuis son départ. Peut-être avaient-ils été tous tués.

Il parlait très bien l'italien. Il indiqua qu'il était musulman mais il témoigna le plus grand respect pour Emmanuel qu'il avait reconnu. Il annonça avec fierté qu'il lui avait cédé sa chambre pour cette nuit.

« Je dormirai désormais dans une chambre historique ! »

Cornélius Roch mena ensuite Emmanuel vers une salle de douches, délabrée mais propre. L'eau était vraiment chaude. Emmanuel prit tout son temps pour laisser la crasse de son corps se dissoudre et s'écouler vers les égouts. Il se lava les cheveux, se cura les ongles et se brossa les dents.

Cornélius toqua à la porte. Il avait emporté les vêtements d'Emmanuel à la buanderie et il lui proposait en échange un vieux pyjama de flanelle orné de fleurettes décolorées, une robe de chambre en tissu éponge bleu délavé qui avait connu des jours meilleurs et des savates en intissé comme on en distribue dans les hôpitaux.

Emmanuel sortit régénéré de la salle de douches. Il venait d'apprendre que l'homme ne vit pas seulement de pain, mais aussi de savon. Or il n'avait jamais manqué ni de l'un ni de l'autre. S'il s'était privé volontairement de pain certains jours de jeûne, voulant ainsi se rapprocher de Dieu, il n'avait jamais imaginé de ne pas se laver par ascèse. L'hygiène ne constituait-elle pas une sorte de vertu mineure, venant tout juste après la chasteté et la tempérance ? Au séminaire de Sion, on ne lui avait jamais proposé de cultiver la crasse pour le mérite.

Tandis que Jean Batsi prenait la suite sous la douche, Cornélius conduisit Emmanuel à la chambre libérée par le jeune Kosovar. Il alluma une ampoule, tachée de crottes de mouches, pendouillant à un fil tordu. La chambre était meublée de deux paires de lits superposés. Les draps étaient troués mais propres et repassés, les couvertures provenaient de l'armée italienne, grises bordées d'un liseré vert, blanc, rouge. Le sol de ciment avait été balayé. Les murs, badigeonnés d'une peinture beige en voie de s'écailler, avaient été ornés par les occupants. Des photos de filles nues découpées dans des magazines imprimés sur du papier grisâtre. Cornélius devint tout rouge et se précipita pour arracher les punaises. Emmanuel l'arrêta :

« Nous n'allons pas gâcher la décoration de mon hôte d'un soir. Cela ne me dérange pas. »

Quand Jean Batsi revint de la douche également accoutré d'un pyjama à fleurettes, il poussa un sifflement d'admiration devant la décoration murale.

« Il doit se fréquenter souvent le jeunot ! »

« Qu'est-ce que tu dis ? » marmonna Emmanuel en train de s'assoupir.

« Je dis que, devant cette collection de greluches à poil, notre beau Kosovar doit s'astiquer la colonne avec allégresse et, que si t'étais pas là, je l'imiterais. »

Emmanuel soupira et se retourna sur le côté pour dormir. Il entendit encore Jean murmurer quelques commentaires flatteurs avant d'éteindre :

« Non mais, t'as déjà vu des miches comme ça dans la vie de tous les jours ! Ma parole, ils l'ont gonflée à l'air comprimé avant de la photographier. Et ces roploplos ! Ah ! Que la vie est bonne ! »

Après deux minutes d'obscurité et de silence, Jean reprit la parole, d'une voix qu'Emmanuel ne lui connaissait pas, sans doute sa voix normale :

« Je m'excuse pour tout à l'heure. »

« Tu t'excuses de quoi ? »

« De mes obscénités. »

« Ne t'en fais pas. Au confessionnal, on entend bien pire. Je suis blindé. »

« Justement ! »

« Justement quoi ? J'ai sommeil, Jean ! S'il te plaît. »

« Si tu voulais bien m'écouter deux minutes. J'ai pas souvent l'occasion de me confesser. »

Emmanuel s'accouda dans son lit. À la lumière vague de la lune diffusée par la fenêtre mal obscurcie, il contempla le tas de literie d'où émergeait la voix de son cousin.

« Je t'écoute. »

« Depuis que ma femme m'a quitté, je suis en manque de ce côté. Au début, t'en es au stade manger et dormir et t'as pas de forces pour la bagatelle. Dès que t'as résolu tes problèmes immédiats de survie, tes glandes se remettent à fonctionner. Et tu deviens dangereux pour tout ce qui bouge alentour. Alors je fais comme le jeunot. Je ramasse des magazines dans les poubelles et je me satisfais ainsi. C'est moins cher et c'est moins salaud que les putes. »

« Tu es assez malheureux comme cela, je ne vais pas te blâmer, Jean. Dors et n'y pense plus ! Ce n'est pas important. Tu ne seras pas jugé là-dessus. »

Emmanuel se laissa tomber sur sa couche et essaya de replonger dans le sommeil. Mais Jean revint à la charge :

« Dans le monde où je vis, il y a pas beaucoup de femmes. Elles sont mieux protégées. Il y a des filets de sécurité. La société supporte les clochards, mais une clocharde, c'est trop. Celles qui ne sont pas retenues par le filet de sécurité sont vraiment en très mauvais état. Et la rue ne fait pas de cadeau. Coups, viols, humiliations, prostitution si elle est encore jeune. Si tu savais combien d'étudiantes font le tapin pour se payer des études de philosophie. Et puis elles oublient la philosophie et elles restent dans la rue. L'homme qui ne travaille pas est un parasite, mais la femme, une main-d'œuvre à exploiter. »

Il conclut sereinement :

« Donc tu peux pas me reprocher de ne pas trouver une épouse sur le trottoir. Il me reste la veuve poignet. »

Emmanuel songea désespérément à un argument décisif qui lui permettrait de dormir :

« Je ne te reproche rien. Comme la société t'a privé de tes droits normaux, tu as tous les droits pourvu que tu respectes la charité. Notre grand-mère considérait le sexe comme un péché, pour ma mère c'était une faiblesse, pour la génération qui vient, c'est une expérience parmi d'autres. Ils n'ont pas raison, mais ils n'ont pas non plus tout à fait tort. Si tu as commis un péché, tu es absous. »

« Merci, Emmanuel. Tu es le premier curé qui laisse ma culotte tranquille. La vie est bonne. »

*

« J'ai perdu sa trace, confessa Théo à Colombe. Il a été arrêté par la police de la gare de Milan, ce qui constituait une façon élégante de sortir de cette fugue pourvu que la discrétion soit observée. J'ai appelé le poste de police, j'ai obtenu un lieutenant Martegani, qui est tombé de haut, lorsque je lui ai révélé qui était le vagabond qu'il avait coffré. Mais Emmanuel avait réussi à s'échapper auparavant. Depuis, il a littéralement disparu. Selon mon contact à Milan, il est recherché non seulement par la police mais aussi par les sbires de trafiquants de drogue. »

Colombe piqua une colère :

« C'est vraiment un sale gamin ! Comme si toi et moi nous n'avions rien d'autre à faire que de courir derrière lui et de pallier ses gaffes ! Ça commence à bien faire ! Pourquoi ne prends-tu pas le premier train pour Milan ou bien ta voiture ? Dès que tu as mis la main sur lui, tu l'embarques pour Fully et tu lui fais prescrire des calmants. »

« Trop dangereux, diagnostiqua Théo. Je puis être suivi ou bien reconnu. Je conduirais les maffieux à Emmanuel. Un coup de feu est si vite arrivé à Milan. On ne découvre jamais qui l'a tiré. »

« Tu ne sais même pas si un malheur n'est pas déjà arrivé. »

« Non, je ne sais rien. Le plus inquiétant est le silence du Vatican. Normalement ils auraient dû m'appeler, car Fully est l'endroit le plus évident pour qu'Emmanuel s'y réfugie. Pour l'instant Tarcisio Bertini maintient la fiction selon laquelle Emmanuel est à

Rome, mais qu'il ferait retraite dans un couvent. Il ne pourra pas soutenir indéfiniment ce mensonge. Que va-t-il faire alors ? »

« Très bien, dit Colombe à l'autre bout du monde. Je prends un billet d'Alitalia pour Rome. Tous les jours de ma vie, je regrette amèrement que nous soyons une famille aussi célèbre. C'est fatigant ! »

« D'accord, concéda Théo en souriant. Tout cela est décourageant. Si le Père avait encore une fois l'idée d'envoyer quelqu'un sur Terre, il n'oserait même plus envoyer un de ses neveux, à supposer qu'il en ait. Les hommes l'ont fatigué de faire voyager sa famille. À nous de jouer ce rôle. »

5

La nuit était encore épaisse lorsque Cornélius apporta deux bols de café noir sucré dans la chambre. Tandis qu'Emmanuel en pyjama à fleurettes absorbait le breuvage, qui coula directement de sa gorge dans ses veines, Cornélius ramena les vêtements nettoyés et repassés, puis il attendit sur la passerelle qu'Emmanuel et Jean s'habillent.

Quand Emmanuel sortit, il trouva Cornélius accoudé à la balustrade, regardant vers l'est le ciel qui commençait à rosir. Il restait muet. Emmanuel sentit que c'était un homme à la parole rare, plus préoccupé d'action que de confidences. Il prit donc l'initiative :

« Je tiens à vous remercier. »

« Je l'ai fait pour vous comme pour les autres. Vous êtes en fuite. Il faut vous accueillir, sans poser de questions. Je ne m'en pose jamais. Je n'ai pas le temps. Chaque matin, en me réveillant, j'ai mon lot de problèmes à résoudre, trouver des logements, de la nourriture, des vêtements, des papiers surtout. Vous avez appris maintenant ce que c'est que de manquer d'une de ces choses. On n'est plus vraiment un homme au regard des autres. Ce n'est pas une expérience inutile. Je n'ai rien à faire du jeu intellectuel qui s'appelle la théologie et qui fournit encore des postes de professeurs à quelques-uns de nos collègues. Lorsque viendra mon tour de rencontrer Dieu, je pourrai le regarder dans les yeux. C'est tout ce qui importe. »

« J'ai beaucoup appris », concéda Emmanuel avec une certaine surprise.

En un jour il avait plus découvert qu'en cinq années d'études au séminaire et en trente années de ministère. Ainsi, il n'avait pas seulement cédé à la panique et poursuivi une course aléatoire. Le sens de son errance commençait à lui apparaître. À cette heure, il se sentit aussi sûr du choix qu'il avait fait que du lever imminent du soleil. Au fil du temps, il avait atteint un point de non-retour, celui où l'évasion s'imposait. Et de ce point dépassé, il glissait vers un point de fuite, au sens de la perspective, celui vers lequel convergent toutes les droites parallèles d'un tableau, le point à l'infini vers lequel on tend indéfiniment sans jamais l'atteindre.

Il commenta à haute voix :

« Je crois que je suis sur la bonne voie. J'ai fait le bon choix. Au départ de Rome, ce n'était pas évident du tout. J'ai eu beaucoup de peine à rompre. »

« Je le crois aussi, commenta sobrement Cornélius. Pour détruire le mal qui ronge le cœur de l'Église, il faut une action résolue et même brutale. C'est l'équivalent d'une amputation. Ce sera irréversible. On sait ce que l'on perdra, on ne sait pas encore ce que l'on gagnera. Je comprends vos hésitations avant de passer à l'acte. »

Le soleil apparut à l'horizon comme un point rouge. La nuit bleue se noyait dans la mer. Avec un bruit de soie que l'on déchire, la circulation commençait à bruisser du côté de la gare et des deux ponts qui enjambent le fleuve. L'autoroute A10 débitait sa noria de poids lourds, transitant de Gênes vers Nice ou en sens inverse. La mer était violette, lie-de-vin comme le constata Emmanuel, se souvenant de l'épithète utilisée par Homère. Derrière lui, il pouvait apercevoir les derniers contreforts des Alpes, encore couverts de neige. Il se trouvait sur un balcon de l'histoire, un de ces lieux privilégiés où il est parfois possible de faire une pause et de réfléchir.

Selon ce qu'il ferait à partir de maintenant, le destin de l'Église de Rome prendrait l'une ou l'autre tournure : soit un lent déclin par frustration de l'attente des peuples ; soit une rupture grosse de toutes les promesses et de tous les dangers. L'Église invisible détenait une parole secrète pour libérer un monde asservi par le culte de l'argent, mais il fallait formuler cette parole malgré le poids d'un appareil conformiste. Entre ses mains il tenait le destin d'une institution vieille de deux millénaires, comme personne avant lui, depuis que son lointain prédécesseur, le patron pêcheur de Galilée, était venu s'installer au cœur même de l'Empire, seul, ignorant, sans fortune, sans appui. Cela ne l'avait pas empêché d'ébranler le pouvoir impérial, de le mettre en désaccord avec ses propres lois oppressives, sa philosophie décadente, ses rites désuets. « À Dieu rien n'est impossible. » Rome s'était bien vengée en récupérant l'institution chrétienne, en lui instillant son esprit juridique, en lui insufflant le goût du pouvoir, en lui transmettant sa hantise de la culpabilité. Dans un univers, où Dieu se veut absent, le diable a toute latitude de transformer le bien en mal, les victoires en défaites. Et seule la foi permet d'affirmer que finalement le diable est au service de Dieu.

La question, toujours la même, était de savoir si lui, Emmanuel, faisait la volonté de Dieu ou s'il était le jouet de ses craintes et de ses préjugés. Comme il eût aimé ne pas être libre ! Le plus lourd à porter n'est pas le péché mais la simple liberté de choisir et de risquer l'erreur.

Il récapitula les événements des deux derniers jours. Il s'efforça de déceler un cheminement providentiel dans la cascade des coïncidences : le retard du train, la rencontre avec Jean Batsi, la capture par la police, l'évasion, la survenue de Cornélius Roch comme un ange démuni d'ailes, mais possédant un minibus bien plus utile pour assurer le transport d'âmes en peine. Emmanuel se demanda ce qui adviendrait durant la journée et il fit une prière ardente pour se conformer à ce qu'on attendait de lui.

Jean Batsi émergea de la chambre, rasé, propre, changé. Cornélius sortit de son silence :

« Il est temps de partir. Nous passerons la frontière avec le flot des frontaliers qui vont travailler dans les hôtels de la Côte d'Azur. Nous ne risquons pas d'être arrêtés par un contrôle volant : ils sont débordés à cette heure et ils craignent surtout de causer un embouteillage. Au passage du poste de douane, où il faut seulement ralentir, il reste quelques douaniers émérites tenus en réserve pour bons et loyaux services. Ils se curent les ongles ou le nez selon leur niveau d'éducation. Aucun ne pourra vous reconnaître. Il ne fera pas encore assez clair. »

*

À la sortie du contournement de Nice, Cornélius s'embarqua sur la Nationale 202 en remontant la vallée du Var. Au bout de quelques kilomètres, il bifurqua à droite. La plaque indiquait Saint-Blaise. Puis le minibus s'arrêta.

Le bâtiment était laid. Cela sautait aux yeux. Dès qu'il l'eut découvert, Emmanuel le prit en horreur. Si la beauté est la signature de Dieu, il fallait donc que l'architecte de cette horreur fût le diable.

Cornélius expliqua que c'était une ancienne huilerie désaffectée qui avait été transformée en couvent de moniales cisterciennes, parce qu'en 1930 l'ordre n'avait plus les moyens de construire un véritable monastère. Son seul avantage était l'enclos des murs entourant tout le site, qui permettait de cultiver un jardin à l'abri d'une clôture. Les précautions, qui avaient été prises pour que l'on ne vole pas les marchandises, servaient maintenant à protéger des femmes, qui avaient décidé de se couper du monde pour le sauver en priant dans leur retraite.

« J'y ai souvent amené des femmes, qui avaient été prostituées contre leur gré par la maffia albanaise. Là au moins, elles se trouvaient à l'abri des souteneurs qui écument la région. Soit dit en passant, ne vous fiez pas à la justice ou à la police des Alpes-Maritimes. Il s'y trouve des gens honnêtes mais il en est d'autres qui sont totalement corrompus. Le dernier endroit pour vous réfugier est un poste de gendarmerie, vous courrez les plus grands risques. Ceci est le meilleur refuge que j'ai pu trouver pour le pape. Il y est à sa place. Il peut servir d'aumônier à la communauté de religieuses. Mais votre cousin n'a évidemment pas le droit de pénétrer dans la clôture. »

« Évidemment, constata Jean. Je serais tout à fait déplacé. La vertu des sœurs risque d'être mise à mal par un tombeur comme moi. »

« Non, dit Emmanuel, ce n'est pas ça et tu le sais bien. Nous pouvons au moins prendre un repas ensemble et aviser ensuite. Je ne te laisserai pas choir. Tu m'as aidé, je t'aiderai. »

« Alors, dit Jean, je me sens tout à fait rassuré ! Lorsque j'aurai encaissé un pruneau perdu dans le buffet, tu pourras au moins me filer l'absolution. Service à domicile. La grande classe, quoi ! »

Cornélius agita avec vigueur un cordon qui mit en branle une clochette comme il n'en existe plus qu'à l'entrée des couvents. Au bout d'un temps qui leur sembla infini, la porte s'entrebâilla : apparut une femme aux cheveux gris, qui ne portait pas de vêtement religieux. Une simple croix de bois, attachée à un cordon de cuir, pendait sur sa poitrine.

Cornélius marqua un instant de surprise :

« Sœur Renée ! Que se passe-t-il ? »

« Depuis deux mois, le couvent est vide. La communauté a été dissoute. La plupart des sœurs ont été réparties dans d'autres couvents de l'ordre, surtout à Lérins. J'en ai profité pour quitter l'ordre. Je garde simplement le couvent avec mon mari, qui est aussi sorti de son monastère. »

Cornélius parut interloqué. Renée les fit entrer. Elle reconnut tout de suite Emmanuel sans que Cornélius ait besoin de faire les présentations. Elle semblait considérer comme tout à fait normale cette visite imprévue. Elle murmura par réflexe sans doute « Très Saint-Père » avant qu'Emmanuel la reprenne en lui demandant de l'appeler par son nom de baptême.

Renée les introduisit au réfectoire où les attendait un homme qu'elle présenta comme étant son mari, Armand. Par gestes, celui-ci fit savoir qu'il était muet. Renée leur servit un verre d'eau avant de les mettre au courant des événements qui avaient mené à la fermeture du couvent. Emmanuel expliqua du mieux qu'il put pourquoi il était en fuite.

Il n'y avait plus aucun inconvénient à ce que Jean bénéficie de l'hospitalité d'un couvent abandonné par les religieuses. Renée conduisit les deux voyageurs dans des cellules demeurées en l'état et Cornélius repartit vers son apostolat ordinaire après un adieu courtois mais distrait. Le destin du pape lui importait moins que celui de ses protégés.

La cellule était aussi simple qu'on pouvait l'imaginer. Un lit de fer, une table, une chaise en guise de table de nuit. Deux crochets au mur portaient des cintres. Il n'y avait pas de clé à la serrure de la porte. Les murs étaient blancs, sans doute chaulés. Une ampoule sans globe pendait au plafond. Emmanuel vérifia : elle faisait quarante-cinq watts et elle était couverte de chiures de mouches. Il posa sa mallette sur la table, défit la chaînette, enleva sa veste et la suspendit à un cintre. Il tira les rideaux et n'alla pas plus loin.

Emmanuel s'effondra ensuite sur l'étroite couche, dont il couvrit le matelas par une simple couverture. Il sombra dans un sommeil sans rêves. À midi, Renée toqua à sa porte. Dans le réfectoire vide, aux murs badigeonnés de beige sale, quatre couverts avaient été dressés sur une nappe de plastique. Un plat de macaronis et un gratin de choux-fleurs composaient le menu. Jean se trouvait déjà à table ainsi qu'Armand.

Le repas se déroula dans un silence monastique, Emmanuel ruminant les questions qui se pressaient dans sa tête : que signifiait ce couvent abandonné ? D'où émergeait ce mari muet d'une ancienne religieuse ? Que faisait-il ici, lui, Emmanuel ? Que se passait-il à Rome ? Avait-il des tueurs de la Maffia à ses trousses ? Comment atteindre Théo ou Colombe sans téléphone mobile et sans même une pièce de monnaie pour actionner une cabine ?

Renée s'excusa de ne pouvoir servir de café, il n'y en avait point, cela coûtait trop cher. Tout le monde aida à débarrasser la table et Jean se proposa pour faire la vaisselle. Une fois seul à la cuisine, il fouilla les placards qui ne contenaient pas ce qu'il cherchait. Il songea alors à la sacristie où il découvrit effectivement du vin de messe, un samos douceâtre qui lui fit faire la grimace. Ingurgiter sa dose d'alcool avec tout ce sucre lui donnerait des aigreurs d'estomac. Il serait obligé de limiter sa consommation.

Emmanuel essaya d'abord d'appeler Théo mais le téléphone du couvent était coupé parce que la dernière facture n'avait pas été payée. Il y renonça, car il avait hâte d'entendre Renée. Elle possédait des secrets qui lui seraient salutaires et qu'elle semblait désireuse de confier. Il la suivit dans la salle capitulaire et il ferma la porte pour entendre le plus singulier des récits.

*

Armand, mon mari, et moi-même, nous avons longtemps été des militants laïcs dans une grande paroisse de Lyon, de ces chrétiens engagés qui assurent l'essentiel de l'animation pastorale. Nous en étions fiers, car nous avions le sentiment d'être indispensables pour pallier la pénurie de prêtres. Sans être ordonnés, nous recevions, jour après jour, une onction populaire. Les paumés de l'existence venaient de préférence vers nous, car nous avions le temps, car nous donnions notre temps sans compter, quinze ou seize heures par jour. Nous continuions à gagner notre vie en travaillant, Armand comme graphiste et moi comme infirmière. En dehors du travail, nous avions à peine le temps de faire notre toilette ou le ménage, le reste de la journée était dévoré par des entretiens, des groupes de prières, des visites aux malades. Tous les problèmes difficiles nous incombaient : chômeurs, drogués, sidéens, dépressifs, divorcés, fugueurs.

Un seul prêtre, desservant huit paroisses, n'avait pas le temps de suivre les personnes en difficulté : il célébrait des messes à la chaîne, quatre ou cinq chaque dimanche, il remplissait des formulaires, il participait à des colloques, il subissait des formations, il partageait des repas. Il se démultipliait pour remplacer des collègues inexistants par son activité fébrile. Seul ce prêtre pouvait dispenser quelques rites essentiels qui remplissaient une fonction surnaturelle pour les pratiquants restants. Le curé était devenu une sorte d'automate distributeur de sacrements. En revanche, lorsqu'il rencontrait de véritables problèmes humains, il nous les adressait tellement il se sentait débordé. Renée et Armand étaient toujours disponibles pour le ministère de l'accueil. Nous étions les deux arbres qui cachaient la forêt, des alibis pour une Église qui se noyait dans les procédures, les paperasses, les parlotes.

Nous animions un groupe de jeunes. Nous suivions des personnes à titre individuel. Nous faisions du conseil spirituel, sans formation, sans préparation, d'instinct, soutenus par notre seule prière pour obtenir le discernement. En dehors du curé mais pas à son insu. Nous avons créé les premières cellules de prière à Lyon. Notre ressourcement profond à Armand et à moi fut toujours la prière, ignorée par la plupart des chrétiens, négligée aujourd'hui par les prêtres qui sont accaparés par d'innombrables tâches : en s'efforçant de préserver la coquille, ils n'ont plus le temps de se consacrer à ce qu'elle doit contenir.

Nous avons créé une cellule qui se réunissait une fois par semaine le soir. Une prière dépouillée, désintéressée, de louange, d'adoration, de silence. Pas nécessairement faite de paroles et de chants, comme dans les messes. Une vingtaine de personnes venait fidèlement. Cela a suscité d'autres groupes, pour réciter le chapelet, pour réunir les charismatiques. Nous étions seuls, nous invitions le curé à y assister, il est venu une seule fois, puis il est reparti vers des tâches administratives plus urgentes ou des messes démultipliées, afin d'assurer un service minimum dans toutes les paroisses.

Une soirée typique se passait comme ceci : nous étions présents les premiers, les gens venaient, on s'accueillait mutuellement. Tous pouvaient venir, il n'y avait pas de dénomination. Le seul décor était une icône, une bougie et une croix, rien de plus pour ne déranger personne. On commençait à prier avec les psaumes, chaque personne exprimait ce qu'elle avait de particulier, un problème, une expérience. Ensuite on poursuivait avec une prière de louange et de psaume accompagnée par une musicienne qui jouait de la flûte. Et puis le silence. Cela durait une heure et demie facilement. Une forme de célébration sans clergé. Nous avons fonctionné comme si le clergé n'existait plus. Nous avons travaillé en transparence, nous ne prenions pas de décisions seuls, nous rendions compte au conseil pastoral, nous suivions les suggestions. Nous étions les bras du prêtre, comme si lui-même était paralysé. Il vieillissait et on devinait déjà l'échéance où il disparaîtrait.

Tout naturellement Armand a été sollicité pour se préparer au diaconat. Moi-même en tant qu'épouse je devais suivre également la formation car le mariage n'était pas dissous : il fallait que l'épouse soit consentante, qu'elle comprenne la nature de la fonction assumée et qu'elle devienne aussi savante que son mari. Pas question cependant de m'ordonner diaconesse car cette fonction de l'Église primitive n'existe plus. Et puis les femmes travaillent tout autant sans exiger de titre. Le dévouement des femmes ne dépend pas des hochets que l'on distribue aux hommes.

Un jésuite nous dispensait cet enseignement que

nous avons suivi docilement. Les cours étaient intéressants, même s'ils soulevaient plus de questions qu'ils n'en résolvaient. Nous vivions en état de schizophrénie, nous répétions docilement des mots abstraits comme transsubstantiation, infaillibilité, trinité, péché originel, immaculée conception, purgatoire, enfer, dont le sens nous devenait de moins en moins évident au fur et à mesure que nous y réfléchissions. Le jésuite souriait de nos objections, dont je ne suis pas loin de penser qu'il les partageait, mais il se disait que cela s'arrangerait quand il nous aurait mis dans le moule ecclésiastique. Nous finirions bien par passer de l'état de laïcs indociles et spontanés à celui de demi-prêtre soumis et circonspect.

Au milieu de notre période d'instruction, l'évêque en personne nous entretint de ses attentes. Il nous dit que nous dépendrions de son autorité tout comme les prêtres. Il parla pendant plus d'une heure du pouvoir, du petit peu qu'il allait nous déléguer par un effet de sa confiance, sans aborder ce que nous attendions, un discours sur la foi en Jésus. Nous avons réfléchi à deux en nous demandant ce que nous étions en train de faire. Était-ce vraiment la volonté de Dieu dans notre vie ? Un jour, Armand est venu vers moi et il m'a dit qu'il ne percevait pas cette vocation imposée de l'extérieur. Nous avons alors arrêté, car nous refusions de devenir formellement le prolongement du prêtre, comme nous l'étions déjà de fait.

Il nous devenait impossible de donner des réponses sincères aux questions que les gens nous posaient sur notre foi. Ce n'est pas que nous ne croyions plus en rien, mais nous ne pouvions faire dépendre notre foi de ce fatras théologique, inventé par les hommes pour contenir, canaliser, endiguer, briser la force du flot libérateur du Christ.

Toutes les difficultés de la foi découlaient de cette construction intellectuelle : le culte des saints qui écarte de la relation avec Dieu, la mariolâtrie qui reproduit une vieille obsession païenne, les reliques qui exaltent la superstition, les pèlerinages vers des lieux prétendument sacrés, les apparitions qui suscitent des commerces simoniaques, le culte rendu aux hosties consacrées.

*

Pour la première fois Emmanuel l'interrompit :

« Vous ne croyez pas que vous êtes devenue trop intransigeante ? Je ne suis pas fanatique de toutes ces piétés particulières mais elles nourrissent la foi des simples depuis si longtemps qu'il faut les respecter. »

Renée pinça les lèvres et insista :

« Vous ne croyez pas qu'il s'agit de survivances des cultes païens qui se sont infiltrés dans le christianisme ? »

Emmanuel réfléchit longtemps avant de répondre :

« Je n'ai aucun mépris pour toutes ces religions qui ont précédé la venue du Christ. Elles l'annonçaient avec toutes les maladresses que l'on peut attendre des hommes. Mais l'intention était droite. Lorsque les hommes de Neandertal ont inventé les premières sépultures rituelles, ils commençaient à découvrir l'espérance de la vie éternelle. Non je ne puis jamais mépriser une expression naïve de la foi.

« Je m'excuse de vous avoir interrompue. Continuez. »

Renée reprit.

*

Je n'ose même pas évoquer notre pain quotidien, l'exclusion des divorcés remariés. Sur le papier, la théologie du mariage chrétien est exaltante mais elle devient inapplicable dans la pastorale ordinaire où nous étions engagés. Si une pauvre femme battue ou abandonnée retrouve une seconde chance avec un compagnon aimant, comment la convaincre qu'elle commet un péché grave chaque fois qu'ils se témoignent leur amour. Et la même exclusive frappait les homosexuels. Et les jeunes vivant un premier amour avant de se marier. Je me refusais, Armand se refusait à employer les formules toutes faites que l'on nous recommandait.

Comment expliquer ces règles archaïques à des gens qui vivent en notre siècle ? Ces dogmes et ces pratiques font obstacle au plan de Dieu. J'ai toujours été frappée par le chapitre 23 de Matthieu où Jésus prononce sans ambages des paroles décisives : « Malheur à vous, scribes, car vous enfermez les gens hors du royaume de Dieu ! Vous-mêmes n'y êtes pas entrés et vous ne laissez pas entrer ceux qui le voudraient. »

En essayant de mieux servir l'Église, nous commençâmes à nous en détourner. Nous avons décidé de quitter l'état de laïc engagé, car nous avions le sentiment de nous perdre dans l'agitation, l'activisme, l'hypocrisie d'une pastorale à laquelle nous ne croyions plus. Nous faisions beaucoup pour Dieu, mais nous n'étions en rien avec lui. Pour être chrétien, il faut que le oui soit oui et que le non soit non, que la vie soit faite d'un bloc comme une coulée de fonte qui devient un lingot, avec ses arêtes et ses bavures. Nous n'étions plus que de la limaille.

Nous nous sommes demandé comment vivre notre vie de foi. Que faire ? À qui nous donner ? Nous avons pensé à mère Teresa, à un service en Afrique, à la construction d'une mission à Taiwan pour donner une vie normale à des handicapés. En fin de compte, la prière et le silence nous ont le plus attirés. Nous étions convaincus que seul un monastère nous procurerait la vie de recueillement que nous recherchions. Nous en avons visité plusieurs afin de découvrir si nous pouvions nous y engager en couple, tout en vivant comme frère et sœur. Les supérieurs ont découvert cette vocation avec joie et nous nous sommes finalement investis dans l'abbaye de Hautmont, qui avait grand besoin de sang neuf.

Nos désirs seraient respectés. Le supérieur avait bien cerné notre vocation en retrait des moines en tant que couple. Nous avions chacun notre cellule. Nous avons déposé nos vœux de pauvreté, chasteté, obéissance et stabilité entre les mains du supérieur. Notre ministère était l'accueil en collaboration avec un père hôtelier.

Celui-ci était issu d'une famille de vieille noblesse française. Nous avons découvert petit à petit que toute la communauté possédait des liens très étroits avec les milieux monarchistes. Au début, cela ne nous a pas gênés.

Nous avions tellement de succès spirituel avec les visiteurs que le père hôtelier est devenu jaloux. Le plus effrayant était le caractère infantile de cette jalousie qu'il ne parvenait pas à dissimuler, malgré son excellente éducation. Il avait d'abord été destiné à Polytechnique par ses parents. Comme il était dyslexique, cela n'avait pas marché. La famille avait décidé alors, selon une vieille tradition sans doute, que ce fils incapable de devenir officier n'avait d'autre issue que de se faire moine. Dans ce milieu, on donne volontiers ses enfants, mais avec discernement, en calculant. La part de Dieu est le résidu de la politique, de la banque et de l'armée.

J'ai beaucoup de compassion pour ce moine fourvoyé, car il aurait pu se marier, avoir des enfants, choisir un métier simple pour s'y épanouir. Cela lui avait été interdit par sa famille et plus précisément par sa mère qui jouissait d'un ascendant absolu sur son pauvre esprit. Forcément, il ne faisait pas un très bon moine : on l'avait donc mis à l'accueil, selon la logique imparable des couvents qui consiste à attribuer à chacun la tâche qui est la plus contraire à sa nature et à proclamer que Dieu suppléera aux déficiences de l'individu.

Notre arrivée a bouleversé sa petite vie : le peu qu'il était capable de faire, nous le lui enlevions. Il a donc saboté notre action. Il a fait bien davantage lorsqu'il a vu que cela ne réussissait pas. Un jour, Armand et moi sommes partis en voiture faire les courses pour l'abbaye. La direction a cassé d'un coup sec. Heureusement à un moment où nous ne roulions pas trop vite. Le garagiste a découvert que l'arbre de direction avait été scié. À notre corps défendant, nous avons fini par suspecter le père hôtelier, qui était assez bon mécanicien. Il n'est jamais passé aux aveux.

Nous en avons parlé au supérieur, qui est resté de glace. Il nous a sans doute crus mais il n'a rien fait. La seule décision raisonnable aurait été de retirer cet homme de l'hôtellerie, de l'exclure du couvent et de le faire interner avant qu'il ne commette un autre crime. Mais la comtesse, sa mère, est arrivée au pas de course. Elle disposait de grands moyens, elle eut la main large car elle ne tenait surtout pas à ce que son fils retombe à sa charge. Il a pu rester à l'abbaye, moyennant une punition relativement douce : quelques travaux de jardinage en plus.

S'il n'était pas coupable, de quoi était-il puni ? Et s'il était coupable, quelle punition dérisoire ! Nous avons découvert ce réflexe des communautés religieuses qui consiste à se situer en dehors des lois humaines, sous le prétexte d'une vocation plus haute qui excuse tout, même le crime.

Nous avons compris qu'il n'y avait plus de collaboration possible avec le monastère. D'ailleurs la communauté s'apprêtait à déménager en invoquant la raison que l'afflux de touristes dérangeait les moines. Il y avait une part de vérité dans cette réaction : l'appauvrissement spirituel des paroisses urbaines poussait vers les monastères tous ceux qui ressentaient un manque à ce niveau-là. L'hôtellerie ne désemplissait pas. Les retraites se succédaient. Les moines étaient débordés. Ils finissaient par subir comme le clergé séculier des pressions, qui prohibaient toute vie spirituelle.

Nous prenions une grande partie de cette charge. Personne ne nous a jamais demandé si cela nous convenait. Comme nous n'étions que des laïcs, oblats en marge de la communauté, il faut croire que ce qui était insupportable pour un moine ne présentait pas d'inconvénients pour nous.

Notre charge écrasante de travail matériel ne nous empêchait pas de prier et d'observer nos vœux. Cela peut paraître étrange : nous continuions à nous aimer d'un amour fort et de vivre côte à côte. Nous nous sommes souvent regardés dans les yeux en nous demandant comment chacun de nous vivait sa chasteté. Cependant nous ne considérions pas cela comme idéal de vie. Nous ne l'avons jamais proposé à un couple dont l'un des conjoints était un divorcé remarié, car nous estimions qu'il s'agissait d'une grâce particulière et non d'une règle générale.

Il fallait donc aller plus loin, transformer le mécompte que nous venions de subir en approfondissement de notre vocation. Face à la dégradation générale de notre Église, il ne nous a pas paru possible de faire moins qu'un don total de ce qui restait de nos vies. Il fallait que chacun d'entre nous devienne moine ou moniale avec tout ce que cela impliquait, y compris une séparation définitive. Je ne sais toujours pas où nous avons puisé le courage nécessaire, après une vie conjugale riche et pleine, fondée sur une communion spirituelle de tous les instants. Nous étions emportés par une dynamique supérieure, le sentiment d'accomplir ce que Dieu attendait de nous. Nous allions découvrir que ce sentiment pouvait être trompeur.

Nous avons volontairement choisi un ordre austère, nous ne voulions ni des dominicains ni des jésuites, trop intellectuels, trop conformes à nos aspirations. Nous n'avons pas caché à nos supérieurs respectifs, ni à nos directeurs spirituels que nous nourrissions des doutes et des critiques à l'égard de l'institution mais cela fut balayé par les arguments habituels : « Vous aurez le temps de réfléchir, vous suivrez votre cheminement, vous entrerez dans le moule, vous serez occupés par vos tâches quotidiennes, aussi longtemps que vous restez dans le troupeau vos objections n'ont pas d'importance. » Nos interlocuteurs avaient à disposition une liste de formules toutes faites qu'ils débitèrent comme un chapelet, sans toujours nous donner le temps de nous expliquer.

Parfois je me suis demandé si certains de mes interlocuteurs ne pensaient pas comme moi. Beaucoup plus tard j'ai finalement compris que nous nous engagions dans un mensonge réciproque. Tout se passe dans les Églises d'aujourd'hui comme dans le défunt système soviétique, où maintes personnes occupant des fonctions importantes n'étaient pas d'accord avec le système. Tout le monde mentait et chacun croyait que les autres étaient sincères. Or, rien n'est impossible à Dieu, sauf de mentir.

J'ai une grande compassion pour tous ces catholiques qui vivent apparemment une foi sans faille mais qui sont bourrés d'interrogations sur tout : l'infaillibilité du pape, la virginité perpétuelle de Marie, la divinité du Christ, autant de mystères à méditer qui leurs sont présentés comme des évidences pour le croyant. Ce sont des cœurs sincères en porte-à-faux, ils n'ont pas le discernement nécessaire pour quitter ou pour exiger davantage.

Ce n'est pas l'existence de l'institution elle-même que je critique, car j'aurais autant à dire sur les autres confessions ou religions. J'en ai plutôt à un langage dépassé, à des pratiques désuètes, à des tournures de pensée qui firent merveille autrefois mais qui n'opèrent plus dans une société radicalement transformée. Pour le pire souvent, mais aussi parfois pour le meilleur. J'ai connu des hôpitaux, Armand a connu des imprimeries où la charité était mieux observée au jour le jour que dans des couvents ou des presbytères que nous avons connus.

Pour nous, notre grand projet était le salut du monde. Nos directeurs spirituels nous soufflaient parfois que nous étions prétentieux, mais la prière pour le monde était notre spécialité. Nous portions et nous portons toujours le souci de comprendre et de penser à tous ceux qui souffrent dans le monde. Dans un monastère, chacun de notre côté, nous croyions pouvoir consacrer entièrement notre vie à Dieu. Un besoin total de transparence et de vérité. Nous avions tellement œuvré dans la paroisse, puis ensemble au monastère de Hautmont, que nous avons refusé de continuer à nous agiter dans le vide. En sacrifiant ce qu'il y avait de plus précieux pour nous, notre présence l'un à l'autre, nous croyions atteindre notre but.

Ainsi, je suis partie vers le monastère des sœurs cisterciennes de Saint-Blaise et Armand s'est installé dans le monastère d'hommes de Montherod. Quatre cents kilomètres nous séparaient à vol d'oiseau. Nous pourrions encore penser l'un à l'autre, prier l'un pour l'autre, mais plus jamais nous n'entendrions la voix de l'autre, car le téléphone nous était interdit. Nous avions droit à une lettre par mois, censurée aux deux extrémités de son parcours. On nous fit signer des déclarations irrévocables par lesquelles, si l'un d'entre nous quittait son monastère, l'autre ne s'estimerait pas délié de ses vœux pour autant. Rome édicta un indult autorisant la dissolution de notre mariage. Tout fut fait dans les règles, selon les prescriptions méticuleuses du droit canon. La forme était correcte, le fond tout à fait faux. Tellement faux qu'il paraissait vrai. Comme une tentation démoniaque qui pare le péché des attraits de la vertu.

*

« Je ne suis pas d'accord avec ce que vous venez de dire ! » interrompit Emmanuel pour la seconde fois.

Il reçut une réponse étonnante :

« Désirez-vous un bol d'eau chaude ? »

Renée s'expliqua devant l'étonnement d'Emmanuel :

« Je ne puis vous offrir ni café ni thé car nous n'avons pas d'argent pour en acheter. Mais un bol d'eau chaude le remplacera. C'est la boisson des pauvres en Chine. Cela dégage les voies respiratoires. Vous ai-je dit que j'étais infirmière ? »

Emmanuel acquiesça et Renée disparut, le laissant seul avec ses pensées. Il était en train de palper le tissu même de son Église, la trame et le fil. Il déchiffrait les pleins et les déliés de cette écriture courbe à travers laquelle Dieu écrit droit. Il arpentait ce champ où le bon grain et l'ivraie sont inextricablement mêlés au point que l'on ne puisse arracher la mauvaise herbe sans détruire la récolte. Il n'avait pas quitté Rome en vain : le tissu était lacéré au point de se déchirer ; l'écriture devenait illisible ; l'ivraie poussait au point d'étouffer le bon grain.

Renée revint avec une bouilloire fumante. Tandis qu'elle versait l'eau chaude, Emmanuel la reprit aussi doucement qu'il put :

« Je ne puis pas laisser passer votre affirmation selon laquelle l'Église serait l'œuvre du diable. Si j'ose dire, elle souffre seulement du fait des hommes qui sont pécheurs. Il n'y a pas de chrétien parfait, ni de prêtre parfait, ni d'évêque parfait, ni de pape parfait. C'est tout. Il n'est pas besoin d'en rajouter. »

« Je n'en suis pas sûre. Ce n'est pas ce que j'ai découvert. Bien sûr, je puis comprendre que n'importe quelle Église enferme forcément Dieu entre quatre murs. Toute religion est comme une enclume ébréchée sur laquelle ont tapé maints marteaux. Mais de plus notre Église romaine est hantée par le fantôme de l'Empire romain, auquel elle rend un culte secret et mélancolique. J'en rêve souvent, je la vois comme une très vieille femme portant une triple couronne, assise sur un tombeau au bord de la voie Appienne. Tout serait plus simple pour elle si la Terre entière se trouvait sous l'empire d'un César unique rendant hommage au pape qui l'a couronné. »

« Ce sont de vieux fantasmes, rétorqua Emmanuel. Aucun César ne m'a choisi, mais seulement mes frères évêques. Je connais leurs travers. Ce ne sont pas des anges mais ce ne sont pas davantage des suppôts de Satan. Du reste ils ne sont pas l'Église comme on le dit trop souvent dans les journaux, mais seulement la pointe émergée de l'iceberg. Ce qui compte, c'est tout ce que l'on ne voit pas. Les centaines de milliers de prêtres et de religieuses travaillant sur le terrain. Je suis totalement solidaire de cette Église-là. Dans vos expériences de vie religieuse, vous n'avez pas eu de chance, je vous l'accorde bien volontiers mais ne généralisez pas. »

La réponse de Renée fut étonnante :

« Dites-moi d'abord quel goût vous trouvez au thé. »

« Aucun », répondit Emmanuel, interloqué.

« Vous n'avez jamais été obligé de vous nourrir d'aliments insipides durant des années. Vous avez été gâté du côté du goût. Tout est dans l'imagination. Persuadez-vous qu'il s'agit de thé, de menthe ou de tilleul. Et vous découvrirez que le goût apparaît. Tout est dans l'imagination. Pour moi, cette eau chaude évoque un excellent thé de Ceylan. »

« Tiens, c'est vrai, dit Emmanuel, je n'y avais pas prêté attention ! »

« Il en est de même de la vie religieuse. Tout est dans l'esprit. Le corps ne compte plus. »

*

J'ai découvert à l'intérieur d'un monastère ce que je n'avais jamais vu. L'œil de celle qui entre regarde l'intérieur d'abord comme postulante, puis comme novice, sans être pleinement dans la communauté. Le seul contact régulier s'établit avec l'abbesse et la maîtresse des novices, sans que l'on ait le droit de parler aux autres sœurs. De temps en temps, une récréation durant laquelle la nouvelle venue écoute, mais sans parler. Les offices se déroulent bien évidemment sans aucun bavardage, mais aussi avec l'interdiction de se regarder en face.

La règle fixe la journée selon les impératifs de la cloche, de sorte qu'il n'est plus nécessaire de porter une montre. Ce qui fait que les montres-bracelets sont prohibées. Je ne l'ai pas regretté. Cela représente une heureuse libération de la tyrannie la plus puissante de ce siècle. Pour le reste, il faut apprendre une obéissance absolue jusqu'à attendre un ordre pour savoir si l'on peut se doucher, combien de temps on a le droit de demeurer sous la douche, à quelle heure il faut éteindre la lumière, quel livre on a le droit de lire à quel moment de la journée. Bien entendu, on est surprise et choquée à certains moments, mais on est animée d'un tel feu que l'on passe sur tout.

Si on commence à apercevoir des choses étranges, on les occulte. Je rencontre un jour une sœur qui est couchée par terre, pliée en deux par la douleur, j'essaie de lui porter secours. La prieure arrive et me reproche de m'occuper d'elle alors que personne ne m'en a donné l'ordre, puis elle me commande de partir et d'abandonner la sœur souffrante. Au moment même où je reçus cette remontrance, je me suis représenté vivement la parabole du Bon Samaritain. Il m'était demandé de me comporter comme le prêtre ou le lévite. La règle devenait plus importante que la charité. J'étais tombée dans un monde vivant sous la loi de l'Ancien Testament. On me demandait de renier l'enseignement du Christ. Ce fut le premier coup porté à ma vocation.

J'ai donc demandé pardon, à genoux au milieu de la salle capitulaire. La supérieure m'a reprise. Il ne s'agissait pas de demander pardon, il fallait que je m'accuse. La nuance peut paraître subtile mais elle est significative de l'intention poursuivie. Le pardon élève celui qui le demande, car il l'obtient du simple fait de le requérir. Le pardon supprime la culpabilité et soulève l'être au-dessus de sa faute. L'accusation rabaisse l'être. J'ai donc dû m'accuser publiquement de ce manquement et j'ai été punie. Oh ! Légèrement car c'était la première fois : réciter trois chapelets. Je m'en gardai bien. Le ver était dans le fruit.

Plus tard, j'ai subi l'excommunication pour des manquements analogues à des règles que je ne pouvais admettre. Un jour, j'ai dû remplacer la sœur cuisinière. C'était une excellente femme qui avait des connaissances plutôt sommaires en matière d'hygiène. Ou bien elle obéissait à des ordres dont elle n'était pas responsable. Toujours est-il que j'ai découvert la soupe de l'avant-veille abandonnée sans couvercle, un jour de canicule. La surface était couverte de moisissures. Bien entendu, je pouvais les faire disparaître en portant à l'ébullition, mais d'éventuelles toxines ne seraient pas pour autant détruites. Bref ma formation d'infirmière a repris le dessus et la soupe est passée à l'égout.

Le scandale fut incommensurable : j'avais gâché la nourriture, ce don de Dieu. Je fis observer à la supérieure que nous nourrissions à l'hôtellerie des visiteurs, que nous étions tenues de respecter les lois en la matière et que l'état de la cuisine laissait pour le moins à désirer. Elle me répliqua que les lois de la République s'arrêtaient où commençait la clôture et qu'à l'intérieur de celle-ci, elle, la supérieure, était la loi car elle représentait Dieu qui est bien au-dessus des hommes. Si une soupe tournée a mauvais goût, cela constitue une excellente mortification de la consommer jusqu'à la dernière goutte. Personne ne sera intoxiqué, sinon parce que ce serait la volonté de Dieu.

L'excommunication constitue une sanction grave prévue dans la règle de saint Benoît et détaillée dans rien de moins que quatre chapitres. Elle signifie l'exclusion de la communauté pour trois jours ou une semaine : repas pris à part, après les autres, participation muette aux offices. Éventuellement privation de nourriture. C'est dur parce que l'on se sent châtiée exagérément pour une bagatelle, comme si l'on était un enfant. Telle est bien l'intention du reste.

On n'applique plus les châtiments corporels qui sont fixés dans la règle originelle. Benoît prévoit que les moines, incapables de comprendre le sens de l'excommunication et de s'amender, seraient frappés avec une baguette de saule, selon l'usage du temps, au Ve siècle. C'était le châtiment prévu à l'époque pour les esclaves. Le moine cessait d'être fils de Dieu et se retrouvait esclave du diable. Cela possédait un sens symbolique très fort à l'époque. Aujourd'hui, ce serait considéré comme une déviation sadomasochiste.

Ce point précis de la règle n'est plus appliqué parce qu'il n'est plus applicable. Je compris alors combien la société civile est en avance sur la société religieuse. Ni dans les écoles, ni à l'armée, ni dans les prisons, on ne frappe plus, du moins en principe. Cela semble montrer que le christianisme a tellement imprégné les hommes qu'ils le pratiquent sans même s'en rendre compte, tandis que, dans les monastères, on continue d'en vivre une approximation remontant au Ve siècle.

Je commençais à trouver que je vivais là où je n'aurais pas dû être, que j'entendais ce que je n'aurais pas dû entendre, que je voyais ce que je n'aurais pas dû voir. La règle véritable, telle qu'elle était vécue et non telle qu'elle était proclamée, cette règle était le non-amour. Comment prier pour le salut du monde alors que règnent autour de soi la haine et l'hypocrisie ? Les coups bas entre religieuses occupaient l'essentiel de leur activité. Je me suis vue en enfer, où les damnés n'ont plus d'autres ressources que de se haïr mutuellement pour se consoler d'avoir perdu l'amour de Dieu. Je vivais dans un monde analogue à celui inventé par Orwell dans son roman *1984*, un monde où les mots ont changé de sens, où il suffit d'appeler amour ce qui est haine pour se croire en conformité avec l'enseignement du Christ.

Une sœur particulièrement peu intelligente jouait le rôle de « lutin » de la supérieure. Sa fonction consistait à épier les religieuses et à les dénoncer pour le moindre manquement, au moyen de billets déposés dans un tronc spécial. La supérieure ajoutait foi à toutes les dénonciations et punissait en conséquence, même celles qui avaient été dénoncées injustement et dont elle connaissait l'innocence. Un jour, comme pour remettre les compteurs à zéro, la supérieure a décidé de faire le procès du lutin. Celle-ci subit une scène horrible où ses victimes l'accusèrent à leur tour. Le lutin fut puni, puis elle recommença à dénoncer des innocentes qui furent punies à leur tour. L'essentiel était d'établir une norme de culpabilité universelle.

Notre supérieure était une universitaire très cultivée, excellente musicienne, peu sûre d'elle, très inquiète. Elle courait toujours comme si elle fuyait quelque chose. C'est une femme qui souffre et qui enfouit sa souffrance. Elle n'est pas dans la vraie vie en tant que religieuse : elle vit sa vocation comme un fantasme assouvi.

Sur les dix-neuf religieuses, seule la maîtresse des novices menait une vie sincère qui reflétait un engagement véritable mais elle tombait d'accord avec moi pour remettre en cause les mêmes dogmes et les mêmes pratiques. La plupart des sœurs se trouvaient dans le couvent pour des raisons qui n'avaient rien à voir avec un véritable appel du Seigneur. La plupart tombaient malades par suite de la tension psychologique qu'elles s'imposaient, ainsi que de l'atmosphère de délation et de suspicion qui régnait dans le couvent.

La mauvaise qualité de la nourriture aggravait la situation sanitaire. L'alimentation était à base de pâtes, de pommes de terre et de riz avec quelques légumes bouillis et du pain gris, mais elle était carencée en protéines, en sels minéraux et en vitamines. Les fruits et les légumes frais étaient absents du régime. L'hygiène déplorable de la cuisine produisait en plus des intoxications à tout bout de champ. Le vendredi saint, la seule nourriture distribuée était une pomme de terre bouillie dans sa peau non lavée : nous la mangions à genoux, sans la peler, la terre crissant sous les dents. L'argent, que la communauté ne dépensait pas en achats de nourriture fraîche, était gaspillé en médicaments et en consultations médicales.

Les religieuses les plus âgées appliquaient encore la coutume selon laquelle la toilette quotidienne se résumait à passer un linge humide sur le visage et les mains ; une fois par semaine, elles se lavaient les pieds ; la douche n'était que le prélude à quelques grandes fêtes carillonnées. Toutes les nuits, une religieuse hurlait à la mort, sans que j'aie jamais su si c'étaient des cauchemars ou des crises d'hystérie. La communauté se décomposait lentement dans des convulsions horribles qui révélaient sa véritable nature, un enfer sur terre, organisé pour se rapprocher du paradis.

En mon âme et conscience, après ce que j'ai vécu, je crois que la règle de saint Benoît constituait une innovation remarquable lorsqu'elle fut promulguée au début du VIe siècle. Ses rudesses, apparentes en nos jours, constituaient des avancées vers la charité, la solidarité, la démocratie au Ve siècle. Mais aujourd'hui, de même que l'on ne peut plus appliquer les chapitres traitant des punitions corporelles, maints autres chapitres mériteraient d'être abolis. Car l'homme et la femme ne sont plus ce qu'ils étaient. Ils ne vivent plus dans une société oppressive. La règle a fonctionné pendant des siècles, elle a constitué un pilier de l'Europe dont Benoît est à juste titre le patron. Aujourd'hui, son application aveugle, presque désespérée, comme si elle pouvait abolir le passage des siècles, broie des êtres au point qu'ils ne puissent plus réagir. Certains deviennent fous ou malades, mais ils ne peuvent plus quitter un ordre auquel ils ont donné tous leurs biens matériels, sans se retrouver démunis de moyens d'existence.

Alors que Benoît prône la douceur plutôt que la violence, la charité plutôt que la dureté, la démocratie plutôt que le pouvoir personnel, on a abouti à un système fondé sur l'obéissance aveugle sous prétexte de développer l'humilité chez ceux qui obéissent, sans réfléchir que l'on encourageait l'inverse chez ceux qui commandent.

Un jour que la mère supérieure me reprenait pour ce qu'elle appelait mon indiscipline, qui était simplement spontanéité, joie de vivre, liberté d'une enfant de Dieu, je lui demandai ce qu'il fallait que je fasse si elle me donnait un ordre contraire à ma conscience. Elle me répondit qu'il fallait que j'obéisse. J'insistai en évoquant le cas, improbable et absurde, où elle m'ordonnerait d'empoisonner une de mes sœurs en utilisant mes connaissances d'infirmière. Elle me répondit sans ciller qu'en obéissant à cet ordre, je serais non seulement libre de tout péché mais encore agréable à Dieu.

Je compris alors – mais un peu tard – que son Dieu n'était pas le mien et qu'elle vivait dans le monde déréglé d'une névrosée. D'ailleurs, quand la supérieure m'entretenait des autres sœurs, elle n'hésitait pas à en parler ouvertement comme si elles étaient folles et à les affubler de diagnostics douteux, puisés dans des lectures hasardeuses d'ouvrages de psychiatrie, dont elle faisait la plus grande consommation. Petit à petit, je réalisai que, dans son esprit troublé par la folie authentique qui la guettait, le reste du genre humain, y compris moi, était fou tandis qu'elle seule représentait un parangon de santé mentale.

Quand je me retrouvais seule dans ma cellule, j'étais pleine de questions que je posais à Dieu : que suis-je en train de faire ? Est-ce Ta volonté dans ma vie ? Que fait Armand ? Une solution de facilité pour échapper à la réalité consistait à me réfugier moi aussi dans une sorte de folie. Si j'avais perdu certains repères personnels, j'aurais pu sombrer. Mon amour intact pour Armand, nourri par une seule lettre mensuelle, m'a préservée. Je représentais un exemple d'obéissance apparente et d'insoumission secrète. Cette insoumission m'a permis de rester debout et de survivre.

Ma bonne conduite m'a mérité la promotion considérable qui consistait à sonner les cloches, c'est-à-dire à rythmer toute l'activité du monastère. Cette charge me donnait quelques instants de répit, cinq minutes entre le moment où j'avais sonné et celui où les religieuses arrivaient. Cinq minutes sans être épiée, c'est rare dans une communauté. N'étant vue par personne, j'étais seule, sous le regard de Dieu. Un jour, après avoir sonné none, j'ai demandé d'être éclairée : « Conduis-moi dans Ta vérité, Ta lumière est mon salut, de qui aurais-je crainte ? »

Je m'agenouille dans les stalles et j'entends vraiment « tu es dans l'erreur, tu deviens mensonge » comme si j'avais reçu un électrochoc. J'ai écouté cette parole en sachant qu'elle me venait de Dieu. J'ai alors demandé qu'il n'y ait à l'occasion de mon départ, dont j'avais pris la résolution, ni scandale ni souffrance, y compris et surtout pour la supérieure qui en était la cause mais dont la santé mentale paraissait si fragile. J'ai été exaucée au-delà de mes espérances.

Quand les sœurs sont arrivées, je les ai regardées, ce qui est interdit et j'ai vu ces vieilles femmes qui traînaient les pieds, des plis d'amertume triste autour des bouches, des regards durs et fermés.

Le mois suivant, le confesseur, un moine de l'abbaye de Lérins, est venu comme de coutume. Je lui ai annoncé ma décision et je lui en ai expliqué les raisons. Il les a tournées en dérision en utilisant l'argument de ma prétendue arrogance, de mon orgueil inspiré par le diable, un discours que j'avais tant de fois entendu qu'il ne m'impressionnait plus.

Le secret de la confession n'a pas été respecté, car la supérieure a été prévenue tout de suite. Elle m'a proposé aussitôt le poste de cellérière, c'est-à-dire la sœur qui effectue les achats et qui conserve les provisions. Position alléchante dans un couvent parce qu'il donne un pouvoir extraordinaire, même à l'égard de la supérieure. Pas un instant, elle n'a essayé de comprendre mes raisons. Elle a analysé la situation sous le seul angle qu'elle envisageait, celui du pouvoir. Elle a estimé qu'il fallait qu'elle m'en accorde une partie et que cela me convaincrait de rester. Je suis restée ferme dans ma résolution et je lui ai remis une lettre de démission.

Elle éclata alors en sanglots et me confia que mon départ porterait un coup fatal à la communauté, parce qu'il était question depuis longtemps de la dissoudre. Effectivement, le supérieur général de l'ordre est venu quelques jours plus tard. Il a encore essayé de me faire fléchir. C'est un homme pour lequel j'ai la plus grande estime mais qui était apparemment obsédé par le souci de sauver ce qui pouvait l'être. La Tradition avec un grand T passe avant tout. Il n'était pas question d'entreprendre avec lui une mise à plat de la règle de saint Benoît. J'ai tenu bon.

Alors et seulement alors, la supérieure m'a avoué un secret qu'elle portait depuis le jour où j'étais venue lui présenter ma lettre de démission. Ce jour-là, elle avait reçu et intercepté une lettre à mon nom dans laquelle Armand m'annonçait sa décision de quitter son monastère. Je lui ai demandé de pouvoir l'appeler tout de suite au téléphone. Elle y a consenti, pourvu que j'attende huit heures du soir afin de bénéficier des tarifs réduits. Si nous avions été Roméo et Juliette, elle aurait fixé une heure pour nos rendez-vous clandestins.

Je ne tiens pas compte de cette dernière mesquinerie et j'appelle tout de suite Armand. Il me confirme la nouvelle. Je lui annonce ma propre démission en précisant qu'elle a été déposée le même jour. Après dix ans de séparation, nous nous retrouvions dans une rencontre au-delà du temps et de l'espace. Il est bouleversé. Il ne trouve plus ses mots. Il se tait. Depuis ce jour, il n'a plus parlé à personne, sauf à moi. Il est venu me rejoindre ici. Vous l'avez vu. Il ne vous parlera pas. Je vous expliquerai ce qu'il a subi.

Comme le monastère était abandonné par la communauté, l'ordre a été trop heureux de nous recruter comme gardiens, non rémunérés faut-il ajouter. Nous avons simplement la jouissance d'un logis. Le jour où le bâtiment sera vendu, il faudra que nous le quittions. Les biens que nous possédions avant notre entrée en religion ont été donnés selon la règle aux deux monastères, qui prétendent ne rien nous restituer. Nous vivons donc avec les ressources du revenu minimum d'insertion alloué par l'État français aux nécessiteux que nous sommes devenus.

Nous sommes pauvres parmi les plus pauvres, dépouillés de nos biens par des spoliateurs spirituels, mais nous sommes profondément heureux. Nous connaissons enfin un état de sérénité spirituelle parfaite. Nous prions à deux dans la chapelle vide. Les voisins nous rejoignent de plus en plus. Nous venons de recréer un groupe de prière comme celui que nous animions à Lyon. Notre communauté se diversifie dans d'autres activités : préparation au mariage, visite des malades, assistance aux mourants, accueil des sans domicile.

Le curé qui s'occupe de la paroisse (et de dix autres en parallèle) ne nous ignore pas tout à fait : il est venu s'enquérir de notre statut canonique : continuions-nous à observer notre vœu de chasteté, faute de quoi il serait dans l'obligation de nous refuser la communion ?

Ma plus grande joie en sortant pour la première fois du couvent après dix ans d'enfermement total a été de découvrir toute la beauté de la nature environnante et, tout simplement, de parcourir un marché provençal, de humer des fruits, des légumes, des fleurs. De les toucher et de les goûter. J'ai réalisé que j'avais été placée dans un état de privation sensorielle, qui m'avait amputée d'une foule de sensations, du contact avec la richesse et la beauté de la Création. Enfin je puis regarder maintenant les gens dans les yeux, leur parler, leur sourire, sans que cela soit considéré comme une faute. Il faudrait comprendre que Dieu aime Sa Création et que nous sommes faits pour la savourer.

Tous les soirs, je prie pour mes sœurs qui sont parties sous la houlette d'une supérieure désemparée. En me quittant, les sœurs les plus âgées m'ont dit leur joie de savoir que j'avais réussi à échapper à cet enfer. Elles n'avaient plus le courage de le faire, elles n'avaient plus que la seule issue de demeurer dans l'ordre jusqu'à leur mort, dans l'abandon total, sans aucune affection humaine. Passant d'un enfer sur Terre à l'inconnu d'un Dieu, qu'elles avaient repoussé en croyant Le servir.

*

Renée parla longuement d'une voix claire et précise. Emmanuel la suivait comme en un territoire inconnu, qu'il s'était toujours promis de découvrir. Sur son bureau à Rome s'amoncelaient les rapports chiffrés, secs et précis, qui mesuraient l'étiolement des ordres traditionnels. Jésuites, Franciscains, Frères des Écoles chrétiennes étaient en chute libre pour des raisons inexplicables. Les pays en voie de développement atténuaient dans une certaine mesure le déclin en Europe mais la tendance était claire.

Il s'était souvent demandé ce que signifiaient ces chiffres, quelles étaient les raisons, jamais évoquées, pour lesquelles l'Europe occidentale était devenue un pays de mission, où le fonctionnement des paroisses dépendait de l'importation massive de prêtres africains ou polonais. Deux cent mille prêtres français sous Louis XIV pour vingt millions d'habitants, vingt mille prêtres aujourd'hui pour soixante millions d'habitants. En proportion, trente fois moins. Une autre société, où la religion tient une place réduite à très peu de chose. Ou bien une société affamée de spiritualité que les Églises chrétiennes ne parvenaient plus à dispenser parce qu'elles se battaient désespérément pour leur survie au point de ne plus pouvoir œuvrer au salut du monde. La montée des sectes, le succès du bouddhisme et de l'islam démontraient en creux l'attente du peuple et l'incapacité radicale des Églises chrétiennes d'y répondre. Ce n'étaient pas seulement des problèmes de discipline ou des dogmes désuets qui étaient en cause. Il fallait qu'au cœur même de la foi se soit tarie ou empoisonnée une source mystérieuse.

Les raisons ? Il y avait pensé sans cesse. Lors des rencontres familiales, Colombe en énumérait une liste obsessionnelle : célibat des prêtres, refus d'ordonner des femmes, médiocrité des évêques nommés par une

Congrégation tout aussi médiocre, dogmes insensés ou incompréhensibles pour les contemporains, prescriptions morales inapplicables. En bon universitaire, Théo y ajoutait l'interdiction d'enseigner faite aux théologiens les plus doués du siècle passé, un crime majeur contre la liberté de recherche selon lui.

Le récit de Renée répondait en partie à ces questions comme tout ce qu'Emmanuel avait découvert depuis deux jours. La vie consacrée dans certains monastères déviait vers des comportements sectaires. Même s'il avait séjourné dans des monastères heureux à l'occasion de retraites, il avait aussi connu bien pire que le couvent de Saint-Blaise. Les nouveaux ordres, en lesquels il avait mis tant d'espoir, adoptaient parfois des comportements aberrants, faute d'une tradition gardienne de l'essentiel. Les mêmes pressions morales et manipulations mentales se combinaient là avec des sévices corporels, scènes d'hystérie, confiscation des papiers d'identité, automutilations, séquestrations, tentatives de suicide.

Le schéma se répétait de façon méthodique : un supérieur ou une supérieure confisquait le pouvoir, refusait tout contrôle, avait la mainmise sur l'information, gérait l'avoir, refusait les moyens de vivre à celui ou celle qui désirait quitter le groupe, fermait la communauté sur elle-même et finissait invariablement par la disloquer, voire par se retrouver inculpé par la justice civile pour détournement de fonds ou abus sexuels. Dans le pire des cas, l'évêque du lieu s'était efforcé maladroitement de couvrir le délit en s'abstenant de le dénoncer et il se retrouvait également inculpé. Le dossier aboutissait sur le bureau d'Emmanuel, consterné et impuissant.

Renée démontrait les vices du système sans outrance, tout en douceur, comme l'esquisse au trait qui révèle l'architecture d'un tableau. Aucune dérive grave, ni perversion sexuelle, ni détournement de biens, ni d'exaltation mystique, ni prétendues apparitions, comme il en arrivait trop souvent à la connaissance d'Emmanuel. Le pouvoir tout seul menait à cette dérive, ce pouvoir dont lui-même à Rome avait senti tout le danger. Il fallait créer une Église où il soit impossible de confisquer le pouvoir, mais comment ? L'anarchie n'est pas un programme sinon pour des adolescents attardés. Les querelles entre patriarcats orthodoxes ou l'éclatement du protestantisme en une multitude d'Églises ne proposaient pas des modèles de rechange tout faits.

Jésus avait proposé l'enfant comme modèle à ses apôtres. Cette leçon avait été bien oubliée. Du haut en bas, de la Curie romaine à ce couvent, des adultes manqués jouaient aux grands et empêchaient les enfants qui leur étaient confiés de grandir jusqu'à devenir des adultes. Imposer des règles absurdes pour culpabiliser des innocents, traiter de fous ceux qui résistent, se prétendre au-dessus des lois de la société civile, usurper la place de Dieu.

Emmanuel sortit de la salle capitulaire, étourdi comme s'il avait reçu une volée de coups de bâton sur la tête, ces coups que la vieille règle de Benoît recommandait d'administrer au moine incapable de comprendre d'autres arguments. Ce devait être son cas, car il avait finalement compris. Mais que fallait-il qu'il fasse ?

*

Déjà fatiguée par le trajet interminable de San Francisco à New York, Colombe essayait de se détendre dans le *lounge* de Kennedy Airport. Elle s'autorisa même quelque licence : un paquet de cigarettes, un verre bien tassé de Carpano, la lecture de *Marie Claire*. Il fallait qu'elle calme son anxiété en saturant ses sens de bien-être physique ou de frivolités. Elle avait appelé Théo sur son portable et il n'avait toujours pas davantage de nouvelles d'Emmanuel. Le pire était possible. Elle se voyait appelée à reconnaître le corps d'Emmanuel en débarquant à Rome.

« La dottoressa de Fully e chiamata al telefono. »

Colombe sortit de sa rêverie. Le *lounge* d'Alitalia formait une enclave d'Europe aux États-Unis. On y échappait à l'anglais omniprésent. Elle se rendit machinalement au comptoir d'accueil et s'annonça à l'hôtesse, avant de se souvenir qu'elle voyageait par précaution sous le nom de son ex-mari et que personne n'aurait dû savoir qu'elle était ici. Elle n'avait même pas annoncé à Théo le numéro de son vol.

Une fois qu'elle eut son correspondant en ligne, elle commença à comprendre ce qui se passait. La voix était onctueuse, le français soigné comme un courrier diplomatique, la politesse outrée. Colombe était interpellée par Tarcisio Bertini en personne, qu'elle avait rencontré auparavant à Rome et qui lui avait toujours fait la plus mauvaise impression.

« Madame de Fully, j'ai appris par le plus grand des hasards que vous preniez ce soir un vol pour Rome. Bien que cela ne me regarde pas directement, je suppose que vous venez rendre visite à Sa Sainteté. »

« Effectivement, je viens voir Emmanuel », corrigea Colombe. L'idée que l'on puisse appeler Emmanuel « Sainteté » la fit presque éclater de rire, une fois de plus. Elle connaissait son frère, ses faiblesses, ses insuffisances, ses doutes. L'avoir choisi pour occuper la fonction de chef d'une Église d'un milliard de fidèles démontrait à quel point cette institution avait décliné. Emmanuel était plein de bonne volonté mais il n'était pas fait pour diriger. Il n'était pas capable de se gouverner lui-même, pensa-t-elle amèrement. À preuve, sa fuite.

« Sa Sainteté est entrée en retraite dans un monastère qui est tenu secret. Il vaudrait mieux que vous renonciez à ce voyage avant de vous embarquer pour l'Europe. Vous risquez de perdre plusieurs journées à l'attendre à Rome et nous savons tous combien votre temps est précieux, pour vous et pour vos malades. »

Colombe se sentit légèrement écœurée par ce sirop ecclésiastique, déversé à la louche. Dès lors qu'un prélat se condamnait au célibat, il prenait irrésistiblement des allures et des intonations puériles, comme s'il était obligé de séduire à tout prix.

« Mes bagages sont enregistrés, ma place est réservée, nous allons embarquer d'un moment à l'autre, je ne puis plus renoncer à ce vol », déclara Colombe d'une voix ferme qui manifestait une irritation évidente.

À Rome, on fit aussitôt machine arrière :

« Rome est une ville très intéressante à visiter, madame de Fully. Nous serons heureux de vous accueillir. Votre frère sera averti de votre arrivée. »

Un temps.

« Car il ne l'attendait pas, n'est-ce pas ? »

Colombe négligea de répondre. À quoi bon dissimuler à l'égard de ce personnage vêtu de pourpre qui savait presque tout et qui devinait le reste ?

« Je vous souhaite un excellent voyage, madame. Et je vous prie de m'excuser du dérangement que je vous ai causé. Croyez que c'était pour votre bien et celui de tout le monde. Sa Sainteté sera très heureuse de vous rencontrer d'ici une semaine. »

Je vous souhaite un excellent voyage. Colombe se demanda un instant si elle ne risquait pas un sabotage de l'avion. Puis elle chassa cette idée de sa tête. On appelait la classe Affaires pour embarquer. Dès qu'elle eut atteint sa place, elle rangea son fourniment dans le coffre à bagages, elle se déchaussa, défit sa ceinture et commanda un double whisky avec lequel elle ingurgita une tablette de somnifère. Elle mit un bandeau sur ses yeux et des boules dans ses oreilles. Elle souhaitait ne se réveiller qu'à Rome. Ou sombrer dans l'Atlantique sans s'en rendre compte.

6

Le souper fut plutôt morne. Renée était épuisée d'avoir parlé durant la majeure partie de l'après-midi. Jean s'efforçait de supporter, sans rien laisser paraître, les brûlures d'estomac résultant de l'absorption de trois litres de vin de Samos, outrageusement sucré. Armand se taisait par définition, sans qu'Emmanuel sache encore pourquoi : était-ce une infirmité ou un vœu ?

Il se promit de revenir sur le sujet. L'abbaye de Montherod, où Armand avait vécu, jouissait d'un grand prestige à Rome : par où le ver avait-il pénétré ce fruit apparemment sain ? Lorsque Emmanuel doutait de tout, de la Curie, des évêques, du clergé séculier et de lui-même, il se consolait en pensant qu'il existait des centaines de milliers – deux cent mille religieux, un million de religieuses selon les statistiques – qui compensaient les lourdeurs de l'administration ecclésiastique par leur engagement désintéressé. Les ordres religieux naissaient et mouraient au gré des nécessités spirituelles, sans être rigidement fixés à une structure territoriale qu'il fallait à tout prix maintenir. Pour s'écarter des lourdeurs d'une religion d'État, cela semblait le meilleur chemin.

La règle du silence fut donc observée durant le repas, comme si le réfectoire imposait de lui-même cet usage, qui y avait été si longtemps suivi. D'ailleurs la table se limitait à une étroite banquette où jadis les religieuses étaient assises côte à côte, car le face-à-face était interdit. Le repas se résumait à du pain sec et du lait. Renée s'en excusa, mais c'étaient les seuls aliments qu'elle parvenait à acheter. Il ne lui restait absolument plus d'argent jusqu'à la fin du mois et le garde-manger était vide. Elle devait survivre avec l'allocation minimale que la République proposait à ses citoyens paumés pour feindre de les réinsérer. Mais elle avait confiance, le Seigneur y pourvoirait.

Jean hocha la tête avec un bon sourire : un toit sur la tête et un lit où s'étendre constituaient déjà un luxe. Pour la table, il caressait des projets opulents : les chats du voisinage lui paraissaient trop nombreux, peu farouches et immoralement gras. Les potagers n'étaient pas clôturés et les légumes du printemps provençal seraient tendres à souhait. Il y avait des poulaillers et des clapiers en pagaille dans ce village. Les ruisseaux de la montagne devaient abriter des truites et des écrevisses. En donnant un coup de main aux vignerons des environs, il y aurait moyen de se faire payer en nature. Il résuma sa méditation matérialiste par une formule, qui fut la seule parole prononcée durant le repas et que personne ne comprit :

« La vie est bonne. »

Après le repas, il se mit en quatre, débarrassa la table, promit de faire la vaisselle et entraîna la compagnie dans l'ancien bureau de la supérieure. Il exhiba triomphalement un téléviseur antique, qu'il avait déniché derrière un stock d'archives. L'appareil fonctionnait encore, mais il était limité au noir et blanc. Le journal télévisé de 20 heures commençait.

Sur la planète des hommes, il ne se passait rien de bien original : on se battait perfidement en Palestine, en Irlande, dans les Balkans, dans le Caucase, au Sri Lanka, aux Philippines. La nature des combats ne différait que par la foi des croyants qui s'y affrontaient : juifs contre musulmans, protestants contre catholiques, musulmans contre orthodoxes, animistes contre catholiques. Chaque camp enterrait ses morts au milieu de scènes d'hystérie appelant à la vengeance.

En temps ordinaire, Emmanuel ne regardait jamais la télévision. Face à l'avalanche des images meurtrières, il se demanda à quoi ressemblerait un monde où il n'y aurait plus de religions. Personne ne pouvant se réclamer de son Dieu, tenu pour le seul véritable, quelques scrupules, issus de la morale naturelle, empêcheraient peut-être de se livrer au massacre des voisins. En revanche, des caricatures de religions créaient une sorte de tache aveugle au mitan de la moralité puérile et honnête de la vie ordinaire. Elles autorisaient ou prescrivaient le meurtre de l'autre en vue d'un intérêt supérieur. Pas de paix entre les peuples sans paix entre les religions, songea-t-il. Entre ses mains, il tenait une partie de la solution, peut-être l'amorce d'une paix mondiale, mais il se sentait tellement faible et démuni, incapable de s'orienter et de se décider. Il fallait que l'Église qu'il incarnait si mal cesse de s'organiser selon les préceptes du pouvoir. Mais que savait-il de la volonté de Dieu, quand la seule possibilité de la connaître est de la contredire ?

Sa réflexion fut interrompue par une vue de la basilique Saint-Pierre. Un second plan, amené par un travelling latéral, montra la fenêtre par laquelle tant de papes avaient béni la foule avant que lui, Emmanuel le Suisse, élu sous le nom de Jean XXIV, ait décidé de mettre un terme à ces manifestations de papolâtrie et se soit finalement décidé à quitter le Vatican.

Le commentaire du présentateur ne laissa aucun

doute sur l'événement étrange qui s'était passé ce midi :

« Renouant avec une longue tradition, le pape Jean XXIV a décidé de répondre à l'attente des pèlerins qui affluent à Rome en cette période de Pâques. Ce midi, il a donné sa bénédiction *urbi et orbi* à la foule massée sur la place Saint-Pierre. »

Un zoom avant montra un pape en bonne et due forme, vêtu d'une soutane blanche, entouré de prélats en pourpre et en violet, parmi lesquels Tarcisio Bertini occupait la place d'honneur. Ce pape, qui avait le visage d'Emmanuel, bénit la foule en utilisant la formule latine traditionnelle. Sa voix aussi était celle d'Emmanuel.

Sans transition, le journal télévisé passa à un autre sujet sans doute plus passionnant, une course automobile affligée de collisions, sorties de route, tonneaux, pilote brûlé et spectateurs blessés. Le journaliste fit part de son chagrin face à la mort du champion. Il évoqua la fatalité, en se gardant bien de suggérer qu'il serait temps d'arrêter les courses. Sans compétition, point de morts et partant point de journaliste.

Mais personne ne l'écoutait dans ce couvent isolé. Trois regards convergèrent vers l'Emmanuel présent, toujours affublé de sa barbe qui avait poussé durant les trois derniers jours et lui mangeait le visage. Renée fut la première à réagir :

« Mais qui êtes-vous donc ? »

Jean coupa court à toute discussion :

« C'est mon cousin, Emmanuel de Fully, celui qui a été élu pape voici deux ans. Pas besoin de me gratter pour le retapisser. Il sait des choses du temps qu'on était des moutards, des choses que personne peut inventer. Il est bien lui-même tandis qu'à Rome ils ont engagé un cachetonneur. »

« Et la voix ? » demanda agressivement Renée.

« Un bon acteur est capable d'imiter n'importe qui, du moins assez pour semer le doute. »

« Et vous alors, qui êtes-vous ? Qui imitez-vous ? »

Emmanuel crut de son devoir de se porter garant pour Jean.

« Jean est bien mon cousin. Nos mères étaient sœurs. »

Renée ne parut que très modérément persuadée. La caution mutuelle de ces deux vagabonds ne lui parut pas convaincante. Elle entraîna Emmanuel dans le cloître. Tout en l'arpentant avec nervosité, elle lui fit subir un interrogatoire en règle, auquel aucun imposteur grossier n'eût pu répondre : dénomination des quatre basiliques majeures, liste des vingt et un conciles œcuméniques, patronymes des pères des Églises latine et grecque, récitation du *Credo* en latin, énumération des douze apôtres. Emmanuel s'en tira avec les honneurs de la guerre. Renée concéda qu'il avait au moins suivi des études de théologie, mais elle paraissait toujours dubitative. Il pouvait n'être qu'un prêtre défroqué, jouant de sa ressemblance avec le pape.

Dans l'intention d'exhiber des preuves tangibles, Emmanuel l'emmena jusqu'à sa chambre. Quand sa valise fut ouverte, il se souvint alors seulement que la meilleure des preuves, l'irréfutable argument, aurait été l'anneau du pêcheur, celui précisément que la police de Milan avait confisqué. En revanche son passeport était bien en évidence. Un vrai-faux passeport, portant sa photo et lui attribuant le nom de Fusain, Henri. Il tenta de le dissimuler. Renée s'en empara, l'ouvrit et compara la photo d'Emmanuel barbu avec le modèle vivant. Rouge de confusion comme un gamin pris les doigts dans le pot de confiture, Emmanuel expliqua les circonstances embrouillées à la suite desquelles ce passeport lui avait été confié à Milan. Mais tout en débitant son histoire, il se rendit compte à quel point elle était peu crédible. Renée secoua la tête :

« Je ne sais que penser. Avouez qu'il y a de quoi avoir des doutes ! »

« Il suffit que je téléphone à mon frère en Suisse, articula péniblement Emmanuel qui commençait à paniquer. Il pourra confirmer qui je suis. Il s'agit du professeur Théo de Fully, le prix Nobel, vous le connaissez sans doute. N'y a-t-il pas d'autre moyen de l'atteindre que le téléphone de l'abbaye ? »

« Il existe une cabine dans un hameau à un kilomètre d'ici, mais je n'ai pas un sou, je n'ai pas de carte bancaire. Je suis aussi incapable de téléphoner que vous. Pour les gens comme nous, le téléphone n'existe pas. »

À force d'insistance, elle finit par donner à Emmanuel une pièce d'un euro, peut-être la dernière qui lui restait.

*

Dès la deuxième sonnerie, Théo répondit. Sa voix était claire et sereine. À cette heure, il devait travailler dans son bureau en écoutant de la musique. Emmanuel reconnut le septième mouvement de la deuxième symphonie de Mahler, celui où une voix de femme détaillait le poème de Klopstock : *Auferstehen, ja auferstehen wirst du*. Emmanuel, sensible aux moindres signes, se dit que le poème correspondait à sa situation. Sous le tohu-bohu des incidents incompréhensibles, s'égrenait une musique secrète, qui jaillissait de temps en temps, comme le chant d'un oiseau avant même que se lève le soleil.

Emmanuel donna le numéro de la cabine et demanda à Théo de le rappeler tout de suite, car il n'avait pas d'argent. Il raccrocha et attendit dans la lumière blafarde, la poitrine serrée au point de ne plus pouvoir respirer qu'à petites goulées. Il ressemblait à un poisson sorti de l'eau. Renée le considérait d'un air soupçonneux : sa bouche était tirée comme un porte-monnaie bien refermé. Il se vit déjà dans un commissariat des Alpes-Maritimes, victime d'un interrogatoire musclé par une police complètement acquise à la maffia locale. Résisterait-il aux coups, aux obscénités, aux injures ? Il ne pourrait présenter qu'un faux passeport qui avait été soustrait à son légitime détenteur probablement à la suite d'un vol. Bref, il se sentit dans la peau d'un gibier de prison.

Le téléphone sonna. Emmanuel tendit le cornet à Renée, qui échangea quelques répliques avec Théo, la dernière étant tout à fait surprenante :

« Si vous êtes prix Nobel de physique, vous devez connaître la formule chimique de l'éther. Je suis infirmière, alors ne vous trompez pas ! »

Emmanuel respira. Avec sa mémoire d'éléphant, Théo ne flancherait pas. Ce fut le cas. Renée rendit le cornet à Emmanuel.

Théo feignit de ne rien comprendre à la situation. Emmanuel se rendit compte que, tout au long de son équipée, il n'avait pas pu ou pas voulu envoyer le moindre signal. Théo et Colombe devaient donc tout ignorer de ce qui s'était passé ; ils ne savaient même pas qu'il avait quitté Rome. Emmanuel s'en voulut de ne pas avoir eu le courage de les prévenir de son départ imminent en envoyant un message codé par fax. Mais il avait hésité à fuir jusqu'à la dernière minute et il avait voulu prendre la décision cruciale tout seul. Il se lança donc dans de longues explications.

Théo interrompit le récit d'Emmanuel pour dire à quel point il avait été surpris par l'apparition de celui qu'il croyait être son frère au balcon du Vatican ce midi, par la soutane blanche et la formule latine de la bénédiction. Il s'était demandé si Emmanuel avait cédé aux pressions de son entourage. Pas un instant il n'avait suspecté une supercherie, prétendit-il. La voix était bien celle d'Emmanuel.

Au moment où Emmanuel allait expliquer qu'il se trouvait dans le couvent de Saint-Blaise, Théo le coupa :

« Ne me dis surtout pas où tu te trouves, c'est bien trop dangereux. Il ne faut pas que l'on puisse connaître ta retraite par l'écoute de cette conversation. Voici une semaine, une simple hypothèse, la plus prudente, consistait à supposer que ta vie fut menacée. Tu as bien fait de partir, même si ce n'était qu'une présomption. Maintenant tu disposes d'une quasi-certitude. Puisque Bertini a mis en place un sosie, tu peux en tirer des conclusions sur le peu de scrupules du personnage. Bien sûr, en passant en voiture par le Grand-Saint-Bernard, je pourrais te rejoindre en quatre heures environ, mais si je suis suivi et que je ne parviens pas à semer mes poursuivants, je dévoile ton refuge. Ma présence constituerait un danger supplémentaire.

« Et cependant il faut que Colombe et moi te rejoignions d'une façon ou d'une autre pour attester de ton identité. Mais il faut être extrêmement prudent. Retourne à ton asile. Si nous ne parvenons plus à nous contacter, donnons-nous rendez-vous dans cette église du XIIe siècle que nous connaissons tous les deux et qui a été construite par un bandit de grand chemin. Tu vois ce que je veux dire ? »

Emmanuel se creusa la tête sans succès. La plupart des monastères érigés dans les temps anciens l'avaient été par des bandits prétendument nobles, saisis de remords à la fin de leur existence de rapines, qui croyaient s'acheter une place au paradis en investissant dans la brique sacrée et dans la sépulture au plus près de l'autel.

« Je ne vois pas », dit-il faiblement.

Théo émit un grognement de contrariété :

« Plus j'en dit, moins c'est sûr. On fabrique un fromage célèbre dans les environs. »

Emmanuel protesta :

« On fabrique trois cent cinquante fromages différents en France ! »

« Le nom de l'abbaye vient du latin et signifie : sauve-nous ! »

« J'ai compris », dit Emmanuel.

Le téléphone fut raccroché à quatre cents kilomètres de là. Emmanuel demeura un instant immobile, en pensant au havre de paix de sa maison natale, à la prairie descendant vers le Rhône, aux vignes de Marie-Thérèse Chappaz, leur voisine, montant à l'assaut du Grand Chavalaz. Théo était sans doute retourné dans le rond de lumière de sa lampe de bureau, sous le beau globe vert, cadeau de Colombe lors de leur dernière rencontre à Rome. On ne tuait pas dans ce village-là. On avait appris à régler les conflits sans supprimer les antagonistes.

En revenant vers le couvent, Emmanuel en profita pour interroger Renée au sujet de son mari.

« Il n'est pas vraiment muet. Il me parle à moi, lorsque personne ne nous entend. Ce qu'il a vécu dans son abbaye l'a traumatisé au point qu'il a développé une sorte d'autisme à l'égard du monde extérieur. Ce qu'il aurait à dire lui arracherait la langue. Il a donc collé la sienne à son palais. »

Emmanuel s'arrêta et fixa Renée.

« Je vous demande de me répéter ce qu'il vous a dit.

Il faut que je l'apprenne. C'est ma charge. C'est mon devoir. C'est mon droit. »

« Sous réserve du secret de la confession ? » demanda Renée.

Emmanuel acquiesça et il entendit un deuxième récit, plus cruel encore que celui de la décomposition du couvent de Renée. À rebours des moniales sombrant dans la folie en s'efforçant de se plier à des règles médiévales, les moines avaient gardé un minimum de bon sens : plutôt que d'obéir à une règle insupportable et de respecter des vœux trop lourds, les maîtres du monastère, l'abbé, le prieur, le frère hôtelier, le frère cuisinier se dispensaient de ces fardeaux en les imposant avec d'autant plus de dureté à leurs frères, devenus leurs subordonnés. Ceux-ci réagissaient par une indiscipline collective : bavardages, maladies simulées, sabotage du travail, larcins de nourriture.

L'exemple venait d'en haut. L'abbé se chargeait de la direction spirituelle d'une belle âme, une grande dame allemande, débarquant au monastère dans une Mercedes avec chauffeur à casquette et emmenant son confesseur pour d'étranges retraites, qui duraient plusieurs jours. Le frère hôtelier recevait une autre pénitente, pédestre celle-là, dans le rucher dont il prétendait s'occuper, afin que les essaims d'abeilles tiennent les curieux à distance. Le frère cuisinier n'observait ni jeûne ni abstinence et il engagea Armand, devenu son aide, à le suivre dans cette voie, sous prétexte d'un labeur physique trop éprouvant. Durant le carême, les moines dînaient d'une simple purée de pommes de terre et de légumes, tandis que l'assiette des cuisiniers comportait une grosse tranche de jambon sous la purée. Ils la dévoraient discrètement en tête à tête dans la cuisine.

Ensuite Armand tomba entre les mains du prieur, qui s'était imposé comme confesseur et qui n'ignorait plus rien des moindres manquements de son novice. Il n'était donc pas possible de les dissimuler lors de la coulpe publique, où ils étaient sanctionnés par des punitions impitoyables.

Armand avait pris la décision de quitter le monastère à la suite de l'élection du nouvel abbé, acquise par l'intervention directe du supérieur général de l'ordre, venu expressément de Rome avec des ordres. En un mot comme en cent, il ne restait de la règle de Benoît que ce qu'il fallait pour asservir les uns au pouvoir des autres.

Le nouvel abbé remarqua l'attachement qu'éprouvait Armand pour les ruches qui fournissaient un miel vendu par l'abbaye. Il lui en fit le reproche : un moine n'avait pas à nourrir de passion terrestre, même apicole. Armand se cramponna à ses ruches car il s'y trouvait isolé. Il pouvait songer à Renée, relire pour la dixième fois sa lettre mensuelle et, péché mignon, tremper le doigt dans le miel destiné en principe à la seule vente. Faute d'autre péché à confesser, il avoua cette peccadille au nouvel abbé. Celui-ci n'hésita pas un instant et nettoya les ruches avec une bonbonne d'insecticide en obligeant Armand à contempler le massacre à travers les larmes qui embuaient son regard. Armand annonça sa démission à travers des sanglots, puis il se tut obstinément jusqu'à ce qu'il ait retrouvé Renée.

Renée et Emmanuel firent plusieurs fois l'aller-retour entre la cabine téléphonique et la porte du monastère, tant ce dernier tenait à obtenir des renseignements précis et circonstanciés. Sa connaissance personnelle de la Curie lui avait fait découvrir des turpitudes analogues, mais il avait cru, dans sa naïveté, qu'elles étaient le seul fait de son entourage romain. Il s'était bercé de cette illusion courante selon laquelle la vertu est universelle et le vice particulier.

En quittant Renée, Emmanuel lui promit de dire la messe le lendemain matin, mais il eut en même temps l'intuition qu'il n'y parviendrait pas. Quand il arriva enfin à sa cellule, qui faisait bien deux mètres sur trois, il trouva Jean assis dans la sienne, qui était voisine, porte ouverte, avec son plus beau rictus ironique.

« Vise cette piaule, seul refuge d'une nonnette qui passe toute sa vie enfermée dans le couvent. Un lit, une table, une chaise, une planche avec trois crochets comme penderie. Des murs blanc pisseux, jamais repeints depuis la construction de la baraque. Des dalles de ciment pour le sol. Il y a pas de différence avec un mitard de taule. Sauf qu'il n'y a pas de clé pour la serrure de la porte. T'es pas enfermé mais tu peux pas t'enfermer non plus, t'es prisonnier des autres. En somme, un prisonnier est un religieux qui n'a pas la vocation. Ou bien un moine est un taulard qui a pas réussi à se faire admettre au gnouf. C'est un monde ! Se boucler soi-même en cabane pour faire plaisir à Dieu, cela signifie que Dieu aurait une mentalité de maton. Ou je me trompe ? »

Emmanuel fit signe qu'il n'avait pas l'énergie nécessaire pour entamer une controverse. Il s'effondra sur la couche étroite, au mince matelas, agencée pour endolorir le dos. Il eut de la peine à s'endormir. Jean ronflait avec une bonne conscience absolue. La mince paroi de plâtre, qui les séparait, semblait amplifier les bruits plus que de les atténuer, comme si le couvent avait été aménagé dès sa construction pour combiner l'inconfort individuel et la gêne collective. Tout tracas était bienvenu car il permettait d'exercer l'esprit de pénitence, l'humilité et la négation de la personnalité. Emmanuel songea que certaines sœurs avaient dû subir ce supplice pendant des années, sans oser demander à être déplacées.

De toute façon, Emmanuel eût été bien en peine de s'endormir, tant les pensées se pressaient et se bousculaient.

Tantôt il se représentait la panique de Tarcisio Bertini après sa disparition et la consternation provoquée par la lettre qu'il avait laissée. Bertini n'avait rien imaginé de mieux que d'utiliser la stratégie du sosie afin de gagner quelques jours en se persuadant qu'Emmanuel rentrerait de lui-même ou qu'il serait possible de suivre sa trace et de le ramener à la raison.

Tantôt au contraire, il voyait Tarcisio Bertini, qui avait tout prévu, mettant en route un plan machiavélique, alertant ses alliés de la Maffia, laissant à cet étrange bras séculier la tâche cruelle de se débarrasser d'Emmanuel.

Entre ces deux extrêmes, tous les scénarios intermédiaires étaient imaginables. Mais les variantes ne représentaient que des détails par rapport à la réalité crue qu'il découvrait ce soir : l'Église catholique, qu'il avait épousée, gisait sur le sol, perdant son sang, se mourant d'empoisonnement. Les mensonges accumulés en couches géologiques depuis des siècles pesaient comme un éteignoir sur le feu qu'elle était censée répandre. Lui, Emmanuel, il n'avait rien trouvé de mieux que de s'enfuir au premier danger. Et il ne trouvait pas en lui la force de revenir où l'attendait son destin.

Il s'était endormi, car cette image était devenue vivante. Il se voyait lui-même comme un témoin horrifié et impuissant de cette agonie, dont il se sentait responsable, non pas à cause de ce qu'il faisait maintenant mais à cause de tout ce qu'il n'avait pas fait auparavant. L'Église prenait les traits de Colombe. Le cauchemar s'interrompit lorsqu'une main rude l'empoigna et le secoua sans ménagement.

Il replongea dans la réalité. Jean le secouait. La lampe de sa chambre n'était pas allumée. La seule lumière provenait d'un cierge posé sur un chandelier tout à fait liturgique, que Jean avait sans doute récupéré à la chapelle.

« Tu te bâches sans ramdam et on se débine illico. Il y a deux gus dans une tire qui planquent devant la porte de notre casbah. C'est pas une blague, il y a pas de quoi se marrer. Ils sont ici pour te couper le sifflet. »

Il regarda Emmanuel avec une compassion amusée et commenta :

« Un coup de fil, c'est si facile. À retapisser. Tu appelles Théo, qui est sur écoute. On repère l'origine de ton appel, on prévient deux flingueurs locaux qui vont d'abord à la cabine, puis qui se renseignent pour savoir où un cureton pourrait bien se planquer. Au couvent, leur dit-on. C'est simple comme bonjour. Élégant et de bon goût ! Allez dépêche, fleur de nave ! »

Emmanuel récupéra rapidement ses esprits. Malgré sa fatigue, il fut instantanément en alerte. Il enfila ses vêtements et, pieds nus, suivit Jean qui tenait son chandelier comme l'enfant de chœur émérite qu'il avait été. Par une fenêtre de la loge, il repérèrent une BMW blanche, arrêtée à vingt mètres du couvent. De temps en temps, une cigarette était allumée et la lumière du briquet éclairait deux visages.

« Barbouzes ou chourineurs, va savoir ! En tout cas, moi je me tire et je te conseille de me coller au train. Fissa avant qu'ils montent à l'assaut. »

Renée les rejoignit. C'est elle qui avait alerté Jean. Elle les conduisit au bout du jardin, clos par un mur de trois mètres de haut contre lequel elle appuya une échelle. Un quartier de lune éclairait gentiment la scène. Jean Batsi escalada le premier l'échelle et étouffa un juron en arrivant au sommet.

« Les fumiers ! Il y a plein de tessons de bouteilles. »

« Il n'y a pas une porte quelque part ? » demanda Emmanuel.

« Si, répondit Renée, mais seule la supérieure avait la clé. C'est un privilège des supérieurs de tous les couvents du monde. Il faut qu'ils puissent aller et venir sans être contrôlés par le portier ou la portière. La supérieure est partie avec la clé. Mais j'ai prévu les tessons de bouteilles. »

Elle tendit à Batsi deux gros sacs de jute.

Avant de mettre le pied sur l'échelon, Emmanuel tint à remercier Renée. Il lui serra longuement la main entre les siennes, elle murmura des mots confus d'encouragement, elle demanda à Emmanuel de continuer, de ne pas revenir en arrière, de prendre garde à lui, de faire confiance à Jean Batsi, « cet homme d'expérience ». Elle promit de prier et c'était plus qu'une formule de politesse. Emmanuel lui fit simplement la bise, une paire de baisers sonores et ne parvint rien à dire : il avait la gorge nouée.

Tiré par Jean, il passa le mur sans encombre et se retrouva sur une petite route de campagne, tout à fait silencieuse, bien éclairée par la lune à laquelle ses yeux s'étaient accommodés. Il suivit Jean sans lui demander où ils allaient.

*

À six heures du matin, ils déboulèrent à Nice sur le cours Saleya où les premières camionnettes débarquaient les fleurs pour le marché. Une brasserie était déjà ouverte et les fleuristes prenaient le café.

Emmanuel avait réussi à s'abreuver aux multiples

fontaines des villages traversés mais il avait faim. Tout en avouant qu'il était altéré, Jean avait dédaigné les fontaines en arguant « qu'il n'allait pas gâcher une aussi belle soif avec de l'eau ». Il passait la langue sur ses lèvres sèches.

Les deux fugitifs n'avaient pas d'argent. Pas du tout, même pas de quoi se payer du pain. Comme il y avait deux églises sur le cours, Emmanuel songea un instant à tenter sa chance auprès des desservants. Mais il se rendit compte qu'il ne serait pas crédible et que les prêtres appelleraient la police en croyant avoir affaire à un imposteur. Le pape était à Rome pour tout le monde puisque la télévision omnisciente l'avait précisé et montré la veille. Un vagabond sur le pavé niçois prétendant être le véritable Jean XXIV serait tenu pour fou ou pire encore.

Il souffrait horriblement des pieds. Ils n'avaient marché qu'une quinzaine de kilomètres depuis Castagniers mais Emmanuel n'avait aucune résistance physique. Il était affamé au point d'appréhender l'évanouissement, qui aurait attiré l'attention sur lui.

Le jour se levait tout doucement. On entendait vaguement le ressac de la mer au loin. Il soufflait un bon vent du nord qui chassait toute brume. Jean s'assit sur les marches de la chapelle de la Miséricorde et proclama :

« La vie est bonne. »

Emmanuel eut un faible sourire en s'asseyant à côté de son compagnon de misère :

« Pour l'instant, je la trouve plutôt saumâtre. Pourquoi répètes-tu aux pires moments que la vie est bonne ? C'est un peu facile, non ? »

Jean se mit à parler d'abondance, d'une voix qu'Emmanuel ne reconnut pas, comme si l'effet de l'alcool et de la cigarette s'était effacé, une voix jeune et claire. Il récita le texte comme un poème qu'il aurait composé pour son usage et qu'il s'était récité tous les soirs en s'endormant :

« La vie est bonne, parce qu'elle est une histoire écrite par le doigt de Dieu, notre histoire à chacun de nous, toujours différente de celle des autres. Seul un écrivain divin peut imaginer plusieurs milliards de vies, sans que deux d'entre elles soient interchangeables, sans qu'une d'entre elles soit dénuée de sens.

« Nous envions toujours la vie du voisin et il envie la nôtre, alors que la vie est pareille à une partie de cartes : le but n'est pas de regretter en vain les cartes que nous avons en main et de croire que nous jouerions mieux avec celles des autres. La vie consiste à jouer le mieux possible avec les cartes dont nous disposons. Car le but n'est pas de gagner puisque, à la fin de la partie, nous perdons de toute façon. Le plus important est de participer et d'apprendre en jouant.

« De même la vie ressemble à un solo de violon que nous sommes obligés de jouer en public alors que nous n'avons jamais étudié l'instrument et qu'il faut en faire l'apprentissage tout en jouant. Ou encore apprendre à dessiner sans posséder de gomme et conserver sur une seule feuille toutes les maladresses du début : une vie est un tableau fait de retouches superposées. Ou encore un oignon dont nous enlevons une couche à la fois, en pleurant de plus en plus mais en comprenant enfin que la nature de l'oignon est de faire pleurer et qu'il n'y peut rien.

« À un moment donné, la vie peut paraître totalement absurde mais, si nous regardons en arrière, nous commençons à distinguer que notre organisme poursuit obstinément un but et qu'il va dans une certaine direction. Chaque vie a son mystère, qui est ignoré de tous, sauf de l'acteur principal. À un moment donné, il découvre celui qu'il est. À cet instant, celui-là, qui est perdu dans le labyrinthe, comprend le plan et se dirige vers la sortie. »

Emmanuel regarda son cousin en souriant :

« Je ne te savais pas ce talent, tu aurais dû écrire des livres plutôt que de les imprimer. »

« Quand tu composes une épreuve d'imprimerie, toutes les phrases se gravent dans ta tête. Je suis un véritable dictionnaire de citations. Celles que j'ai enfilées plus haut sont les plus belles. Mais sur le chapitre de la vie, la plupart des textes sont sinistres. "La vie n'est que fureur, jalousie, trouble et agitation, crainte de la mort, ressentiment et discorde." Sans doute la pire de toutes les définitions. »

« Shakespeare ? » proposa Emmanuel

« Non, monsieur ! »

« Un philosophe ou un écrivain de l'absurde, Sartre, Kafka, Beckett ? »

« Non, monsieur ! »

« Je donne ma langue au chat », avoua Emmanuel en souriant.

« La Bible ! Le Siracide, chapitre 40, verset 3. L'œuvre d'un curé de l'époque qui s'acharnait à dégoûter ses contemporains de vivre. La Bible, je te dis pas, on y trouve à boire et à manger. Il serait temps de la récrire. On a fait mieux depuis ! »

« Mais pour toi, la vie n'a pas été bonne. »

« Si ! Justement ! Si, malgré tout, elle est bonne pour moi, elle devrait donc l'être pour tout le monde. Ce sont souvent les malades, les invalides, les crevards, les trimardeurs, les putes qui sont les plus heureux de vivre. Il faut réellement faire de grands efforts pour dégoûter les autres de vivre. Les faire trimer comme des malades à des boulots de cons, leur filer de la bouffe de cantine, les faire crécher dans des clapiers

HLM ou leur interdire de baiser sous peine de damnation éternelle. Et surtout leur expliquer que plus ils dérouillent dans cette existence de merde, plus ils acquièrent de mérites au moment de claboter. C'est pas ça, ton boniment ? »

Emmanuel ne répondit pas, car un personnage singulier escaladait les marches de la chapelle sur lesquelles ils étaient assis. Plutôt petit, tout en rondeurs, portant une barbe carrée, vêtu d'un pantalon de toile bleue et d'une veste blanche, boutonnée au col comme en portent les travailleurs de l'alimentation.

Par un réflexe mécanique, Jean tendit la main et il fut récompensé par une pièce d'un euro. Le personnage sortit ensuite un trousseau de clés d'une poche de son pantalon, il ouvrit le portail de la chapelle et disparut dans le bâtiment en laissant la porte grande ouverte. Quelques instants plus tard, une cloche se mit à sonner.

Par réflexe, Emmanuel se leva et Jean le suivit. L'église était surnaturellement belle, dans le style baroque délirant. Tout y était entretenu et tous les détails étaient soignés. Emmanuel sortit du monde qu'il venait de découvrir et il rentra dans celui qu'il connaissait depuis toujours.

*

La messe, qui fut dite par le personnage tout en rondeurs, dura à peine une demi-heure, tant le célébrant était vif, avec un accent italien rocailleux. Il évoquait Antonio Vivaldi, *il prete rosso*, interrompant sa messe pour noter une idée musicale à la sacristie et revenant dans une agitation extrême pour aller jusqu'au bout de la liturgie. L'homélie se résuma à trois phrases de commentaire sur l'évangile du jour, le miracle de la multiplication des pains. Le célébrant réussit en peu de mots à dire que, dans la vie de tous les jours, il ne fallait pas trop compter sur les miracles mais plutôt retrousser ses manches et besogner. Le message fut reçu haut et clair par la dizaine de personnes suivant la messe, des hommes et des femmes qui se préparaient à une journée de travail à en juger par leurs tenues. Il y avait aussi un groupe de jeunes qui étaient arrivés à la dernière minute et qui détonnaient dans un lieu où il est plus fréquent de rencontrer des vieux.

Juste avant la communion, Jean se pencha vers l'oreille d'Emmanuel et il lui murmura :

« Est-ce que tu m'as vraiment refilé une absolution l'autre jour lorsque tu m'as dit de pioncer et de pas m'en faire ? »

Son haleine était toujours aussi pourrie. Il faudrait faire soigner ses dents, songea Emmanuel. Il se força à sourire et souffla à son tour :

« Je t'ai dit d'aller en paix. Je te le répète maintenant. »

Jean suivit donc docilement Emmanuel au moment de la communion. Pour la première fois, Emmanuel avait détaché la chaîne qui liait la mallette à son poignet gauche et enchaîné l'objet à sa chaise. Il médita ensuite quelques instants, les yeux fermés, la mallette sur les genoux.

La messe dite – ou plutôt expédiée comme une charge de cavalerie –, les deux hommes sortirent sur le cours Saleya. Avec une concupiscence rentrée, Emmanuel songeait qu'avec un euro il serait possible d'acheter un peu de pain. Cependant un mendiant attendait à la sortie, très vieux et très maigre. Apparemment il connaissait Jean car ils échangèrent quelques mots dans un jargon incompréhensible. Sous les yeux consternés d'Emmanuel, la pièce d'argent changea de main. Son estomac ne fit qu'un tour et il se laissa aller à un reproche lorsque Jean le rejoignit :

« J'ai vraiment faim. Ce n'était pas superflu d'acheter du pain. »

« C'est un vioque. Il a la tremblote, il est raide. Il a plus besoin de pain que nous. Il risquait de crever si je lui filais pas la pièce. Nous avons d'autres trucs à disposition. »

« Par exemple ? »

« Tu vas voir. Mais sois prêt à cavaler ! »

Jean traversa le cours en diagonale. En face de la chapelle de la Miséricorde, les restaurants s'alignaient comme à la parade. L'endroit était idéal pour piéger les touristes quittant les plages de la baie des Anges et cherchant la fraîcheur du vieux Nice. La pizza surgelée passée aux micro-ondes le disputait aux raviolis de boîte, le hamburger au ketchup pointait déjà sa croûte standard à une extrémité de la place, la soupe de poisson en conserve ornée de quelques rougets étiques se vendait une fortune sous le nom de bouillabaisse. Tout n'était que frime, feinte et fausseté.

Jean passa les restaurants en revue en déambulant nonchalamment d'un menu au suivant. Emmanuel, perplexe, suivait à une encablure. Des paniers remplis de baguettes de pain étaient déposés par une camionnette de boulanger. Soudain Jean se mit à marcher légèrement plus vite, une baguette bien calée sous son bras. Emmanuel, par l'odeur alléché, le suivit, toujours un pas en arrière. Jean cassa un croûton et commença à le mâcher. Emmanuel s'efforça de prélever à son tour l'autre extrémité du pain. Chaque seconde de faim lui paraissait une éternité et il n'avait plus qu'une idée en tête : manger.

Il en fut empêché par une vive douleur à l'oreille droite, pincée sans ménagement par deux gros doigts.

Il se retourna et reconnut le petit homme rond qui leur avait donné une pièce d'un euro et qui avait dit la messe. Jean s'arrêta et se tourna vers le bonhomme avec un air contrit :

« Nous pétons la faim. Désolé. »

« Je vous ai donné de quoi acheter plutôt que voler. *Ladrone !* »

« J'ai donné la pièce au vioque à la sortie. Il en avait besoin, il est même plus capable de chouraver. »

Emmanuel aurait bien aimé que son oreille soit libérée, mais la pression des doigts se fit plus forte. Il se sentit traîné vers l'entrée du restaurant, où Jean avait volé une baguette.

Deux jeunes garçons étaient occupés à balayer le sol de la terrasse et de la salle. Ils prêtèrent à peine attention au trio pittoresque qui se dirigea vers la cuisine, Emmanuel de plus en plus courbé vers le sol au fur et à mesure que le bras de son tourmenteur se fatiguait et baissait.

Il se retrouva enfin assis à une table dans la cuisine. Le petit homme se présenta, en désignant un morceau de bois d'olivier, accroché au mur et portant l'inscription :

Convento S. Francesco
Mondo X
Benvenuti Fratelli

« Je suis le Padre Egidio. »

Il dit cela avec cette jactance bon enfant de l'Italien comblé d'être ce qu'il est, sans aucune nostalgie de ce qu'il aurait pu être. Emmanuel se frotta l'oreille pour ramener la circulation. Il ne dit rien en regardant Egidio droit dans les yeux. Celui-ci soutint le regard un long instant, puis parla :

« Excusez-moi, Saint-Père. Je ne pouvais pas savoir que c'était vous. Nous ne nous sommes pourtant jamais rencontrés lors d'une audience. Mais vous avouerez que l'on ne s'attend pas à vous retrouver en train de voler du pain à Nice. Excusez pour l'oreille. »

Manifestement le Padre Egidio ne regardait pas la télévision. Emmanuel cessa de frotter son oreille qui brûlait et qui n'avait plus rien à gagner d'un massage sinon de devenir plus rouge encore qu'elle ne l'était.

« Il n'y a pas de quoi. Cela ferait un beau tableau, le pape épinglé par un moine franciscain. »

« Si notre père François avait saisi le pape Innocent III par l'oreille, celui-ci n'aurait pas soutenu la doctrine selon laquelle le Seigneur avait non seulement donné à Pierre le gouvernement de l'Église mais aussi de tous les royaumes de la Terre. Il faut plusieurs siècles pour se remettre de telles erreurs. Merci de vous y être attelé. Pour l'instant vous ressemblez davantage à François qu'à Innocent. Vous êtes chez vous ici. »

Emmanuel répliqua avec un certain agacement, car son oreille lui faisait toujours aussi mal :

« J'ai beaucoup entendu parler de vous. Pas toujours en bien. »

Egidio se frotta les mains comme seuls les ecclésiastiques peuvent le faire.

« Mes confrères pensent autant de mal de vous que de moi. Nous sommes à égalité. Mais cela n'explique pas pourquoi vous êtes aujourd'hui à Nice, en train de piquer le pain de mon restaurant alors qu'hier à midi encore vous donniez la bénédiction *urbi et orbi* à Saint-Pierre de Romc. Il faut que vous soyez deux papes à vous partager la besogne. »

« C'est à peu près ça. Moi aussi, j'ai vu mon substitut hier soir à la télévision. Nous étions à Saint-Blaise »

Le Padre Egidio changea de couleur, retourna dans la salle du restaurant et revint avec un exemplaire de

Nice-Matin dont la première page était barrée par le titre :

« Assassinat crapuleux de deux religieux à Saint-Blaise ».

Emmanuel dévora la prose sommaire et incorrecte du quotidien, dont la lecture était manifestement destinée à des illettrés. Renée et Armand avaient été égorgés au milieu de la nuit. La police suspectait les deux rôdeurs qui avaient été accueillis la veille au couvent et qui avaient disparu dans la nuit. Le vol était sans doute le mobile du crime car il ne restait plus aucun argent dans le monastère. Deux portraits-robots avaient été esquissés sur les indications des voisins. Un portrait-robot est pire qu'une caricature, l'homme y est déjà dessiné comme un gibier de potence, pensa Emmanuel en tendant le journal à Jean, avec un goût amer dans la bouche, cette giclée de bile qui annonce une nausée. Il se sentait entièrement responsable de la mort de Renée et d'Armand.

« C'est ma faute. Si j'étais resté là, c'est moi qu'ils auraient tué. »

« Tu serais mort avec les autres, y compris mézig. Ils laissent pas de témoins derrière eux, interrompit Jean, ce sont des buteurs professionnels. Mais en fin de compte, c'est ta peau qu'ils veulent. On est dans de beaux draps. La flicaille et les truands sur le dos à la fois, cela fait un peu beaucoup pour ma pomme. Décidément tu es un porte-guigne. C'est comme si tu avais contre toi le diable et le bon Dieu. Il faut le faire ! Si on sort d'ici, on se fait soit épingler, soit trucider dans l'heure qui suit. »

Le Padre Egidio contemplait la scène avec de petits yeux fureteurs qui allaient de l'un à l'autre.

« Je suis malin, mais j'ai tout de même un peu de

peine à comprendre. Ou bien vous me racontez tout ou bien je vous tire les oreilles à tous les deux. »

Il versa trois bols de café et rompit en trois la baguette qui constituait l'objet du délit. Il sortit un pot de confiture d'oranges amères et un grand morceau de vieux Cantal. Les deux vagabonds se ruèrent sur la nourriture. Emmanuel réalisa qu'il était pratiquement à jeun depuis vingt-quatre heures, à part la tranche de pain trempée dans le lait que lui avait donnée Renée.

Attendri par cette saine voracité, Egidio se leva, cassa un nombre indéfini d'œufs dans un bol, fouetta avec vigueur et versa le liquide doré dans une poêle où il avait fait fondre un généreux morceau de beurre. Il partagea scrupuleusement le résultat en trois et ils mangèrent en silence.

Réconforté jusqu'au trognon de l'âme, Emmanuel commença son récit, celui qu'il avait déjà raconté à Théo et Colombe, à Jean, à Renée en y ajoutant comme dernier chapitre les événements de la nuit.

Le Padre Egidio parut prodigieusement intéressé, sans mettre une seule fois en doute les paroles d'Emmanuel. Il devait être au courant des intrigues vaticanes, car il apprécia certains détails avec le claquement de langue du connaisseur. Il prit la parole brièvement pour confirmer l'analyse de Jean et pour proposer l'asile aux deux cousins, pourvu qu'ils promettent de ne pas sortir de l'enceinte du restaurant-couvent. Ils pourraient loger dans une mansarde du dernier étage. « Et puis, ajouta Egidio, il faudra travailler, car ici tout le monde gagne sa vie. Sinon vous deviendriez suspects aux autres membres de la maison. »

Il devait être près de neuf heures. Des membres du personnel commencèrent à arriver et à s'affairer pour la mise en place des produits. L'un épluchait et émincait les oignons et les échalotes, un autre écaillait et vidait des poissons, un troisième préparait la sauce pour l'aïoli, un quatrième nettoyait les salades, un autre épluchait, parait et tournait les légumes. Le dernier arrivé fut le chef, qui portait le délicat patronyme d'Ange Patou et qui cultivait, avec des minuties de jardinier de bonzaï, une mince moustache de séducteur dans un visage olivâtre.

Quand ils furent tous là, le Padre Egidio présenta les nouveaux venus comme étant deux plongeurs qu'il avait recrutés ce matin, afin de remplacer les deux clandestins kurdes que la police avait arrêtés la veille au soir. Il annonça simplement les prénoms : Emmanuel et Jean se firent tout de suite tutoyer. Ils furent affublés de grands tabliers de grosse toile bleue et placés devant leur responsabilité du moment : nettoyer une série de grils auxquels collaient avec ténacité les résidus de poissons grillés la veille. Il ne faut pas un long apprentissage pour apprendre à gratter. Emmanuel racla donc tenacement durant deux bonnes heures, avec un résultat mitigé qui lui attira les foudres d'Ange Patou. Jean, flegmatique, travaillait à ses côtés, comme s'il n'avait jamais rien fait d'autre de toute sa vie.

À onze heures, un des apprentis annonça que le déjeuner du personnel était prêt. Le Padre Egidio s'installa à la tête d'une longue table au fond de la salle du restaurant : les cuisiniers et les serveurs s'assirent à des places qui semblaient fixées par l'ancienneté. Emmanuel et Jean se trouvèrent donc en bout de table. Le padre bénit la table, le cuisinier et les convives.

Au menu, il y avait de petites tartines grillées, parsemées d'origan et nappées d'huile d'olive, puis des feuilles de sauge frites, une mousse de haricots verts au coulis de champignons des bois, des raviolis farcis de tomate fraîche, de citrouille et d'anchois. En dessert une pêche au caramel. Avec le café, un macaron à la crème café, chocolat et amarello.

En bout de table, Emmanuel sentit des larmes couler sur ses joues sales. Il murmura à mi-voix pour que Jean ne l'entende pas :

« La vie est bonne. »

*

À une heure de l'après-midi, il eut l'occasion de nuancer cette appréciation. Le travail de la plonge devenait infernal. Les serveurs déposaient sur un comptoir des piles d'assiettes et de couverts sales. Il fallait vider les déchets dans une poubelle d'où montaient des remugles mélangés de viande et de poisson, déclenchant des envies de vomir dans l'atmosphère surchauffée et humide de la cuisine.

Emmanuel était fasciné par la marque des dents sur les os rongés, les résidus de rouge à lèvres sur les tasses à café et les verres, la chair de poisson mâchonnée et rangée sur le bord de l'assiette à cause d'une arête sournoise, les noyaux d'olives grignotés, la mie de pain roulée en boules, les cure-dents, en un mot tout ce qui fait, de la cuisine comme de la dentisterie, une incursion dans la cavité buccale.

Il fallait ensuite rincer la vaisselle sous un grand jet d'eau tiède issu d'une pomme placée au bout d'un flexible, la ranger dans un panier métallique, faire glisser celui-ci dans la machine, le ressortir de l'autre côté au bout de cinq minutes, décharger la vaisselle et l'empiler sur une desserte. Dès qu'il jouissait d'un moment de répit dans son propre travail, Emmanuel était réquisitionné pour diverses corvées, qui consistaient à déplacer des marchandises d'un endroit à un autre pour aider un cuisinier surchargé. Comme l'organisation de la cuisine lui était étrangère, il ne parvenait pas à remplir sa tâche, faute de savoir ce qu'était la salamandre, qui n'était manifestement pas un animal. Ou encore le piano, qui n'était pas davantage un instrument de musique. Où se trouvaient la chambre froide, l'étuve, le bain-marie, la sorbetière ?

Dans son dos, Emmanuel entendait la litanie des ordres aboyés par Ange Patou :

« J'annonce une pintade, deux dorades et un aïoli. Et trois petits farcis. J'annonce deux soupes de poisson et un gazpacho. Et une tagliatelle petto et trois spaghettis pesto.... »

La dizaine de marmitons répondaient par des chœurs de « Oui » enthousiastes. En jetant un coup d'œil par-dessus son épaule, Emmanuel aperçut une agitation semblable à celle d'un sous-marin attaqué en plongée par un torpilleur ennemi. À ses côtés, Jean travaillait à un second poste de plonge où il faisait merveille.

De temps à autre, Ange Patou décochait un commentaire en corse à l'adresse d'Emmanuel qui n'atteignait manifestement pas le minimum de dextérité indispensable. Loin de le stimuler, les remontrances l'embrouillèrent au point où il laissa échapper une pile d'assiettes qui se fracassa sur le sol. Un instant, tout s'arrêta, des regards de curiosité, de moquerie ou de pitié convergèrent vers le coupable, qui aurait de loin préféré se trouver dans une salle capitulaire de couvent cistercien en train de battre sa coulpe que de subir cette sourde exaspération des travailleurs arrêtés dans leur élan.

À quatre pattes, Emmanuel commença à ramasser les débris de son forfait. Egidio, qui passait d'un poste à l'autre pour soulager les membres les plus débordés de l'équipe, vint à la place d'Emmanuel pour assurer la continuité du poste de plonge. Quand Emmanuel se releva et reprit son travail, Egidio lui murmura à l'oreille :

« Allez vous reposer dans votre chambre, Très Saint-Père. Je vous remplace. Ce soir, je vous trouverai un autre ouvrage. L'esprit est prompt, mais la chair est faible. Même Dieu s'est reposé le septième jour. Que serait l'œuvre du Créateur si elle était d'un seul jour ? »

7

La formule du Padre Egidio reposait sur le bon sens le plus épais, trop souvent ignoré par certains créateurs d'ordre religieux : la vie spirituelle ne peut être séparée de la vie matérielle. La première oriente la seconde, qui soutient la première. Il faut être bien dans sa peau pour être bien dans sa tête. *Mens sana in corpore sano.* L'âme n'existe pas sans le corps, qui mérite tous les égards. Cinq siècles plus tôt, Martin Luther avait découvert cette vérité première, mais il l'avait soutenue avec une déplorable grossièreté teutonne, en prônant la bière et les saucisses et en se glorifiant de ses trop ostensibles flatulences.

En plein cœur de Nice dans un quartier affligé par la prostitution, la drogue, le jeu, les règlements de comptes entre voyous, le racket, la corruption des édiles communaux, l'inesthétique des immeubles d'appartements pour retraités, la vulgarité des établissements destinés aux touristes, Egidio entretenait une oasis d'ordre et de beauté.

En pénétrant dans la salle du restaurant Saint-François, on plongeait dans un monde de perfection. Le sol pavé de grandes dalles de pierre naturelle, le mobilier taillé dans du bois massif, les bouquets de fleurs fraîches, les fresques sur les murs rappelant ceux de chapelles perdues de l'Ombrie, tout était beau. De longues nappes de lin écru supportaient vaisselle, argenterie et cristaux sur les tables en bois de noyer amoureusement enduites de cire d'abeille.

Tout cela avait été réalisé par des jeunes que le Padre Egidio avait ramassés dans le ruisseau entre Nice et Cannes, drogués, revendeurs de came, prostitués, petits délinquants. La drogue avilissait le drogué, dans son corps et dans son esprit, mais aussi dans sa perception du monde, qui lui paraissait laid et absurde. Faute de vivre au contact de la beauté, le drogué ne se respecte plus. Pour le guérir, il faut lui montrer qu'il est capable de créer la beauté avec ses mains, avec son goût, avec sa sensibilité, en jouant avec la matière. Un drogué est souvent un artiste raté, qui ne parvient pas à exprimer ce qu'il ressent car l'art contemporain exprime le non-sens du pouvoir économique. À rabâcher ce lieu commun, beaucoup de créateurs en viennent à douter de leur propre existence.

À l'époque où il était à la recherche de sa vocation, le Padre Egidio avait rendu visite à un religieux français, auteur d'un ouvrage dans lequel il proclamait que la beauté sauverait le monde. Néanmoins, il habitait un couvent parisien aux murs défraîchis, aux plafonds écaillés, dont le mobilier semblait sortir d'une brocante spécialisée dans le meuble petit-bourgeois : tout respirait la négligence d'une communauté de célibataires, qui ne parviennent jamais à créer un véritable foyer. La nourriture de la cantine était abondante mais insipide et monotone. La chambre-bureau de l'esthète, trop petite, était envahie par une marée de papier, digne du tohu-bohu primordial qu'évoque la Genèse avant que Dieu y remédiât par la création du monde. Malgré les efforts visibles du religieux, les piles de livres, de revues et de classeurs s'élevaient jusqu'à des hauteurs où elles finissaient par s'effondrer. Le théologien avait longuement cherché dans beaucoup de papiers ce qu'il aurait pu trouver tout de suite en observant un brin d'herbe ou une fourmi. Malheureux au jour le jour, il s'évadait de la réalité quotidienne dans un univers verbeux, où la beauté se ratatinait en un concept, aussi abstrait que la liberté ou l'égalité.

De son côté, Egidio provenait d'une famille paysanne, où l'on ne se payait pas de mots. Après une dure journée aux champs, il fallait qu'une table bien garnie compense et restaure les forces épuisées. Les coups de collier au travail auraient été insupportables s'il n'y avait eu des compensations, des festins, des bacchanales, des étreintes, qui réjouissaient l'esprit en détendant le corps.

Devenu franciscain, Egidio entreprit de promouvoir des refuges pour jeunes paumés, qui soient à l'opposé des prisons, des couvents ou des casernes. Rien n'était assez beau. Dans des bouges immondes, il récupérait des êtres, devenus plus proches de la bête que de l'homme, qui se prostituaient, qui volaient, qui tuaient même pour assurer leur dose quotidienne de poison. Il appliqua ce qu'il avait appris dans sa famille plutôt que la règle de son ordre, conçue en d'autres temps pour d'autres besoins.

Dans des fermes restaurées, les jeunes apprirent à cultiver du blé de première qualité pour produire un pain qui soit authentique, à produire des olives transformées en plusieurs crus d'huile, à faire croître des légumes, des fruits et des herbes potagères, à élever des vaches, des volailles, des lapins, des cochons. D'autres jeunes travaillaient à la cuisine ou au service dans des restaurants, dont l'ambition était de se placer parmi les meilleurs d'Italie. Egidio reçut l'appui et les leçons de Gualtiero Marchesi, le premier chef d'Italie.

Les jeunes étaient payés selon les règles du métier et pouvaient quitter les établissements au moment où ils le souhaitaient en emportant le pécule qu'ils s'étaient constitué par leur travail. Déjà certains prospéraient dans l'agriculture biologique ou la restauration. Après avoir construit un réseau de fermes et de restaurants en Italie, Egidio venait de prendre lui-même en main son premier établissement en France, en s'adjoignant le chef local, Ange Patou, au visage olivâtre barré par une fine moustache de séducteur corse.

Durant l'intervalle entre le déjeuner et le dîner de ce premier jour, Egidio s'expliqua longuement avec Emmanuel, qui n'avait jamais découvert l'ordre franciscain sous cet aspect esthétique et gastronomique. Il en était toujours resté au contraste entre François d'Assise, nu ou vêtu d'un sac, ne possédant strictement rien, mendiant sa subsistance quotidienne et le pape Innocent III, souverain temporel couvert d'or, chef de guerre lançant des croisades contre les musulmans et les cathares. Pour l'instant, Emmanuel subissait la situation inverse : lui, le pape, ne possédait plus rien, même pas son identité, comme s'il avait été dépossédé de sa propre existence, tandis que le franciscain se présentait comme un chef d'entreprise constructif, créatif, rayonnant, réussissant tout ce qu'il touchait, sauvant de la déchéance des jeunes, procurant un plaisir rare à ses clients.

Il y a plusieurs voies vers le royaume des cieux. Celle empruntée jadis par François d'Assise subsistait, elle avait permis à Emmanuel de faire ses premiers pas en dehors de Rome, mais ce n'était plus celle qu'il devait poursuivre. Il avait fait l'apprentissage instantané de la pauvreté, de l'absence de domicile, de la privation de papiers, du froid et de la faim. Il fallait maintenant qu'il élabore une stratégie réaliste pour contrer l'usurpation de personnalité, à laquelle Tarcisio Bertini avait recouru. Emmanuel sentit la nécessité de s'appuyer sur Théo et Colombe. Seul et maladroit, il ne pouvait que provoquer des drames dont l'assassinat d'Andrée et d'Armand donnait un avant-goût amer. Il fallait se battre avec le diable en personne, à mains nues, dos au mur, sans même pouvoir se réclamer de la légitimité du souverain pontife. Emmanuel n'était plus rien qu'un délinquant crapuleux, muni des faux papiers d'un multirécidiviste, escorté par un authentique vagabond, méritant la réclusion à perpétuité pour un double crime de sang.

*

Le Padre Egidio trouva un moyen élaboré mais sûr de contacter Théo en évitant de dévoiler la cachette d'Emmanuel. Il appela une connaissance de Théo et d'Emmanuel, en demandant que celle-ci avertisse Théo et que celui-ci utilise le poste de ses voisins. Théo averti, apprécia le stratagème et le perfectionna, car il se méfiait de tout et surtout de lui-même. Il connaissait l'existence de logiciels passant au crible tous les entretiens téléphoniques du monde et retenant les conversations comportant certains mots-clés. Même en appelant à partir de postes qui n'étaient pas sur écoute systématique, il fallait éviter les mots tels que les noms propres des protagonistes, les lieux géographiques comme le Vatican. Tout devait être allusif, enveloppé et métaphorique.

Vers quatre heures, Emmanuel fut appelé dans sa chambre et descendit au bar où se trouvait le téléphone à disposition des clients. Il reconnut la voix de Théo, qui développa avec jubilation un discours allégorique :

« Par notre intermédiaire franciscain, j'ai appris que

tes hôtes de la nuit passée avaient éprouvé un contretemps aussi fâcheux que définitif. Cela veut dire que l'ordonnateur de cette conspiration désire se débarrasser de toi, avant que tu ne te fasses reconnaître pour ce que tu es, en recourant au témoignage de tes frère et sœur, qui, par le fait même, dénoncerait la supercherie du sosie bénissant. Sous la pourpre du conspirateur, se cache donc un criminel sans scrupule qu'il faut confondre le plus tôt possible. Notre sœur est prévenue et prend le premier avion survolant l'océan. Je me dirige vers ta retraite par des voies détournées et sûres. Il me faudra quelque temps. D'ici là, ne prends aucune initiative. Ne parle que pour me dire que tu m'as entendu et compris. »

La voix de Théo s'éteignit. Il adorait les conspirations. Un bon chercheur doit garder l'esprit d'enfance. Emmanuel se sentit soulagé. Il ne lui restait plus qu'à attendre et Théo reprendrait la direction des opérations. Ce soir, Emmanuel se bornerait à essuyer les verres au bar, petit boulot qui ne l'épuisait pas. Il avait fait connaissance avec la sommelière, une grande jeune femme prénommée Geneviève, vêtue d'une robe longue et d'un tablier de lin, bras nus, une chevelure superbe qui lui tombait jusqu'à la taille avec une agréable voix d'alto. Elle portait un petit pansement à la base du cou, très propre, médical. Elle s'occupait de prendre les commandes, de remplir les verres et lui, Emmanuel, de chercher les bouteilles et de nettoyer les verres. Par une trappe il pouvait descendre un étroit escalier en colimaçon vers la cave à vin, dont l'organisation lui fut brièvement décrite.

La soirée se passa dans la détente, Emmanuel se révéla raisonnablement efficace, aussi bien pour ranger les verres dans les paniers de la machine à laver que pour trouver les bouteilles commandées. Geneviève était une véritable professionnelle, connaissant sa cave sur le bout des doigts. À minuit, elle confirma Emmanuel dans son rôle d'aide-sommelier et elle lui souhaita bonne nuit avec deux bises sonores. C'était une drôle de fille, belle mais réservée, efficace et douce, perchée sur de hautes jambes.

Mort de fatigue, Emmanuel rejoignit Jean, qui ronflait déjà abominablement dans leur soupente. Il avait pris le lit du dessus et s'était couvert d'une sorte d'édredon rouge criard duquel dépassaient deux pieds, qui paraissaient tout à fait propres pour la première fois. Une odeur de vinasse s'échappait de sa bouche grande ouverte, où manquaient de nombreuses dents. Malgré le bruit et l'odeur, Emmanuel s'évanouit aussitôt de fatigue bien plus qu'il ne s'endormit.

*

Il faisait à peine jour, lorsque Emmanuel fut secoué par la main impatiente du Padre Egidio, qui lui posa un doigt sur les lèvres en indiquant la couchette supérieure où Jean continuait à ronfler mais plus légèrement. Emmanuel enfila ses vêtements et suivit le franciscain, vêtu seulement d'une robe de chambre et pieds nus, qui l'amena dans son bureau, où crachotait un poste réglé sur France-Info. Il était six heures et demie et la radio diffusait toutes les deux minutes un message invraisemblable : le pape Jean XXIV était mort cette nuit d'une crise cardiaque.

Il fallut plusieurs minutes à Emmanuel pour comprendre la signification de cette nouvelle. Théo appela presque aussitôt. Il s'était mis en route à trois heures du matin sur des routes désertes pour mieux déceler une éventuelle filature. Il avait atteint Sisteron. Il appelait depuis un téléphone mobile qu'il s'était fait prêter pour qu'il ne soit pas mis sur écoute.

« Je m'en veux, Emmanuel ! Je suis un sot. J'aurais dû réaliser que le sosie était au moins autant menacé que l'original. On pouvait le montrer depuis un balcon en train de bénir et l'utiliser comme un mannequin durant des cérémonies. Mais à la moindre rencontre avec un évêque qui ne fait pas partie du complot, la mèche aurait été éventée. En le supprimant, Bertini ne court plus aucun risque et, surtout, il dispose d'un cadavre de pontife en bonne et due forme, autorisant la tenue d'un conclave et l'élection du successeur. Tu n'es plus toi-même, puisque tu es légalement mort. Il ne reste que deux preuves irréfutables de ton identité, Colombe et moi. Nous sommes donc aussi menacés que toi et il faudra prendre les plus grandes précautions. J'arrête ici. Je déjeunerai dans ton établissement ce midi. À tout de suite. »

Jean Batsi était apparu dans le bureau en simple liquette. Il s'assit sans y être invité et commenta :

« Ça devient de plus en plus coton : j'ai bien envie de me barrer. Faut-il que je t'aime pour rester ! Après ça, tu me nommeras cardinal, j'espère. Un bel appart', deux nonnettes pour me faire la cuisine. Et plus si entente. »

Il bâilla et gratta, par l'échancrure de sa chemise, sa poitrine qu'il avait velue.

« Si tu t'annonces aux gazettes dans une conférence de presse en clamant à l'imposture, la flicaille te cueille. Une fois bouclé au gnouf, tu disparais de la circulation. En attendant de recevoir une dose de cyanure dans ton petit noir du matin ou de prendre une gamelle fatale dans un escalier. Il faudrait un miracle pour que tu t'en sortes. Mais tu es un spécialiste des miracles. Alors vas-y, c'est le moment ou jamais ! »

Egidio se taisait. Il sembla à Emmanuel que ses lèvres remuaient faiblement : peut-être priait-il. Emmanuel l'envia. Il se sentait lui-même au-delà de tout désespoir. Depuis qu'il s'était enfui de Rome, rien n'avait marché selon son attente.

Il jouait aux échecs avec un grand maître qui se gaussait de ses manœuvres de débutant et qui le mettrait bientôt échec et mat. Tarcisio Bertini était en passe d'égaler ces prélats de la Renaissance qui avaient su dominer le jeu politique en véritables professionnels, sans s'encombrer de scrupules qui auraient tenu à leur position dans l'Église. L'enseignement de Jésus de Nazareth n'avait rien à voir dans cette bataille. Le rempart, qui protégeait la foi, était défendu selon les règles imprescriptibles de la guerre. À l'abri de cette fortification solide tenue par des gestionnaires et des arrivistes, tous les autres, les intellectuels, les belles âmes, les cœurs tendres pouvaient prier, poursuivre de pieux entretiens, rédiger des thèses théologiques, s'opposer mollement dans des colloques consensuels, prétendre régenter les cœurs et les sexes, se casser des encensoirs sur le nez. Tout cela n'avait aucune importance, aussi longtemps que les finances étaient saines et qu'il existait une complicité de fer avec le pouvoir politique.

Egidio paraissait sincèrement contrarié. Mieux qu'Emmanuel, il pouvait estimer le risque d'un attentat dans cette ville de Nice complètement pourrie, mieux que Jean il pouvait évaluer les conséquences pour l'Église de ces meurtres en série. Une occasion idéale s'offrait au cardinal Bertini pour se faire élire pape. Comme il avait passé une partie de sa carrière dans les nonciatures d'Amérique latine, qu'il y avait entretenu des connexions avec les narcotrafiquants, les officiers argentins et chiliens des régimes Videla et Pinochet et que les vingt-quatre cardinaux d'Amérique latine avaient tous été nommés à son instigation, il représentait le candidat idéal du bloc conservateur. L'immense fortune de l'Opus Dei permettait seule au Vatican de subsister comme institution : les cardinaux travaillant dans la Curie, qui tenaient à leur emploi, ne pourraient négliger cet argument. Bref, tout était en place pour qu'un prélat, responsable de meurtres politiques, monte sur la chaire de Saint-Pierre et restaure l'ordre, tel que le conçoivent les puissants de ce monde.

Egidio frémit et revint sur terre. Il consulta sa montre et interpella Emmanuel :

« Saint-Père, cessons de spéculer et de nous en faire, la vie continue et le bar est ouvert. Il faut tenir votre poste. Je vous remplace à la plonge de la cuisine mais je ne peux être à deux places à la fois. Dans les plus grandes incertitudes, le travail est encore le meilleur conseiller. Il sera temps de développer une stratégie lorsque votre frère sera là. Pour moi, vous pouvez rester ici et laisser un assassin vous succéder. Certains papes italiens de la Renaissance ont mené des vies peu édifiantes mais ils n'ont pas erré en matière de doctrine. Les portes de l'enfer ne prévaudront pas sur l'Église. En attendant, au boulot, messieurs. »

*

Emmanuel fignolait ses cristaux, jusqu'à les rendre parfaitement transparents. Il aimait ce travail qu'il avait apprécié la veille au soir parce que le rythme était lent. Il ne s'agissait pas de nettoyer le maximum de pièces, mais de les dégraisser à la perfection. Il alignait amoureusement les verres à vin blanc qui composaient un petit bataillon bien carré sur une étagère, tandis que Geneviève s'occupait des flûtes à champagne, plus étroites, dans lesquelles sa main fine faisait merveille.

Emmanuel avait remarqué que la compresse à la base de son cou avait disparu sans qu'aucune cicatrice soit visible. Il s'enquit poliment de la raison du pansement et il reçut une réponse qui le sidéra :

« Je me suis fait enlever la pomme d'Adam. J'ai été à Bruxelles chez un spécialiste, le Dr Peters, il ne fait que cela. Il m'a pris cinq cents euros. Ce n'est pas trop cher. Il a pratiqué l'incision dans un pli naturel du cou : on ne voit plus rien. »

Emmanuel feignit de se concentrer sur son verre pour se donner le temps de comprendre. Puis il posa la question la plus anodine possible :

« C'est douloureux ? »

« Je m'en faisais un monde et tout s'est très bien passé avec une anesthésie locale. Une petite sensation d'échauffement lors de la piqûre, un léger pincement mais très supportable. Un peu curieux comme sensation lorsque le chirurgien bloque la pomme avec une pincette. Et puis on a l'impression qu'il pèle la pomme, qui ressemble à un oignon de cartilage avec plusieurs couches qu'il faut enlever l'une après l'autre. Quand il coupe, c'est comme quand on se coupe les ongles. On sent mais on ne souffre pas. Enfin, j'estime que ce n'est rien maintenant que je suis passée au travers. Mais pendant longtemps j'ai hésité. Et puis, je me suis décidée, car une pomme d'Adam, c'est évidemment très gênant. J'attirais tous les pervers. Et ceux-là je n'en veux pas. Je tiens à être normale, moi ! »

Emmanuel s'était arrêté d'essuyer et regardait Geneviève la bouche bée. Petit à petit, la vérité se fit jour dans son esprit. Bien évidemment, le Padre Egidio avait ramassé un peu de tout, dans le monde interlope de Cannes et de Nice.

Geneviève posa une flûte sur l'étagère et prit la suivante :

« Et toi, pourquoi t'es ici ? Tu te caches, tu ne sors jamais, la police te cherche sans doute ? »

« Oui, mais je suis tout à fait innocent. »

« Ça, c'est ce que l'on dit, mais tu dois bien avoir fait quelques conneries. »

Emmanuel sourit :

« Je n'ai pratiquement fait que cela toute ma vie... »

« Tu faisais quoi comme métier ? »

Emmanuel n'avait pas envie de mentir en réponse à la franchise de Geneviève :

« Prêtre. »

« Ah ! Je vois ! Tu t'en es pris aux enfants de chœur. Il paraît que cela arrive souvent. Évidemment à force d'être privé de ce côté-là, si on ne peut pas aborder une femme, on est tenté de s'en prendre aux petits mignons. Cela m'est arrivé plusieurs fois au collège. Trois prêtres en tout, si je compte bien, le père préfet, le professeur de troisième et le père jésuite qui nous a donné la récollection de fin d'études. Cela n'a jamais été bien loin, car ils avaient appris à se contrôler mais l'effort sur eux-mêmes était visible. Et un peu comique. À cet âge les enfants sont impitoyables. Dès qu'ils parviennent à percer à jour un adulte, ils foncent dans la brèche. Aujourd'hui, je comprends mieux les tentations de ces abbés. Alors tu peux tout me dire, je n'irai pas cafter au commissariat ou à l'évêché. »

Emmanuel fut agacé et répondit sèchement :

« Ce n'est pas ça du tout. D'ailleurs, il n'y a plus d'enfants de chœur. Les gamins ne viennent plus à l'église ou au catéchisme. Les prêtres s'occupent surtout des vieilles personnes, celles qui croient encore. Avec elles il n'y a pas de risque de pédophilie. »

Geneviève rit en secouant son interminable chevelure. Elle semblait soudain intéressée par cet assistant un peu débile que le Padre Egidio lui avait infligé. Elle fixa Emmanuel de ses beaux yeux noirs :

« Si tu es prêtre, je pourrais peut-être me confesser en continuant à essuyer les verres. Cela ferait d'une pierre deux coups. »

« Il vaudrait mieux prendre le temps pour cela. Et être au calme. »

« Réponds-moi honnêtement. Est-ce que je puis prier en essuyant les verres ? »

« Bien sûr ! C'est ce que l'on apprend dans les monastères. Le travail et la prière ne s'excluent pas, bien au contraire. »

« Est-ce que ma prière est de moindre qualité, si je travaille avec mes mains tout en priant avec mon cœur ? »

« Pas du tout. Si tu travailles en pensant à ceux pour lesquels tu travailles, en y mettant tout ton cœur, c'est la plus belle des prières. »

« Alors, ma confession sera meilleure, si je continue à travailler. »

*

D'aussi loin que je me souvienne, j'ai été une fille dans un corps de garçon. Au début, cela ne gênait personne, ni les autres qui ne le remarquaient pas ni moi qui me sentais bien comme j'étais. Ma sœur pouvait me déguiser en petite fille, je pouvais passer des après-midi de pluie dans une robe, nos parents considéraient que c'étaient des jeux d'enfant. Or, pour moi, c'était ce qu'il y avait de plus important dans ma vie. Quand j'étais travestie, ma sœur m'appelait déjà Geneviève. Les déguisements faisaient partie d'un rite où Geneviève, jadis enchantée dans un corps de garçon par la malédiction d'une sorcière, redevenait enfin elle-même.

Je ne sais pas si ma vie a été décidée par ces jeux ou par un gène inscrit dans mon hérédité. Plus tard, j'ai fait des études de psychologie pour essayer de me comprendre moi-même. Et je n'ai rien appris, sinon que je suis une énigme. Pourquoi les hormones qui se mettent à circuler dès l'adolescence câblent-elles le cerveau de telle façon que garçons et filles soient attirés d'habitude vers le sexe opposé ? Et pourquoi deux ou trois pour cent des adolescents ne fonctionnent-ils pas selon ce schéma ?

Quoi qu'il en soit, ceux ou celles qui sont dans mon cas apprennent vite qu'ils sont considérés comme un raté de la Nature. Or, le handicapé, le trisomique, l'aveugle, le sourd, le muet reçoivent compassion et aide. Je trouve merveilleux que les parents, les proches, les médecins et les infirmières trouvent en eux ces ressources de patience et de compréhension. Mais pour moi et mes semblables, homosexuels, travestis et transsexuels il n'y avait jadis que la condamnation au bûcher. Et maintenant une tolérance faite de pitié dégoûtée.

J'ai vraiment été gâtée de ce côté-là ! Mon père était ingénieur, directeur d'une carrière où ne travaillaient que des hommes aux muscles saillants. Ma mère donnait le catéchisme. À ma demande lorsque j'avais dix ans, une seule fois elle m'a verni en rose les ongles des mains. Cela a déclenché une dispute avec mon père, qui m'a inscrit comme pensionnaire dans un collège de l'Est, près de Strasbourg, là où il fait bien froid en hiver, de façon à m'endurcir.

Comme les dortoirs n'étaient pas chauffés et qu'il y gelait, j'ai fini par me retrouver pour des raisons strictement calorifiques à partager le lit de mon voisin. Et de fil en aiguille, j'y vins pour le plaisir. Ce collège de garçons était un pourrissoir de mœurs, comme on n'oserait plus en organiser aujourd'hui. Enferme un millier de jeunes mâles entre douze et dix-huit ans dans un huis clos et bonjour les dégâts. Si tu fais la même expérience avec des rats de laboratoire, tu obtiens les mêmes résultats : ils ne choisissent pas, ils s'adaptent, ils essaient de se rapprocher d'une vie normale.

Comme j'avais des dispositions, que j'étais mince et imberbe avec une voix aiguë, j'ai eu beaucoup de succès, beaucoup d'amants juvéniles. J'ai appris la coquetterie, la rouerie, le chantage aux sentiments et aux sens.

Le plus insupportable dans le collège était le conflit perpétuel entre le sexe et la religion. Pour moi, cela devint vite obsessionnel. Toute jouissance devait être avouée lors de la grande lessive pénitentielle du samedi après-midi où les classes se rendaient en rang au confessionnal. Comme on m'avait enseigné que la dissimulation au confessionnal était un péché encore plus abominable que tous les autres, je récitais docilement la liste de mes transgressions. Je n'étais pas le seul. Les pauvres confesseurs devaient subir une litanie de débauches. Ils absolvaient après des promesses inconsidérées de se corriger et d'éviter les occasions de pécher. Mais ils n'ont jamais appliqué quelques solutions simples qui auraient consisté à séparer les pensionnaires dans des chambres ou à expulser les plus vicieux. Ou tout simplement à supprimer le pensionnat. Toujours est-il que j'ai gardé de cette éducation étrange une foi ou une croyance indestructible. J'ai toujours fréquenté les confessionnaux, même aux pires moments de mon existence.

Je fus inscrit par mon père dans une école préparatoire à Coëtquidan. Il me voyait officier avec un shako à plume, un cœur dur dans un corps fort avec des désirs bien grossiers façonnés à la rude école des bordels militaires. J'avais dix-huit ans, je m'en suis échappée, j'ai essayé de préparer une licence en psychologie, ici à Nice, le plus loin possible du climat breton. Comme ma famille m'avait coupé les vivres et qu'il me fallait de l'argent, j'ai fait le trottoir en travesti. Cela rapporte. Beaucoup d'hommes ont peur des femmes, des vraies. Ils essayent de se convaincre qu'ils ne trompent pas vraiment leur femme légitime, s'ils couchent avec un homme. Ou bien ils ont refoulé leur homosexualité et ils se persuadent qu'ils ne lui cèdent pas en se tournant vers un travesti.

J'ai naturellement été ramassée par la police. Et là c'est vraiment l'horreur. Un client paie, point à la ligne. C'est une transaction commerciale. Un flic obtient tout par l'exercice de son pouvoir. Il peut t'enfermer pendant vingt-quatre heures dans une cage de vingt mètres carrés avec une douzaine de voyous qui vont te violer toute la nuit. Ou bien t'obliger à te déshabiller devant sept ou huit collègues qui te réduisent à l'état d'attraction de fête foraine, de sous-homme ou de sous-femme. Mieux valait encore une passe gratuite avec le commissaire.

Voici trois ans je suis tombée dans la drogue. Un peu, puis beaucoup. Je m'enfermais dans un cercle vicieux : j'étudiais pour comprendre ma singularité, je me prostituais pour payer mes études, je me droguais pour supporter de me prostituer, je me prostituais davantage pour payer la drogue. J'avais laissé pousser mes cheveux, j'avalais des hormones, je m'habillais toujours en femme. Pas moyen d'occuper un emploi quelconque avec un état civil qui ne correspondait pas aux apparences. Tu es refusée partout, même si tu es la plus qualifiée, même pour faire un métier typiquement féminin. Les employeurs acceptent d'engager une femme ou un homme, mais pas un travesti. Au bout de quelques mois, je cessai de feindre un intérêt pour des études. Je me suis enfoncée de plus en plus, jusqu'à ce que le Padre Egidio me recueille.

Mais je reste ce que je suis. J'ai beau gagner ma vie avec un métier honnête, je reste uniquement attirée par les hommes, je tombe régulièrement amoureuse, je me demande chaque fois si la passion de mon corps ne détruit pas mon âme. Je me sens coupable d'être ce que je suis.

Mais je ne puis pas me refaire. Est-ce mon péché originel ? Un péché que j'aurais commis en venant au monde. Un péché dont je ne puis être responsable, mais dont je suis coupable. Que faut-il que je confesse et quelle absolution puis-je recevoir ? Un handicapé, un raté de la Création, peut recevoir une assistance qui le libère de son imperfection : une chaise roulante s'il est paralysé, un appareil auditif s'il est sourd. Pour moi n'y aurait-il ni remède ni pardon ? Est-ce que je perds mon âme en portant une robe ?

*

Emmanuel avait continué à essuyer les cristaux en écoutant ce récit, car il ne possédait pas de réponse. Les textes du catéchisme, il ne les connaissait que trop, il les avait lus et cités à d'autres pénitents. « Les actes d'homosexualité sont intrinsèquement désordonnés. » « Les personnes homosexuelles sont appelées à la chasteté. Elles doivent se rapprocher de la perfection chrétienne. »

Après ce qu'il avait vécu, il ne pouvait plus répéter des formules aussi cruelles. Tous les chrétiens sont invités à la perfection sans y être contraints, hormis les membres d'une minorité pour lesquels la perfection deviendrait obligatoire. Au nom de quoi pouvait-on condamner un être humain à la continence du seul fait de ses dispositions naturelles ?

Il continua donc d'essuyer des verres pendant de longues minutes en se taisant. Sans regarder Geneviève, car il la sentait tendue et impatiente. Une parole mal comprise pouvait déclencher une crise. Il eut alors l'idée de raconter une parabole qu'il inventa en la contant :

« Un roi éclairé gouvernait son pays avec le souci de conduire ses sujets à la perfection. Il réprimait les meurtres, les vols et les fornications avec la plus grande rigueur. Les prostituées étaient tondues et les femmes adultères lapidées. Les façades étaient ravalées, les rues balayées et les mendiants mis au travail. La vertu se répandit dans le royaume comme la fumée de l'encens qui se propage parmi les fidèles lors d'une cérémonie.

« Or, il lui restait une dernière tâche à accomplir pour atteindre la perfection. Une petite minorité de la population était gauchère. Non seulement les enfants n'apprenaient pas à écrire correctement, mais toute leur vie, ils étaient embarrassés par les outils ou les objets de la vie usuelle qui étaient conçus pour les droitiers.

« Le roi décida que les enfants, nés gauchers, seraient éduqués comme s'ils étaient des droitiers. Pour éviter tout laisser-aller, il ordonna que leur main gauche soit liée dans le dos afin qu'ils ne puissent pas s'en servir. Les peines les plus sévères punissaient ceux qui libéraient un enfant de ce lien. En cas de récidive, la main gauche était amputée.

« Cependant la reine mit au monde le fils premier-né du roi. Ses précepteurs découvrirent qu'il était gaucher et ils procédèrent à la ligature légale. Néanmoins le prince grandit sans parvenir à se servir de son bras droit. Pris de pitié, le roi comprit que son fils deviendrait infirme et il abolit alors la loi.

« Or, les autres gauchers qui avaient grandi avec le bras gauche paralysé et ceux qui avaient été amputés se rassemblèrent devant le palais et se répandirent en récriminations. Estropiés de naissance pour obéir à la loi, ils ne pouvaient exercer aucun métier.

« Le roi fit verser une pension à chacun d'eux. À dater de ce jour, il cessa de vouloir perfectionner son royaume, car il avait découvert son péché : ne pas accepter le monde tel que Dieu l'a créé. »

Geneviève avait écouté dans le plus grand silence et elle avait même cessé d'essuyer les flûtes à champagne. Lorsque Emmanuel se tut, elle recommença à essuyer les cristaux avec un zèle renouvelé. Au bout de quelques instants, elle se mit à pleurer très fort, avec de gros sanglots qu'elle réprimait du mieux qu'elle pouvait pour n'alerter personne car la porte de l'office était ouverte.

C'est ainsi que le Padre Egidio découvrit cinq minutes plus tard sa sommelière pleurant sur l'épaule d'Emmanuel qui n'en menait pas large. Un touriste de passage prit même une photo au flash.

*

À treize heures, Théo pénétra dans le restaurant Saint-François, tellement méconnaissable qu'Emmanuel, en train de remplir une chope de Kronenbourg à la pompe, ne le reconnut pas du premier coup. Au lieu de se doter d'accessoires pileux supplémentaires, Théo avait procédé en sens contraire. Il s'était fait raser la tête, ce qui lui donnait un air de *Doktor* germanique, aggravé par des lunettes minuscules avec des montures d'acier et un complet d'un vert bouteille tout à fait improbable, sinon au-delà du Rhin. Le déguisement était astucieux. Le prix Nobel Théo de Fully était surtout connu par un poster qui le montrait avec ses cheveux en bataille. Trop longs, parce que Théo ne prenait pas le temps d'aller chez le coiffeur. La chevelure fait l'homme et le crâne rasé en définit un autre.

Il s'assit à une table qu'il avait réservée sous un faux nom et il commanda son repas en allemand. Il mangea tout à son aise et il réussit à ne payer l'addition qu'à trois heures, en étant le dernier client présent au restaurant. Emmanuel ne s'était pas approché de lui, mais Théo avait demandé à Geneviève de lui transmettre un billet qui indiquait comment se rendre à sa chambre.

Les deux frères tombèrent dans les bras l'un de l'autre, ce qui ne leur arriva que deux ou trois fois dans toute leur vie. Théo parvint à joindre sur son téléphone mobile Colombe qui s'apprêtait à atterrir à Rome et il put la rassurer. Emmanuel était sain et sauf, quoique très fatigué.

Emmanuel raconta son équipée dans le détail. Lorsqu'il arriva à sa rencontre avec Jean Batsi au *Gran Bar* de la *Stazione Centrale* à Milan, Théo fronça les sourcils et regarda Emmanuel avec inquiétude :

« Jean est bien devenu un clochard lorsque sa femme l'a abandonné et qu'il n'a plus trouvé de travail. Je lui ai souvent envoyé de l'argent pour le dépanner et je lui ai même offert de venir s'occuper du jardin à Fully, mais il aimait vagabonder. C'était un choix chez lui. Il n'y a qu'un détail qui cloche dans cette histoire. Tu ne le connais pas ? »

Emmanuel secoua la tête.

« Jean est mort voici trois ans, en gare de Lyon-Perrache. Il est tombé sur la voie et il a été décapité par un TGV. »

De tout l'après-midi Jean Batsi ne réapparut pas, ni ce jour-là ni plus tard. Longtemps Emmanuel s'interrogea sur l'identité de l'homme qu'il avait rencontré et suivi, sans trouver de réponse. Pourquoi avait-il surgi au moment le plus opportun ? Il n'en parla jamais à Théo et il se résigna à vivre avec un mystère de plus.

8

Au moment de l'atterrissage à Fiumicino, Colombe avait tellement conscience de venir troubler un jeu qui arrangeait tout le monde qu'elle ne parvint pas à dominer une appréhension croissante. Sa bouche devenait sèche et amère, elle transpirait, ses mains tremblaient. Tout ce qu'elle avait vécu à Rome, les amours et les trahisons remontaient en un éclair dans son souvenir, ainsi que cela advient à ceux qui vont mourir.

Elle connaissait déjà l'essentiel de la fausse nouvelle, qui avait fait l'objet d'une annonce sur les écrans de l'avion à l'approche des côtes européennes : officiellement Jean XXIV était mort cette nuit dans un monastère romain où il faisait retraite depuis quelques jours. Vrai ou faux, elle le saurait vite. Sans doute faux si c'était bien Théo qu'elle venait d'avoir au téléphone. Mais elle commençait à douter de tout y compris de sa propre existence.

On pouvait refuser à Colombe l'accès au territoire italien sous un prétexte quelconque ou bien la prendre en otage, ou bien simuler un accident pour la liquider, ou encore lui faire attendre indéfiniment l'occasion de vérifier que le corps n'était pas celui d'Emmanuel. Elle posait le pied sur un territoire où elle ne comptait que des ennemis : l'État, la Curie, la Maffia, tout ce qui comptait dans ce monde voué à la domination d'un prince diabolique. Il s'occupait avec une délectation évidente de Rome où les hommes avaient cru intelligent de désigner un vicaire de Jésus-Christ.

En sortant de l'appareil, elle fut éblouie par un soleil éclatant. Celui qui brillait imperturbablement sur la ville la plus ancienne du monde, comme un pardon permanent de Dieu pour ses péchés, profanations et perversions. Elle fut stupéfaite par le luxe de prévenances qui l'attendait. Une longue Mercedes noire aux vitres fumées, portant les fanions jaune et blanc du Vatican, attendait au pied de l'Airbus d'Alitalia. Un monsignore en soutane noire ourlée de violet, la large ceinture de même couleur claquant dans le vent venant de la Méditerranée, tête nue, les cheveux en brosse, attendait respectueusement au pied de l'escalier, accompagné d'un carabinier qui fit mine de contrôler le passeport de Colombe de la main gauche tout en la saluant de la main droite. Un représentant du protocole se limita à une profonde courbette. Le *monsignore* ne dit pas un mot, s'inclina aussi, ouvrit la porte arrière, s'installa à côté du chauffeur et attendit en silence que la valise de Colombe ait été déchargée des soutes et transférée dans le coffre de la Mercedes.

Malgré cet accueil de princesse, il n'était pas question pour Colombe de rappeler Théo sur son téléphone mobile, afin d'obtenir un compte rendu de la situation à Nice, même en recourant à l'allemand ou à l'anglais, langues que le *monsignore* comprenait certainement. Elle pénétrait dans une histoire dont elle ne connaissait pas l'intrigue et dont elle était chargée de dénouer l'énigme.

Comme les vitres de la voiture étaient fumées, Colombe redécouvrit, en version gris et blanc, les alentours pelés et pollués de l'aéroport, les indestructibles lambeaux de plastique, les carcasses de Vespa en train de rouiller, les téléviseurs et les ordinateurs éventrés au pied de grands panneaux vantant les mérites de Motta ou d'Alemagna. Le visage de Berlusconi s'étalait partout pour rappeler quc les peuples du Sud, pareils à des donzelles, préfèrent s'abandonner entre les bras d'un séducteur que de se gouverner eux-mêmes.

Arrivée au Raccordo, la voiture tourna vers le nord, pour se diriger vers le Vatican par la via Aurelia. Lorsque la Mercedes, après avoir pénétré dans la cour située au sud de Saint-Pierre, s'arrêta à proximité du palais du Saint-Office, Colombe comprit où on la menait. Le *monsignore* toujours aussi silencieux et déférent servit de poisson pilote à Colombe, à peine lucide après une nuit d'avion. Elle connaissait bien le palais pour l'avoir fréquenté du temps où Emmanuel en était le maître. Elle retrouvait les escaliers, les corridors, les halls, tout le faste d'un palais dédié au contrôle de la doctrine, une administration qui s'entourait d'apparat pour conforter sa légitimité.

Le cardinal Bertini attendait debout, à contre-jour devant une fenêtre dans le bureau qui avait été celui d'Emmanuel. Il paraissait plus grand que sa taille, qui était plutôt petite, comme s'il était un homme surdimensionné. Peut-être se tenait-il surnaturellement droit dans un monde d'échines dorsales avachies. Colombe souffrit de cette intrusion dans la maison d'Emmanuel. Un cambrioleur violait ses souvenirs.

Le contact ne fut pas facile. Bertini se plaça très naturellement pour permettre à Colombe de s'agenouiller et baiser son anneau épiscopal, tandis qu'elle le maintenait à bout de bras selon l'usage des femmes aux États-Unis, établi à l'époque des pionniers où elles étaient peu nombreuses et maîtresses du jeu. Cela se termina par un serrement de mains contraint. Deux forces s'affrontaient : le vieux machisme méditerranéen et l'arrogance neuve des féministes yankees. Leur rencontre évoquait un pas de deux contrarié.

Après ce ballet dérisoire, elle se retrouva assise dans un fauteuil tarabiscoté et inconfortable, tandis que Bertini lui faisait face, vêtu d'une soutane noire ourlée de pourpre. Une ceinture de même couleur étranglait sa taille, démunie du moindre embonpoint : il n'était certainement pas porté sur les plaisirs de la table. Il n'était sans doute porté sur rien. Pourpres étaient ses chaussettes dont on apercevait une bande entre la soutane et des chaussures impeccablement cirées. Colombe se demanda qui tissait de telles chaussettes spécialement pour les deux cents clients constitués par le Sacré Collège.

Le visage, Colombe le connaissait. Non seulement parce qu'elle avait déjà croisé le cardinal, mais aussi parce que, dans sa profession, elle rencontrait souvent cette physionomie. Le visage de la perversion noble, la face chevaline, l'œil gris aux aguets derrière des paupières légèrement tombantes, une crispation des lèvres chaque fois que les autres regimbent, la taille petite mais droite, des mains sous contrôle, jointes ou posées à plat sur les genoux, des ongles curés et taillés, de longs cheveux soigneusement étalés pour couvrir la calvitie, un gros bouton à la base du nez. Dans sa perfection apparente, le cardinal aurait pu être directeur de banque, ambassadeur ou magistrat. Il avait choisi d'être prélat, le meilleur métier pour conforter dans ses obsessions un esprit dérangé.

Il se tut longtemps, en signifiant par son regard que ce silence exprimait plus que toute parole. Il articula enfin une banalité :

« Permettez-moi de m'associer à la douleur de votre famille. Jean XXIV était un saint. »

Colombe répliqua du tac au tac :

« La famille de Fully n'éprouve aucune douleur, car Emmanuel n'est pas mort. Du reste ce n'est pas un saint, du moins pour son frère et sa sœur. Nous essayons plutôt d'éviter qu'il devienne un martyr. »

Bertini ne se déconcerta pas le moins du monde :

« Calmez-vous, je vous en prie. Je suppose que vous êtes très fatiguée, madame, et qu'il vaut mieux que ma voiture vous reconduise à votre hôtel. Il faut du temps et du calme pour supporter un tel choc et admettre la réalité. »

« Effectivement, je préfère me retrouver dans ma chambre d'hôtel que de poursuivre une discussion qui n'a pas de sens. Mais je tiens absolument à reconnaître le prétendu corps de mon frère. »

Bertini ébaucha un sourire compréhensif. Il avait des canines jaunâtres de tigre.

« C'est tout à fait légitime. Dès ce soir, la dépouille mortelle du Saint-Père sera exposée à la vénération des fidèles dans la chapelle Sixtine. Elle subit pour l'instant les soins des embaumeurs et elle n'est pas visible. La voiture viendra vous rechercher à six heures et vous serez la première à vénérer les reliques du Très Saint-Père. »

Colombe s'attendait à ce faux-fuyant :

« Et si je réclamais le corps au nom de la famille ? »

« Le Très Saint-Père est le premier citoyen de l'État du Vatican, qui est souverain en cette matière comme en d'autres. Nous ne céderons donc pas cette précieuse relique à la famille car elle appartient à tous les fidèles. Même si l'ambassadeur de Suisse venait en faire la demande. Ce qu'il ne fera certainement pas, car il est au courant des usages, c'est un excellent ami et j'ai gardé contact avec lui dès la première heure de la matinée. »

Il se leva pour signifier que l'audience était terminée et qu'à partir de maintenant il était le seul maître de la situation, l'héritier présomptif. Colombe n'attendait rien de cette entrevue mais elle mesura mieux la difficulté de sa tâche. Elle affrontait à mains nues un lutteur redoutable, une incarnation pure du pouvoir pour le pouvoir, l'ultime avatar de l'Empire romain, l'héritier de César. Il la raccompagna jusqu'à la porte en boitillant légèrement. À part ce détail, il était parfait.

*

L'entrée de service du restaurant Saint-François est aménagée dans la ruelle entre le cours Saleya et le quai des États-Unis, à deux pas de la mer. Les marchandises y pénètrent et les poubelles en sortent. Sur le trottoir, le personnel avait coutume de se rassembler quelques instants avant la mise en place du matin, les uns pour fumer une dernière cigarette, d'autres pour respirer la fraîcheur de la mer ou écouter le bruit des vagues. Il faisait aussi beau qu'à Rome, le vent en moins.

Pour rien au monde le chef, Ange Patou, ne manquait ce rite et il s'attardait volontiers le dernier, selon le rite du mâle dominant dans toutes les tribus. Il se retrouva seul avec Emmanuel, dont les verres étaient rangés depuis la veille au soir. À cette heure, la seule circulation dans la ruelle était celle de femmes allant faire leurs emplettes dans les commerces, qui s'échelonnent dans les petites rues jusqu'à la place Garibaldi.

Sans en excepter une seule, Ange Patou les saluait toutes :

« Viens ici, Mireille, ma nine, que je te fasse la bise ! T'as des beaux nénés, tu sais, Magali ! Oh ! Hélène, quand est-ce qu'on remet ça !... »

La litanie interminable, colorée et chaleureuse amena un sourire machinal sur les lèvres d'Emmanuel. À son intention, Ange commenta placidement :

« Je les pine toutes. »

Emmanuel le regarda avec la curiosité d'un entomologiste découvrant un insecte inconnu. Vantardise machiste ou constat sociologique ? Au confessionnal à Rome, Emmanuel subissait avec répugnance les défaillances de ses collaborateurs, qui se dénonçaient mutuellement auprès de lui, mais qui ne s'accusaient jamais personnellement, sauf trop tard lorsque la justice italienne intervenait pour un cas de pédophilie.

En comparaison, Ange Patou témoignait d'une assiette morale impressionnante : un chef de cuisine devait avoir dans le quartier le même statut qu'un coq dans un poulailler et son droit de cuissage remontait sans doute à la création de Nice par de lointains ancêtres grecs. L'animal qui remplit sa fonction biologique se conforme à la seule morale qu'il connaisse. Tout de suite il corrigea d'ailleurs le tir :

« Mais attention ! Seulement les femmes mariées. La jeune fille, c'est sacré ! Les femmes d'amis aussi. »

Comme Emmanuel ne répondait toujours rien, il le fixa d'un air sévère :

« On est d'accord là-dessus ? Dans ma brigade, je ne veux pas de pointeur ! »

« Sur ce dernier point, je suis tout à fait d'accord », dit Emmanuel.

« Eh ! Tu me regardes dans les yeux ! C'est quoi, ton béguin ? »

« Je n'en ai pas. »

« Ça se trouve ! T'as l'âge de te démerder tout seul.

Ah ! Quand j'étais jeunot, j'en ai eu, tant et plus. S'il y avait eu des jeux Olympiques du zizi, j'aurais reçu la biroute d'or. Et toi, t'as jamais décompté les nanas que tu as baisées ? »

« Non. »

« À peu près ? »

Emmanuel commençait à rougir :

« Non. Cela ne m'intéresse pas. »

« Oh ! T'as pas la pécole, des fois ? »

« Non. Rien. »

« T'es pas net, toi ! J'aime pas ça dans ma brigade. Avec la Geneviève, deux pédales à la fois ça ferait une foultitude. Si ça continue, on va repeindre la façade en rose ! J'aime pas ça, alors pas du tout ! Quand on est au bal, il faut danser ! »

Il tira son portefeuille et éplucha un billet de cinquante euros :

« C'est vrai, t'as pas le sou. Ce soir après le boulot, en face de Sainte-Réparate, un fille rousse, elle s'appelle Virginie, elle y est à partir de onze heures. Tu y vas, tu prends ton pied, elle me file un coup de grelot et je suis rassuré. Et t'en fais pas pour le ticket, il me reviendra de toute façon. C'est une de mes gagneuses. »

Sur ce dernier trait, Ange retourna en cuisine après avoir fait gicler son mégot jusqu'au milieu de la rue par une simple pichenette de la main droite, laissant Emmanuel sur place.

*

Théo se fit conduire en taxi jusqu'au Centre administratif départemental, un conglomérat de bâtiments luxueux, sis au bord du Var, juste en face de l'aéroport. Ce soir, Colombe approcherait le corps de l'inconnu déposé dans la chapelle Sixtine. Il fallait qu'elle dénonce immédiatement la substitution. Mais ce coup d'éclat n'était crédible que si Emmanuel réapparaissait simultanément en public à Nice. Or, il était sous mandat d'arrêt, suite au double meurtre de Saint-Blaise. Il fallait dénouer cet imbroglio dans les plus brefs délais. Théo avait pris rendez-vous par téléphone avec le secrétaire général de la préfecture, qui accepta instantanément de le recevoir, sans doute par curiosité, en ne demandant qu'un minimum d'explications sur l'objet de l'entretien. Cela sert parfois d'être connu comme prix Nobel.

Tout au long de la Promenade des Anglais, Théo avait révisé son récit de façon à le rendre plausible par la qualité de la forme plutôt que par la cohérence du fond, qui était totalement incroyable. Une fois l'histoire d'Emmanuel admise par les autorités françaises, il obtiendrait une protection sérieuse. Bref, il fallait en cinq minutes convaincre un fonctionnaire inconnu qu'un vagabond à l'identité incertaine, soupçonné d'un meurtre crapuleux, était en réalité le pape en personne. Théo, qui doutait rarement de lui-même, éprouva cette fois le sentiment qu'il tentait l'impossible.

Les CRS de garde connaissaient le chauffeur du taxi et le laissèrent pénétrer sans demander l'identité de Théo. Il fut déposé devant le bâtiment du Conseil général. Des instructions avaient été données à l'huissier qui le mena directement dans un bureau meublé de façon un peu trop luxueuse, trop vaste pour une personne, sinon pour imposer le respect par un simple artifice. À Rome, on se reposait sur l'antiquité des bâtiments pour impressionner le quémandeur : dans les Alpes-Maritimes, on spéculait sur le tape-à-l'œil moderne.

Théo expliqua en aussi peu de phrases que possible la situation d'Emmanuel, pape mort à Rome et vagabond vivant à Nice.

Le secrétaire général, un peu trop petit de taille mais très propre sur sa personne, devait être frais émoulu de l'ENA. Il cultivait un air intelligent, personnification même de l'époque où il vivait, obsédé par son image, féru de lui-même et tourné vers un avenir qu'il imaginait à la hauteur de ses ambitions illimitées. L'histoire narrée par Théo lui parut aussi invraisemblable que la réalité l'est très souvent. Il flaira une bonne occasion de se faire connaître dans le sérail de la République une et indivisible. Il résuma donc la situation de façon brillante, comme s'il s'agissait d'un sujet d'examen :

« Si je vous comprends bien, monsieur le professeur, un chef d'État se trouve incognito à Nice. Il s'est enfui de son pays parce qu'il était menacé de mort par sa propre administration et il demande la protection de la République française. Cette situation est banale, nous hébergeons actuellement dans le département un quarteron d'anciens présidents de républiques africaines vivant cette intéressante situation. La seule différence, vous l'avez sans doute notée, c'est que le Vatican n'est pas en Afrique. Depuis deux ou trois siècles, on n'y assassine plus tellement. Mais le coup de revolver sur Jean-Paul II n'est pas une fable, il faut donc que j'en réfère plus haut. Je fais un saut jusqu'au bureau du préfet. »

Pendant un temps infini, il laissa Théo mariner dans ses inquiétudes. Il revint finalement avec un personnage exagérément cordial, le préfet en personne qui introduisit Théo dans son propre bureau. Il fit asseoir Théo, alluma une cigarette et appela sa secrétaire qui servit deux pastis. Il croisa les jambes, se carra dans son fauteuil et commença :

« Monsieur le professeur, vous croyez être dans le bureau d'un préfet de la République française. Détrompez-vous ! Je vous dis ceci en dernier lieu sous le sceau du secret, pour des raisons évidentes. Je suis d'abord corse, puis pied-noir et enfin royaliste. Il n'y a ni buste de Marianne, ni portrait du président dans mon bureau. En revanche, ce qui est en évidence, c'est ceci. »

Il désigna d'un geste large un très beau crucifix d'ébène et d'ivoire, de style Louis-Philippe, sur fond de velours rouge dans un cadre doré, accroché à la place d'honneur derrière son siège. Les bras du Crucifié formaient un angle très étroit vers le haut pour rappeler aux dévots louis-philippards que le salut était réservé à un tout petit nombre, ceux précisément qui avaient les moyens d'acquérir ce genre de crucifix.

« Je ne fais pas mystère de mes convictions religieuses qui m'ont déjà coûté plusieurs promotions intéressantes. C'est très simple : à Paris on me tient pour fou. Je le sais, parfois on me l'a laissé entendre. Mais j'ai fait la sourde oreille. J'ai des convictions, mieux une foi. Terminer sa carrière à Nice, c'est bien agréable pour le climat sans doute, mais pour le ministère il n'était pas possible à mon âge, avec mon expérience et mon ancienneté, de me placer plus loin de Paris à un emploi aussi subalterne. Du reste j'ai donné ma démission, qui prend effet au 1er août de façon que mon successeur puisse déménager en un moment propice pour la continuité des études de ses enfants. Il ne faut pas qu'il pâtisse lui aussi de la persécution dont je suis l'objet. »

Après avoir arboré ainsi sa charité exemplaire, le préfet se pencha vers Théo et poursuivit à voix basse comme s'il transmettait un secret d'État :

« Je deviens fondé de pouvoir du groupe OGF-PFG, filiale de la Lyonnaise des Eaux à l'origine, qui vient d'être racheté par le groupe SCI, basé à Houston. Le chiffre d'affaires pour la France s'élève à 3,75 milliards d'euros. »

Il parut affecté par l'indifférence de Théo, qui n'avait jamais su feindre de l'intérêt pour d'autres affaires que celles de sa propre famille. Le préfet revint donc à la charge :

« Pourriez-vous me dire combien il y a d'enterrements chaque année en France ? »

Théo rendit ses sourcils aussi circonflexes qu'il le put.

« Cinq cent vingt mille, bon an, mal an. Dans les Alpes-Maritimes, le marché est d'une stabilité parfaite, compte tenu du nombre de retraités. Bien entendu les Américains ont flairé la bonne affaire. Or je parle un anglais impeccable. Je possède un MBA de Harvard. »

Il se renversa dans son fauteuil en jaugeant l'effet que cette révélation ferait sur un physicien aussi distingué que Théo, qui resta tout à fait impassible. Il parvenait tout juste à se contenir avant d'exploser. Emmanuel était caché dans une mansarde du Vieux-Nice, risquant sa vie, il n'y avait pas de temps à perdre avec le plan de carrière de ce croque-mort préfectoral. Théo se racla la gorge et commença :

« Votre secrétaire général vous a expliqué pourquoi je suis ici. »

« Brièvement mais cela me suffit. Je suis au courant. Ce qui m'arrive n'est pas un hasard. Votre visite est providentielle. »

Devant l'air interloqué de Théo, le préfet s'enquit :

« Vous ne croyez tout de même pas au hasard ? »

Théo se renfrogna. On piétinait une de ses plates-bandes et on perdait un temps précieux. Il précisa néanmoins :

« Il ne s'agit pas de croire ou non au hasard. En mécanique quantique, le concept de hasard est essentiel. »

Le préfet eut l'air agacé :

« Je ne parle pas d'expériences de physique. Je parle de ma vie. Je maintiens que rien ne s'y produit par hasard. Tout a un sens. Le hasard n'est que le sobriquet de la Providence. Seul un homme capricieux peut croire au hasard. Il appelle ainsi ce qu'il ignore et il croit le contrôler de la sorte. Le hasard est la pire invention du rationalisme. »

« Monsieur le préfet, nous pourrions avoir une discussion tout à fait passionnante sur ce sujet, mais je crains d'abuser de votre temps. Je suis ici pour une raison qui ne souffre aucun délai. Un chef d'État, qui se trouve être mon frère incidemment, est menacé par un attentat sur le territoire de votre département... »

Le préfet l'interrompit avec flamme :

« Un chef d'État, mais pas n'importe lequel ! Celui dont la Providence a conduit les pas ici, pour que je le rencontre. J'ai à lui soumettre une requête très importante, que lui seul peut satisfaire. En fait, je suis demandeur dans cette affaire. Vous pouvez obtenir en échange tout ce que vous voulez. »

Théo respira et passa aux précisions :

« Je vous demande simplement une protection rapprochée de mon frère par les services de police et l'abandon des poursuites insensées qui ont été entamées à son égard. Mon frère ne peut évidemment être coupable du meurtre des deux personnes qui l'ont recueilli. Cet assassinat aveugle démontre que la menace est bien réelle. Les tueurs lancés sur la trace de mon frère ont voulu supprimer des témoins. »

Le préfet absorba cette kyrielle d'informations en portant une main à son front et en fermant les yeux. Le silence se prolongea indéfiniment. Théo crut percevoir le bruit chuintant des rouages fonctionnant dans le cerveau patraque du haut fonctionnaire, qui finit par émerger de ses ruminations intellectuelles :

« Il faut que je rencontre le Très Saint-Père ou celui qui prétend l'être. Je le reconnaîtrai moi-même. Ma foi me guidera, comme elle a mené Jeanne d'Arc à Chinon vers le roi de France pour le faire sacrer à Reims. Je lui poserai une question à laquelle il est seul à pouvoir répondre. Dès que cette épreuve aura été surmontée, vous pouvez compter sur mon appui total. Je relaierai l'information en direct place Beauvau, à Matignon et même à l'Élysée. Le président de la République viendra en personne accueillir le souverain pontife et dans ce contexte tout danger sera écarté. »

Il appuya sur le bouton d'interphone et demanda à sa secrétaire de mettre la voiture du préfet à disposition du professeur de Fully. Lui-même, débordé de travail, attendrait à son bureau le retour des deux frères.

*

À six heures du soir, comme cela avait été promis par le cardinal Bertini, la même voiture vint chercher Colombe à l'hôtel Raphaël. Le largo Febo était tellement étroit et encombré que la Mercedes, longue comme un sous-marin, eut la plus grande peine à manœuvrer et à s'arrêter sans créer un encombrement fatal de la circulation, dans ce vieux quartier de Rome, qui ressemble à un cœur engorgé de cholestérol.

La direction avait organisé le séjour de Colombe sans lésiner. Elle-même avait téléphoné avant de quitter San Francisco pour retenir une chambre selon son habitude. Suite à la mort annoncée de Jean XXIV durant le vol, elle était passée du rang de personnalité intéressante à celui de femme la plus précieuse de tout Rome. Le dernier étage de l'hôtel avait été bloqué : deux vigiles en civil surveillaient l'escalier et l'ascenseur. Colombe se sentit un peu rassurée.

Au fur et à mesure qu'elle découvrait les règles du jeu, elle réalisait qu'elle occupait la place du mort. Pour Bertini, la seule façon d'éviter un scandale consistait à la faire taire, de gré ou de force. Elle s'était donc préparée au combat à venir en s'efforçant de dormir deux ou trois heures. Dans ce but, elle s'appropria les deux doses de Glen Fiddich qui se trouvaient dans le minibar de la chambre. Pour trouver un distributeur de glace, elle enfila un peignoir de bain et sortit de sa chambre, oubliant que cet accessoire, banal dans un hôtel américain, est rare en Europe. Elle ne trouva pas de glace mais elle découvrit que sa garde rapprochée s'était enrichie de deux carabiniers en uniforme, munis de gilets pare-balles et de mitraillettes.

Résignée à boire son whisky sans glace, elle était à peine rentrée que le téléphone sonna. C'était Théo. Emmanuel se trouvait bien à Nice et l'administration française se mettait en branle. Colombe pouvait lancer la nouvelle à Rome à n'importe quel moment de la soirée, elle serait confirmée à Nice instantanément. « Et la cause sera entendue ! » conclut Théo, qui était un incurable optimiste. Il lui donna les coordonnées de quelques journalistes accrédités auprès du Vatican pour *Le Monde*, la *Neue Zürcher Zeitung*, le *New York Times* ainsi que les fax de l'AFP, de Reuter et d'Associated Press à Rome. À Colombe de rédiger un bref communiqué qu'il serait possible de faxer depuis l'hôtel. Théo confirma enfin que c'était bien lui qui avait alerté la direction de l'hôtel sur les dangers courus par Colombe. De même l'ambassadeur de Suisse à Rome l'accompagnerait lors de la reconnaissance du corps. Il pourrait utilement servir de témoin.

De fil en aiguille, d'agitation en énervement, Colombe ne réussit pas à dormir un seul instant. À six heures du soir, avec deux carabiniers entassés à côté du chauffeur, elle embarqua dans la limousine du Vatican, qui la conduisit dans une cour intérieure d'où un *monsignore* la guida vers la chapelle Sixtine. L'ambassadeur de Suisse l'attendait dans l'entrée, le visage bouleversé. Il ne murmura aucun mot de condoléances, ce qui rassura Colombe. Théo avait au moins réussi à le convaincre.

Le corps reposait devant l'autel sur un lit d'apparat, qui était légèrement incliné vers l'avant. De part et d'autre, six cierges sur des candélabres gigantesques, deux gardes suisses au garde-à-vous. Le cadavre était revêtu de somptueux ornements pontificaux en brocart doré, rigides comme une armure. Les mains portaient des gants blancs sur lesquels tranchait l'anneau du pêcheur. Seul le visage était visible, mais une mitre couvrait les cheveux. Colombe réprima un geste de colère. Bertini avait pensé à tout. Elle avait envisagé de couper à la dérobée une mèche de cheveux pour procéder à une analyse d'ADN et, à cette intention, elle avait dissimulé une petite paire de ciseaux dans son gant droit.

À travers un brouillard, elle perçut un groupe d'ecclésiastiques, les uns agenouillés (sur des coussins), d'autres debout mais la tête penchée, comme dans les retables qui dépeignent la Crucifixion. En prenant tout le temps de les dévisager, elle localisa Bertini, qui constituait le centre de gravité du groupe. Cela ressemblait à un portrait de groupe arrangé par un photographe obsédé de symétrie. Les prêtres se tenaient immobiles, pareils à des statues de pierre. Elle s'approcha du pied du lit. À deux mètres de distance avec un éclairage diffus, on pouvait s'y tromper. Il fallait qu'elle se rapproche.

Elle contourna le lit par la droite en dépassant le garde suisse, mais elle se retrouva devant l'obstacle constitué par les trois candélabres. En se plaçant judicieusement entre deux cierges, elle obtint une vision rapprochée du profil. Ce n'était pas Emmanuel, mais un excellent sosie. Cet inconnu avait été froidement exécuté sur les ordres de Bertini et la venue annoncée de Colombe avait sans doute hâté l'opération.

Colombe sortit l'appareil de son sac, visa soigneusement et fit très lentement trois photos au flash. Elle perçut dans son dos un froissement de soutanes et elle s'attendit qu'on lui arrache l'appareil. Mais il n'en fut rien. Enhardie elle fit le tour du catafalque et mitrailla le visage sous tous les angles. Puis elle se dirigea vers le cardinal Bertini à qui elle demanda à haute voix de lui accorder un entretien confidentiel en présence du seul ambassadeur de Suisse. Son cœur battait la chamade. L'avenir d'Emmanuel, sa réputation et sa vie reposaient maintenant sur une pointe d'aiguille. La moindre maladresse de sa part, une lenteur dans ses réactions, un manque de contrôle d'elle-même pouvaient provoquer un désastre.

Le cardinal les conduisit en boitillant dans une sorte de sacristie attenante à la chapelle et ferma la porte. Puis il joignit les mains, baissa les yeux et attendit l'assaut de Colombe.

« Le cadavre qui est exposé n'est pas celui de mon frère Emmanuel. Celui-ci est vivant et bien vivant, en compagnie de mon frère Théo qui vient encore de me le confirmer par téléphone. Vous ne me ferez pas croire que vous ne le savez pas. Le cadavre exposé est celui d'un sosie de mon frère, que vous avez recruté pour couvrir son absence. Je ne désire pas savoir dans quelles circonstances cet homme est mort et si son décès est d'origine naturelle ou non. Mais je ne peux pas laisser passer la fausse nouvelle selon laquelle mon frère serait mort. D'ailleurs, au moment où nous parlons, il rencontre des journalistes. La nouvelle se répandra dans le monde en un éclair. Que ferez-vous alors ? »

Le cardinal jeta un coup d'œil complice à l'ambassadeur qui ne savait manifestement pas où se fourrer. Il prit enfin l'air excédé de l'adulte confronté à un enfant déraisonnable :

« Madame, je comprends que votre douleur vous égare. Ma voiture est à votre disposition pour vous reconduire à votre hôtel. Les funérailles auront lieu dans trois jours. D'ici là, vous aurez le temps de récupérer vos esprits. La famille bénéficiera bien entendu d'une place toute particulière dans ces cérémonies. Reposez-vous. »

« Je désire qu'une autopsie soit pratiquée sur ce corps dont vous prétendez qu'il est celui de mon frère. »

« Il est trop tard. Le corps est embaumé, les entrailles ont été extraites et le sang remplacé par une solution chimique. Une autopsie ne présenterait plus maintenant aucun intérêt à supposer qu'elle ait jamais pu en avoir. La mort a été diagnostiquée par le médecin officiel du Vatican comme résultant d'un infarctus du myocarde. L'identité du défunt est assurée par son passeport qui se trouvait parmi ses papiers. Lorsque j'ai découvert le corps, il portait encore au doigt l'anneau du pêcheur, que j'ai brisé moi-même séance tenante selon l'usage. Comment se fait-il que cet imposteur, qui se fait passer pour votre frère, ne possède ni ce passeport ni cet anneau qui ne quitte jamais la main du pape ? Expliquez-moi cela si vous le pouvez ? »

Colombe, qui ne disposait d'aucune explication, piqua une colère soudaine. Devant elle se tenait un de ces maîtres du monde, qui maintiennent imperturbablement les apparences. Il ne pouvait pas ignorer qu'elle savait la vérité. Il ne pouvait pas ignorer qu'elle savait qu'il savait.

« Cet homme a été tué parce que je débarquais à Rome et que la supercherie aurait été découverte. L'embaumement est un procédé classique qui a déjà été utilisé, lorsqu'il s'est agi de dissimuler la cause véritable de la mort de Jean-Paul Ier. Les passeports et les anneaux, cela se copie ! Vous avez beau porter la pourpre des cardinaux, vous n'êtes vous-même qu'un menteur. »

Elle criait. Tarcisio Bertini resta froid comme marbre.

« À supposer que je sois ce criminel à la tête d'un complot que vous imaginez dans votre égarement, qu'attendez-vous que je fasse ? Que je confesse mes forfaits sur la place publique ? Soyez raisonnable. Si tout cela n'est que le fruit de votre imagination, n'espérez rien et, si c'est réel, n'espérez pas davantage. Nous perdons notre temps. »

Colombe se mordit les lèvres, juste à temps pour ne pas mentionner cette marque sur le visage qu'elle connaissait, depuis qu'Emmanuel enfant s'était ouvert le menton en tombant sur le seuil de la maison paternelle à Fully. On pourrait la retrouver sur les photos authentiques d'Emmanuel tandis qu'elle n'apparaissait pas sur celles qu'elle venait de prendre. Elle eut le sentiment qu'en confrontant sur-le-champ Tarcisio Bertini à l'évidence, elle signerait son arrêt de mort immédiat. Pour survivre, il fallait sauver les apparences. Elle quitta la sacristie, suivie par l'ambassadeur, qui faisait de tout petits pas afin de demeurer un mètre en arrière d'elle.

*

Quand Emmanuel entra dans le bureau du préfet, il portait un complet noir de confection que le Padre Egidio avait tiré de ses réserves avec une chemise blanche et une cravate noire. Il s'était rasé. Il ressemblait sinon à lui-même, du moins à un ecclésiastique en voyage incognito. De plus en plus inquiet, Théo le suivait.

Le préfet se plaça au pied du crucifix et fixa Emmanuel.

« Si vous êtes bien celui que vous prétendez être, je vous prie de croire, Très Saint-Père, à mon entier dévouement et à mon profond respect. Mais vous comprendrez aisément qu'il faille que je m'en assure. Je vous poserai une seule question et, de votre réponse, je déduirai tout. »

Emmanuel fit un vague mouvement de la main pour signifier qu'il admettait l'épreuve.

« Voilà. Il s'agit d'une idée audacieuse. Ainsi que je l'ai expliqué au professeur de Fully, je suis amené à donner ma démission et à quitter la carrière préfectorale, dont je n'ai pas besoin de vous souligner les avantages. Seul un grand dessein justifie ce renoncement : j'ai sacrifié la réussite professionnelle à ma foi. Mais ma foi à son tour me sauvera d'une débâcle financière que je ne puis me permettre, car je suis père de famille nombreuse. Je deviens donc fondé de pouvoir pour les Alpes-Maritimes d'une importante société de pompes funèbres, contrôlée par des capitaux américains. Vous saisissez ? »

Emmanuel hocha la tête de façon aussi neutre que possible.

« Une succursale de ce groupe américain, Celestis, basée en Floride, a développé un intéressant concept de funérailles, qui connaît un grand succès dans cet État principalement peuplé de retraités fortunés. La situation est analogue dans les Alpes-Maritimes. Cannes,

Nice et Menton sont de véritables mouroirs. Je voudrais soulager la peine des familles en introduisant le concept Celestis. »

Emmanuel continua de se taire.

« Je comprends que ce concept soit quelque peu surprenant pour un esprit européen et qu'il ne reçoive qu'un accueil sceptique dans un pays de tradition catholique, même si la laïcité y fait les ravages que nous connaissons. »

Les deux frères de Fully échangèrent un regard. Colombe devait avoir entamé son action à Rome. Il n'y avait plus une minute à perdre. La nouvelle allait agiter les téléscripteurs du monde entier.

« Pour 3 900 $ par défunt, Celestis envoie ses cendres en orbite dans un satellite placé à trois mille kilomètres de la Terre. Les familles peuvent repérer le satellite avec de simples jumelles et elles ont l'assurance que celui-ci demeurera en orbite pendant soixante-trois millions d'années, une éternité en pratique. Les cendres, en fait une dizaine de grammes, sont placées dans une gélule de cinq centimètres cubes portant le nom du défunt et une indication de sa religion. Un satellite de cent cinquante kilos peut emporter les cendres de dix mille défunts. On dispose donc d'une recette de trente-neuf millions de dollars, ce qui couvre largement les frais de lancement par un porteur Ariane 7. Une partie du bénéfice pourrait être redistribué entre les confessions coopérant au projet par un organisme sans but lucratif fondé selon la loi de 1901. Sur le papier, l'opération est très intéressante mais les réticences culturelles dans un pays comme la France risquent d'être importantes. Tout dépend d'un effet d'annonce. »

Il prit son temps :

« D'une caution, si vous voyez ce que je veux dire. »

Emmanuel, soudain très las, répondit :

« Soit je ne comprends pas du tout votre requête, soit je ne la comprends que trop bien. S'il s'agit de la seconde hypothèse, cela signifie que vous m'assurez votre protection en échange d'une bénédiction officielle pour votre entreprise. »

Le préfet frétilla :

« C'est bien cela, Très Saint-Père. »

« Vous permettez que je m'entretienne en particulier avec mon frère ? »

Le préfet fit une courbette et quitta la pièce.

« Il n'est pas question que je passe par les conditions farfelues de ce fou », émit Emmanuel à mi-voix.

Théo eut une moue :

« Nous n'avons pas tellement le choix. Dis-lui n'importe quoi ! Tu pourras toujours te raviser quand tu seras en sécurité. Il n'a pas besoin d'une bénédiction séance tenante. Il faut gagner du temps. »

« Un pape authentique n'accepterait jamais ce genre de marché. »

« Un pape authentique ne s'est jamais trouvé dans la peau d'un vagabond accusé de meurtre. »

Dehors, le soleil se couchait dans les collines. Au-dessus de la mer, le ciel était écarlate comme si le sang d'une blessure giclait sur le firmament.

« Je ne trouve pas que ce soit le moment de faire de l'humour », commenta Emmanuel.

Théo le prit par le bras :

« Toute cette histoire, la tienne, la mienne, celle de ce vieux fou, ne mérite qu'un grand éclat de rire. »

« Je n'ai aucune envie de rire. Si je me trompe, tout est fichu. »

« Rien n'interdit d'envoyer des cendres dans un satellite en orbite. Si ça amuse les gens ! »

Emmanuel concéda cette thèse avec une moue et

Théo ouvrit la porte au préfet, qui attendait bien sagement dans le corridor.

« Monsieur le préfet, à première vue je ne vois aucune objection au type de funérailles que vous proposez. »

Le visage du préfet s'illumina :

« Très Saint-Père, je propose que nous passions tout de suite à l'acte. Il suffit que vous fassiez une déclaration devant la caméra d'une agence de publicité en charge de l'opération. J'ai rédigé un texte que vous pourrez mémoriser durant le trajet. Le studio se trouve sur le Vieux-Port. »

Emmanuel acquiesça de la tête et ils quittèrent les bâtiments du Conseil général par la grande porte. Il s'assit à côté du préfet sur le siège arrière de la Peugeot, tandis que Théo prenait place à côté du conducteur. Au moment où la voiture démarrait, Emmanuel demanda le plus innocemment du monde que l'on fasse un détour par le restaurant Saint-François afin qu'il se change et qu'il se munisse de sa croix pectorale.

Le préfet fit arrêter sa voiture dans la ruelle, car il ne voulait pas attirer l'attention en stationnant sur le cours Saleya. Théo et Emmanuel entrèrent dans le restaurant par l'entrée de service. Ils en ressortirent quelques minutes plus tard par la terrasse de l'autre côté. Le Padre Egidio les accompagnait en portant la mallette d'Emmanuel qui avait été mise en sécurité dans son bureau. Ils dévalèrent les escaliers du parking situé sous la place et quittèrent Nice à bord de la camionnette du restaurant Saint-François.

Le préfet attendit décemment un quart d'heure, puis il envoya son chauffeur presser le mouvement. Quand il apprit qu'il avait été roulé, il retourna au Centre administratif départemental en mélangeant *in petto* quelques oraisons jaculatoires et des jurons distingués.

Il appela tout de suite le cardinal camerlingue, Tarcisio Bertini, avec lequel il eut un entretien décisif.

Une demi-heure plus tard, l'AFP diffusait un message de la préfecture des Alpes-Maritimes annonçant qu'un sosie du défunt pape Jean XXIV essayait de se faire passer pour lui. En fait, ce personnage douteux, prétendant s'appeler Henri Fusain, était soupçonné d'un double crime crapuleux commis à Saint-Blaise. La seule photo disponible le représentait dans un restaurant élégant du cours Saleya enlaçant un travesti notoire, qui servait de barmaid à cet établissement, repaire de drogués organisé par un moine italien en rupture de couvent.

9

Derek Dood étala soigneusement les deux fax côte à côte.

Le premier, signé par le Dr Colombe de Fully, émanait de l'hôtel Raphaël. Selon celui-ci, le corps exposé à la vénération des fidèles ce soir depuis six heures n'était pas celui de Jean XXIV, qui s'était réfugié en France et qui ferait bientôt une déclaration à la presse. La signataire était la sœur du pape prétendument défunt ; elle était mondialement connue pour avoir créé une école de soins palliatifs et d'assistance psychologique aux agonisants. À première vue, il semblait que la douleur l'aveuglait à son tour. La mort frappait à la porte de sa propre maison et elle ne voulait pas la reconnaître. Elle s'était tellement évertuée à préparer les autres qu'elle n'était pas capable de faire son propre travail de deuil. Banal. Juste retour des choses.

Le second fax provenait d'une source bien plus fiable, l'AFP, et relatait un fait divers étrange, comme il en tombe tous les jours sur les téléscripteurs des journaux : un vagabond du nom de Jean Fusain, poursuivi pour crimes crapuleux, prétendait être l'authentique Jean XXIV. Il était actuellement en fuite, poursuivi par la police française. Ces derniers temps, il avait vécu d'expédients douteux, dont le proxénétisme de travestis. La seule photo de presse jointe au texte le montrait effectivement dans un bar avec une fausse fille, trop grande et trop anguleuse, la tête sur son épaule. L'individu présentait une vague ressemblance avec Jean XXIV.

Depuis cinq ans qu'il était correspondant de plusieurs journaux américains à Rome, Derek Dood avait eu tout le temps d'approfondir sa connaissance de l'histoire de la papauté. Après leur mort, de nombreux papes de la Renaissance étaient réapparus sous les traits d'imposteurs plus ou moins crédibles. Ainsi, la fin des temps pour l'Église catholique se marquait par une régression historique. Banal.

Il commença à froisser les deux fax pour les jeter dans la corbeille à papier, puis il s'arrêta soudain. Il déplia et lissa les papiers.

Il était devenu légendaire pour son talent à repérer des exclusivités, qui échappaient à la plupart de ses collègues. On chuchotait qu'il jouissait d'une chance insolente. Lui, mieux que personne, savait combien le travail seul compte. On ne trouve que ce que l'on cherche. Tout journaliste sérieux finit par découvrir des faits que les puissants dissimulent pour mieux conforter leur pouvoir. Moins un acte paraît plausible, plus il risque d'être authentique. La réalité n'arrête pas de dépasser la fiction comme si l'Histoire était écrite par un romancier égaré, celui que les religions appellent Dieu.

Dès le milieu des années 80, Derek Dood avait pronostiqué l'effondrement du régime soviétique. Il avait évalué à son exacte valeur l'agressivité de l'Irak juste avant la guerre du Golfe, qu'il avait prédite alors que la CIA en niait la possibilité. Il avait découvert l'insondable vanité de Milošević et annoncé l'imminence des génocides balkaniques. Il avait prédit les attaques terroristes des islamistes contre les États-Unis. Sans aucun effet mais non sans risques pour sa personne.

Fatigué de courir des dangers trop réels, il avait fini par s'installer à Rome comme journaliste indépendant. Dans cette ville, la dissimulation constituait une seconde nature, les découvertes à faire étaient d'autant plus nombreuses et le danger d'une liquidation physique bien moindre qu'à Moscou ou Belgrade, sans être tout à fait inexistant. Chien de race à la truffe sensible, Derek avait compris que le Vatican allait imploser et que l'Église catholique risquait de diverger en autant de tendances que le protestantisme. Bon sujet. La puissance montante du fascisme à la Berlusconi et le pouvoir coutumier de la Maffia rendaient le jeu encore plus intéressant. L'Europe retombait dans l'ornière du populisme, où les intégrismes prospèrent.

Derek connaissait la biographie d'Emmanuel sur le bout des doigts, y compris quelques épisodes inconnus du grand public. Sa fragilité psychologique, sa maladie de Parkinson guérie par Colombe en utilisant une des premières thérapies par cellules souches obtenues à partir d'embryons, sa propension à fuir les conflits, sa manie d'errer incognito le soir dans les rues de Rome, son attachement viscéral à son frère et à sa sœur, son absence totale d'ambition. Le prototype du modéré s'efforçant de sauver les meubles, qui échoue invariablement lors de la confrontation avec les extrêmes. Un perdant qui se consolait de sa médiocrité en feignant la sagesse des modestes.

Deux ans plus tôt, Derek avait couvert le départ du Vatican par Emmanuel en bras de chemise au milieu d'une foule enthousiaste. Une constante dans la vie de cet angoissé perpétuel : quand il ne savait plus que faire, il se mettait en marche comme ses grands prédécesseurs, Abraham, Moïse, Jésus, Paul, François. La marche est le seul sport des sages, que l'on n'imagine pas jouant au tennis ou au golf. L'homme qui marche jouit d'entendre le sable et le gravier crisser sous ses pieds comme la croûte du pain qui craque sous les dents. Manger, marcher, les deux gestes de la vie quotidienne les plus chargés de sens religieux, parce qu'ils sont l'expression de la vie elle-même.

Cette tentation de se déguiser en vagabond cadrait tout à fait avec le personnage. Dood prit un DVD dans le tiroir de son bureau. Il y enregistrait toutes les apparitions en public de Jean XXIV, filmées par les télévisions. La dernière, qui datait de quelques jours à peine, présentait un caractère étrange. Après avoir séjourné plus d'un an au Latran, Jean XXIV aurait soudain décidé de retourner au Vatican et de renouer avec la tradition de la bénédiction des pèlerins le mercredi à midi. Derek visionna plusieurs fois le plan où le pape apparaissait au balcon et bénissait la foule. La voix était bien celle d'Emmanuel de Fully telle qu'il la connaissait pour l'avoir approché plusieurs fois et réalisé deux longues interviews. Le pape parlait couramment l'italien, l'anglais et l'allemand, mais avec un accent francophone et, plus précisément, celui des Suisses romands.

Derek remonta le cours du temps dans le DVD. Jusqu'à cette dernière prestation, le pape avait habituellement reçu les touristes sur les marches de Saint-Jean-du-Latran. Il baillait sa bénédiction en quatre langues, toujours avec le même accent. D'une bénédiction à l'autre, il ajoutait quelques mots de bienvenue. Soudain Derek se figea comme le chien de chasse en arrêt. La formule utilisée voici trois mois était exactement la même que celle de la bénédiction du Vatican. Il chronométra la durée : identique à la seconde près dans les deux cas.

Il reprit la séquence du Vatican en utilisant le zoom électronique de l'ordinateur braqué sur le visage d'Emmanuel. Les lèvres remuaient de façon désynchronisée. Elles s'arrêtaient même de bouger deux secondes avant la fin de la voix enregistrée. Il n'y avait aucun doute. La figure du pape bénissant depuis le balcon du Vatican semblait être celle d'Emmanuel, mais il s'agissait d'un play-back. Les prélats du Vatican avaient déniché un sosie passable, mais celui-ci n'avait pas un talent d'imitateur. Et, plus intéressant encore, il avait été liquidé pour éliminer une fois pour toutes le péril représenté par Jean XXIV.

Colombe de Fully ne se trompait pas. Le cadavre était celui d'un sosie. Et le véritable Emmanuel de Fully se cachait quelque part en France.

Derek, qui croyait à Dieu tout autant qu'au diable, ne rendait d'habitude aucun culte à ces deux êtres tellement distants, qu'il les soupçonnait de s'intéresser très peu aux prières des hommes. Cette fois-ci, il fut traversé par une sorte d'éclair transcendant. Il eut le sentiment qu'il détenait non seulement une information exclusive, qui le propulserait au rang des journalistes de légende, mais qu'il remplissait un rôle cosmique. Un étrange sentiment de joie et d'inquiétude mélangées l'étouffa. Que faire ? Non seulement pour produire un bon papier, mais aussi pour exercer, une fois dans sa vie, une responsabilité historique. Question de se dire en mourant (le plus tard possible) que l'on n'a pas été inutile. Cesser d'être un voyeur pour devenir un acteur.

Il sortit sur le balcon de son appartement, qui donnait sur la piazza di Spagna, pour contempler la foule des Romains et des touristes, montant et descendant le grand escalier. Il se paya même le luxe de fumer une cigarette, à l'encontre de sa résolution de s'en abstenir désormais. Il devait résoudre incontinent deux questions. Comment approcher Colombe de Fully ? Où se trouvait pour l'instant le pape fugitif ?

*

« Je ne prétends pas qu'ici vous ne courriez aucun risque. Mais la maison est sûre. Elle est le siège de SOS Amitié, un service d'écoute vingt-quatre heures sur vingt-quatre, qui fonctionne dans l'anonymat le plus complet. Pour protéger celui-ci, le lieu où travaillent les écoutants est tenu secret. La maison est occupée par un ménage de musiciens, les Thénard, qui est de toute confiance. La demeure est grande. J'ai fait réserver une chambre au dernier étage. Personne ne viendra vous chercher ici. »

De l'extérieur la maison ne payait pas tellement de mine. Comme souvent dans le Midi, la façade n'avait pas été ravalée depuis la construction, voici un siècle ou deux. Des lambeaux de peinture ocre s'effilochaient entre des plaques de maçonnerie nue. Les belles tuiles roses montraient des signes de fatigue. Les volets avaient été bleus avant de se délaver à la pluie et au soleil. Ici, dans cette ancienne ville de l'Empire romain, on construisait pour l'éternité et on ne s'occupait pas de l'entretien, tâche stérile réservée aux peuples du Nord, maniaques de l'ordre. Ici on vivait chaque minute pour elle-même. Le Padre Egidio, qui avait conduit Emmanuel et Théo de Nice à Aix-en-Provence, ajouta :

« Vos hôtes sont remarquables. Auguste Thénard est un chef de chœur renommé et son épouse Françoise est organiste à la cathédrale. Tout droit au bout de cette rue se trouve la fontaine des Quatre-Dauphins. Vous serez dans un environnement exceptionnel. »

Les frères de Fully étaient trop épuisés par le voyage

et les péripéties de la journée pour émettre autre chose que de vagues bredouillages en guise de remerciements. La grille de leur refuge s'ouvrit et la camionnette s'engouffra derrière les murs pour qu'ils opèrent une sortie discrète.

Emmanuel se déplaçait dans une sorte de brouillard. Il perçut simplement que ses hôtes devaient adorer les chats, dont ils élevaient un grand nombre dans leur propriété. Des disques et des partitions traînaient partout, il repéra un harmonium, un piano et un orgue. On le conduisit à sa chambre où il s'effondra instantanément dans un sommeil indécent, car il était à peine sept heures du soir.

Théo fit le tour de la propriété pour s'assurer de la sécurité des lieux. Il plaça une échelle contre le mur arrière qui donnait sur un terrain vague transformé en parking. Comme il désirait ne courir aucun risque, il se renseigna sur la localisation de la gendarmerie et il donna deux coups de téléphone mystérieux.

Dans sa chambre, il s'effondra à son tour dans un superbe fauteuil Voltaire et il appela Colombe sur son téléphone mobile pour la mettre au courant de son échec à convaincre les autorités françaises. Dès que la conversation fut terminée, il s'assoupit dans le fauteuil. Il fut réveillé au bout de quelques minutes par une sonnerie téléphonique.

*

Derek Dood n'eut aucune difficulté à obtenir au bout du fil Colombe, qui lui accorda aussitôt un entretien. Il se déplaça à pied de la piazza di Spagna au largo Febo pour se donner le temps de réfléchir et de préparer ses questions. Depuis le hall de l'hôtel il fut escorté jusqu'au dernier étage par un policier en civil, puis fouillé par un carabinier de faction et enfin introduit dans la chambre de Colombe.

Elle était vêtue d'un peignoir de bain, pieds nus dans des mules, tirant nerveusement sur une cigarette, un verre de scotch à la main. Bien qu'elle eût dépassé la cinquantaine, comme l'avait vérifié Dood en consultant sa documentation, elle restait très belle, sans doute parce qu'elle obéissait à une stricte discipline de vie. Derek la trouva même attirante. Très loin de l'image de la psychiatre charismatique, coqueluche des États-Uniens. La télévision jouait très fort. Les rideaux étaient tirés, sans doute pour éviter tout attentat par un tireur d'élite.

Allumant une cigarette au mégot de la précédente, elle entama un récit détaillé de ses rencontres avec le cardinal Bertini, que Dood enregistra soigneusement. Elle prit une photo d'Emmanuel dans un cadre qu'elle emportait en voyage. Elle fit remarquer la trace d'une cicatrice au menton, qui ne se retrouvait pas sur les photos prises cet après-midi à la chapelle Sixtine. Elle les avait fait développer en urgence en recourant au service du concierge de l'hôtel. Derek Dood objecta que la cicatrice pouvait avoir été dissimulée par un maquillage. Colombe y avait également songé, mais le cadavre n'était pas maquillé, dans la mesure où elle avait pu l'apprécier à distance.

Derek Dood ne parla pas de la preuve bien plus convaincante qu'il venait de découvrir : il n'y avait aucune raison d'abattre une carte aussi décisive dont il désirait garder l'exclusivité. Il n'éprouvait qu'une confiance modérée dans la discrétion de Colombe. Il lui demanda le numéro du téléphone mobile de Théo qu'il appela à Aix-en-Provence. Il posa plusieurs questions dont il connaissait la réponse afin de bien identifier son interlocuteur. Puis il enregistra le récit de

Théo. Néanmoins celui-ci refusa de réveiller Emmanuel, qui était épuisé et qui se refuserait probablement à un enregistrement à distance. Quand Dood eut vérifié tout ce qui était possible, y compris le passeport de Colombe, il consentit enfin à s'ouvrir de ses intentions.

« Aussi longtemps que votre frère ne parvient pas à se faire reconnaître par la presse en France, les éléments dont nous disposons à Rome ne constituent que des présomptions. Assez pour semer la suspicion mais pas assez pour emporter la conviction.

« Supposons néanmoins que Jean XXIV réussisse à sortir de la souricière organisée en France. Et qu'il ne se fasse pas tuer par la police toujours prompte à tirer sans sommation sur un prétendu meurtrier. Supposons enfin que le monde entier apprenne ce qui s'est vraiment passé.

« Le scandale sera tellement grand que l'institution risque de ne pas s'en relever. La supercherie de quelques prélats du Vatican ternira définitivement l'image de l'Église catholique, mais elle ne rehaussera pas pour autant le prestige de votre frère dont la fugue sera très mal interprétée. Sa démarche est ambiguë, elle évoque bien plus la panique qu'un geste délibéré. Les chroniqueurs qui font l'opinion politique, les décideurs de toute espèce considéreront l'Église catholique comme ayant dépassé un stade de décomposition totale. À la débâcle financière se superposera la faillite morale.

« D'une certaine façon, je comprends le cardinal Bertini. Il obéit à la raison d'État qui ne se conforme pas aux principes de la morale puérile et honnête. Il n'est même pas exclu qu'on lui pardonne sa supercherie. Allez savoir. L'opinion mondiale est imprévisible. Comme une jolie femme ! »

Cette remarque sexiste fit déborder la coupe chez Colombe, très sensible sur ce point. Elle banda ses énergies pour piquer une colère, puis s'efforça de la contenir. Derek Dood était le seul journaliste qui ait répondu à son fax. Il représentait l'unique espoir de dénouer la situation et de sauver Emmanuel, voire Théo, d'une mort annoncée.

Manifestement il hésitait. Pour quelle raison ? Le cerveau épuisé de Colombe se refusait à tout effort. Elle avait espéré en rencontrant Derek Dood, en constatant son sérieux professionnel, son calme, son assurance, qu'il allait dénouer le nœud gordien d'un seul coup de glaive en publiant un de ces articles dont il avait le secret. Elle était prête à lui abandonner la direction d'une manœuvre qui la dépassait, qui l'épuisait, qui l'ennuyait. Puisque le *Washington Post* avait réussi, tout seul, à faire abdiquer un président des États-Unis, ce journal pouvait bien remettre un pape sur le siège de Pierre.

L'émotion noya la résistance de Colombe, qui poussa un grand sanglot et se mit à pleurer convulsivement, sans essayer de dissimuler son visage baigné de larmes. Au contraire, à travers ses yeux brouillés, elle continuait à fixer Dood, essayant de distinguer une trace d'émotion sur son visage impassible. Finalement, il quitta son siège et s'approcha de Colombe pour s'asseoir sur l'accoudoir du fauteuil et poser son bras sur son dos secoué de sanglots. Il ne disait toujours rien. Colombe enfouit son visage dans le creux de l'épaule de Dood.

Quand les larmes de Colombe eurent imprégné le tissu de sa chemise et commencèrent à imbiber la peau de sa poitrine, il ne résista plus. Il posa sa main sur le genou de Colombe qui émergeait des pans du peignoir entrouvert. Colombe ne le repoussa pas.

*

Emmanuel ne réussit à dormir que quatre heures d'affilée. Il se réveilla dans un grand état d'angoisse. Il se mit à imaginer tout ce qui pouvait se produire, sa mort, celle de Théo ou de Colombe, l'Église de Pierre entre les mains de criminels. Il songea aux morts que sa fuite avait déjà causées. Celles-là n'étaient pas le fruit de son imagination ou de son angoisse. Le mal irréparable avait été commis. Il s'efforça de prier pour les morts, sans y parvenir. Lui, le vivant, aurait plutôt eu besoin de la prière des morts.

Il était seul dans sa chambre du dernier étage, remplie de vieux meubles absolument délicieux. La courtepointe avait une couleur cramoisie comme une soutane de cardinal. Il essaya d'imaginer ce qu'avait été la vie de Tarcisio Bertini, cette lente montée vers le pouvoir ecclésiastique d'un imposteur parfait. Tout homme est sans doute un imposteur aux yeux de Dieu, pensa-t-il. Les prêtres, qui prétendent le représenter, plus encore que les autres, et lui, le pape fugitif, plus que tous.

Autant que Pierre, le premier pape, qui renia Jésus et qui finit tout de même sur une croix. La tête en bas selon la tradition. Pas par esprit d'humilité ! Pour abréger son agonie en étouffant plus vite. Un imposteur de profession, un hypocrite, lui le premier ? Quelqu'un qui méprise ceux qu'il trompe. Quelqu'un qui se méprise, au point d'essayer de se tromper lui-même. Un péché qui ne peut être pardonné car le repentir d'un hypocrite est en soi une hypocrisie. Être pape signifiait se conformer au modèle ambigu du patron pécheur de Galilée, monté à Rome, attiré par l'aimant du pouvoir contre lequel son maître l'avait mis en garde. Lui, Emmanuel, vingt siècles plus tard, errait à travers l'empire décomposé comme le fantôme du dernier empereur romain. En Chine, au Sahara, en Inde, il ne représentait rien. Ici, il avait été tout, il était devenu rien.

Colombe avait mis Emmanuel en garde contre ces accès d'introspection, qu'il avait coutume de ressasser sous couleur d'examen de conscience et qui débouchaient sur de véritables crises de panique. Elle lui avait donné le conseil de les interrompre en engageant une action quelconque. Il remarqua qu'il avait faim et il se vêtit sommairement pour tenter de découvrir quelque chose de comestible à la cuisine. Ce genre de randonnée constituait une très vieille habitude. Enfant, il ne mangeait pas à table, pour attirer l'attention de son père, puis il se levait de nuit pour rançonner le frigo et engloutir hâtivement de peur d'être surpris. Au séminaire, il ne mangeait guère au réfectoire parce que la nourriture était médiocre. Comme la cuisine était fermée à clé durant la nuit, il avait dû faire fabriquer un double par Théo.

Cette nuit, en descendant pieds nus l'escalier qui craquait affreusement, il entendit au premier étage la voix d'Auguste Thénard. C'étaient des phrases brèves, entrecoupées de longs silences. Emmanuel devina qu'il remplissait sa fonction d'écoutant pour SOS Amitié. Il eut peur d'être indiscret et poursuivit son expédition vers le réfrigérateur.

Il tâtonna quelque peu pour découvrir l'interrupteur. La cuisine fut baignée par la lumière crue d'un tube. Un peu gêné, Emmanuel ouvrit la porte du frigo. Il y avait plusieurs bouteilles de lait. Il prit sur l'évier un grand verre qui séchait et le remplit. Il but lentement le liquide crémeux qui le réconforta un peu. Il nettoya sa vaisselle et il s'apprêtait à regagner sa chambre lorsque la porte s'ouvrit. Emmanuel eut l'air d'un collégien pris en faute. Un moment interloqué, Auguste Thénard proposa à Emmanuel de manger un morceau.

Quelques minutes plus tard, Emmanuel étalait une généreuse couche de rillettes d'oie sur une grosse tranche de pain paysan, tandis que Auguste Thénard remplissait deux verres de rouge. Il avait posé le téléphone mobile sur la table de cuisine.

Il commença à se raconter. Les longues veilles au milieu de la nuit, dont il se chargeait souvent en personne, car il ne trouvait pas toujours un écoutant disponible.

« Un chef de chœur a un horaire centré sur la soirée, conclut-il. Il peut se permettre de dormir durant la matinée. »

Puis il continua à décrire son activité. Le téléphone ne sonnait pas. Faute d'écouter, il avait manifestement envie de parler. Il avait été prêtre, curé de la cathédrale, jusqu'au moment où il était tombé amoureux de l'organiste. À l'encontre de son prédécesseur, Emmanuel avait libéralement accordé des dispenses de vœux. Auguste Thénard s'était alors marié, en utilisant ses dons musicaux comme gagne-pain improvisé. Mais la nostalgie du sacerdoce le prenait parfois et l'écoute nocturne des angoissés sur SOS Amitié le satisfaisait.

« Ce n'est pas la même chose que la confession. Peut-être serait-ce même le contraire. Le besoin d'avouer est identique mais la réponse est différente. Depuis quelques décennies se produit un grand basculement de perspective. Nous ne croyons plus au péché originel. Nous ne pouvons plus imaginer un couple légendaire, commettant une seule faute qui aurait ébranlé l'ordre cosmique et introduit la mort, la souffrance, la peine du travail, les convulsions de l'accouchement.

« Nous ne devons donc plus traquer dans l'homme les traces de cette culpabilité originelle, le convaincre qu'il est fondamentalement corrompu, que sa nature est blessée. Plus personne ne le juge, sinon lui-même, et, s'il avoue ce qu'il croit être une faute, c'est sans doute pour récupérer son innocence originelle par le seul fait de cet aveu sans que l'écoutant l'absolve. Nous avons compris qu'il faut d'abord que l'homme se pardonne à lui-même d'être ce qu'il est. Il ne peut être question de le laisser régresser au niveau infantile où il attend de l'écoutant, seul être vraiment adulte, qu'il remplisse la fonction de père ou de mère. Le pénitent appelle "Père" le confesseur.

« À SOS Amitié, l'appelant, qui interpelle dans cet esprit-là, est ramené avec douceur mais fermeté dans sa situation d'adulte. Nous ne sommes pas intéressés à la régression mais à la progression. Parfois, je me dis que je remplis ici ma véritable fonction de prêtre mieux que je ne l'ai jadis fait au confessionnal. »

Le téléphone sonna. Auguste Thénard saisit le cornet. Puis il demanda à son interlocuteur un moment de patience pour rejoindre le bureau. Il fit silencieusement signe à Emmanuel de le suivre. L'escalier craqua copieusement sous le poids d'Auguste Thénard qui était plutôt enveloppé.

Une lampe avec un abat-jour vert translucide répandait une lumière douce dans la pièce. Auguste Thénard reposa le cornet sur le socle et enclencha le haut-parleur. Une voix d'homme, rude, au vocabulaire limité mais sans vulgarité.

« Je viens de violer ma petite fille de quatorze ans. Je ne sais plus que faire. Faut-il appeler la police ? »

Auguste lança un regard impérieux à Emmanuel en posant un doigt sur ses lèvres. Il parla très doucement :

« Que fait-elle maintenant ? »

« Elle pleure. »

Emmanuel eut une vision de l'enfant marquée à vie, recroquevillée dans un coin de sa chambre. Il pria sans savoir ce qu'il devait demander.

Auguste reprit :

« Pourquoi m'appelez-vous ? »

« Parce que j'ai peur de recommencer. »

« C'est donc un accident ? »

« Oui. »

Un oui sec et court, qui ne cherchait pas à expliquer ou à justifier. Le silence se prolongeait. Auguste ne bougeait pas. L'appelant était toujours au téléphone. On l'entendait respirer.

« Je suis veuf. J'ai de la peine à garder un travail. Je n'ai pas de formation. Je n'ai pas beaucoup d'argent. J'ai deux filles, j'essaie de leur donner ce dont elles ont besoin, afin qu'elles aient toujours à manger, qu'elles soient correctement habillées. Hier, on m'a mis à la porte de mon boulot. J'ai bu parce que j'avais de l'argent, je suis rentré ivre, l'aînée m'a mis au lit, elle m'a lavé parce que j'avais vomi. C'est comme cela que c'est arrivé. »

« Vous ne pouvez pas les confier à quelqu'un de votre famille ? »

« Je n'ai pas de famille. Je sors de l'Assistance publique. Je n'ai pas d'amis. Je n'ai pas le temps. Travailler et soutenir une famille, c'est trop pour un homme seul. Si je vais me dénoncer, à leur tour mes filles seront mises à l'Assistance publique. Je ne veux pas de cela. J'ai tout fait pendant des années pour que cela n'arrive pas et c'est arrivé. J'ai tout raté. »

Un très long silence qu'Auguste Thénard rompit finalement :

« Si vous craignez de leur faire du tort en vous dénonçant, il est encore possible de les confier à un organisme. Je peux vous fournir une adresse. Vous pourrez continuer à travailler, les voir de temps en temps sans jamais vivre avec elles. »

Nouveau silence.

« À ma place, vous iriez à la police ? »

« Je ne peux pas répondre à votre place, je n'y suis pas. »

« Il faut que je paie pour ma faute. »

« Vous avez commis un acte punissable par la loi, mais il faut peser le pour et le contre. À quoi sert-il d'être puni si en même temps vous punissez la victime ? Si vous vous taisez, vous garderez le poids de votre acte. C'est aussi une façon de payer. Peut-être plus difficile que de passer des années en prison. »

« Vous me conseillez de ne pas aller en prison ? »

« Je ne crois pas à la vertu de la prison. Vous n'êtes pas un criminel qui doit être mis hors d'état de nuire à la société. Vous avez perdu la tête à force de misère. Il faut vous mettre dans une situation où vous n'aurez plus le loisir de recommencer. »

« Merci. Je suis plus calme. Je ne sais pas encore ce que je vais faire. Je vais réfléchir. Merci. »

Il raccrocha.

Emmanuel jeta un coup d'œil sur Auguste qui le regarda longuement sans dire un mot. Puis enfin :

« Vous comprenez que dans de telles circonstances le mot Dieu à lui seul est de trop. Je ne confesse pas, je ne réconcilie pas l'homme avec un Dieu juge, je ne pardonne pas, j'essaie de le rapprocher de ce qu'il a de plus précieux, lui-même.

« Rien ne m'a autant rebuté dans la religion que ce prétendu Jugement particulier que subirait l'âme au moment d'entrer dans l'éternité. Quel accueil que ce règlement de comptes ! Quel contresens avec la parabole de l'enfant prodigue ! Quelle perversion de la prédication de Jésus de Nazareth !

« En quittant la cathédrale, j'ai bien failli me convertir à l'islam, ne serait-ce que pour entendre annoncer uniquement un Dieu miséricordieux. Je n'enverrai jamais un délinquant en prison. J'y ai été aumônier. Je sais ce que cela signifie. Je n'ai pas pu continuer à prêcher une religion qui parlait de l'enfer comme d'un grand camp de concentration... »

Il fut interrompu par une sonnerie de téléphone.

*

Dans la salle de bains attenante à la chambre de Colombe, Derek Dood trouva ce qu'il cherchait, un second peignoir en tissu éponge blanc. Il s'en revêtit dans un geste de pudeur. Il ne suffisait pas d'avoir partagé une étreinte avec une dame pour s'autoriser à divaguer tout nu dans sa chambre. Il adorait inventer des règles, qu'il appelait morales, pour éprouver le plaisir de ne pas toujours y obéir.

Il lui fallait s'expliquer à Colombe. Il avait de la peine à se comprendre lui-même. Il avait perdu les pédales. Il aurait dû agir tout de suite. Ce qu'il avait découvert, un autre le découvrirait et lui volerait la primeur. Par excès de jubilation il n'avait pas résisté à la tentation du corps de Colombe. Tout comme il aurait débouché une bouteille de champagne. Mais il avait gaspillé au moins deux heures, conclut-il en consultant sa montre, qu'il avait rattachée à son poignet avant même d'avoir trouvé le peignoir, comme un premier vêtement symbolique. Les animaux ne portent pas de montres.

Il se reprit devant la glace de la salle de bains, but deux grands verres d'eau, respira calmement et constata qu'il n'était toujours pas convaincu de propager aussitôt la nouvelle. Quelle importance que quelques heures au regard de l'éternité ? Un homme meurt à la place d'un autre. Celui-ci ne faisait du reste plus rien là où il se trouvait. Tellement il était ligoté par ses propres contradictions s'ajoutant à celles de l'institution qu'il était censé gouverner. Emmanuel de Fully disparaîtrait de la circulation s'il avait un minimum de bon sens. Il sauverait ainsi sa peau et empêcherait l'effondrement de cette Église à laquelle il avait consacré sa vie. Au point de se châtrer psychologiquement. Derek Dood chercha dans sa mémoire jusqu'à ce que la citation de Matthieu lui revînt pleine et entière : « ... et il y en a qui se sont eux-mêmes rendus eunuques à cause du royaume des cieux. Comprenne qui peut comprendre. » Lui, il ne comprenait pas et il venait d'en administrer une preuve supplémentaire.

Quand il revint dans la chambre, Colombe dormait, abandonnée, une main pendant hors du lit. Derek Dood se rhabilla hâtivement et sortit sans remettre ses chaussures de peur de la réveiller. Il tomba nez à nez avec un policier en civil qui le saisit par le bras tandis qu'un second policier pénétrait dans la chambre pour en ressortir aussitôt, après s'être assuré de la sécurité de Colombe. Sous le regard ironique du policier, Dood remit ses chaussures, les laça, rassembla ses affaires et reprit l'ascenseur. Tandis que celui-ci le ramenait vers le hall de l'hôtel, il murmura entre ses dents : « Dood n'est pas à vendre. Mais on peut le louer. Une heure environ. Au compteur. »

Le long de la via Fontanella Borghese, il hâtait le pas. Il n'était plus qu'à quelques minutes de son appartement sur les escaliers de la Trinità dei Monti. Il ressassait dans son esprit les premières phrases de son article, qu'il devait écrire de toute façon. Parfois il penchait plutôt pour un livre, écrit d'une traite en dix jours et publié le lendemain de l'élection du futur pape, qui serait sans aucun doute Tarcisio Bertini. Mais il courrait ainsi le risque de se faire voler l'exclusivité de sa vie. Il oscillait à chaque pas entre les deux solutions. Parfois, dans ses meilleurs moments, il se persuadait qu'il était dépositaire d'un secret qui ne devait être dévoilé sous aucun prétexte. Aux pires moments, il se demandait combien la Maffia payerait sa discrétion. Il était affolé par les tentations qui l'assaillaient sans qu'il puisse se résoudre à choisir celle qui serait la plus succulente.

Accaparé par ses réflexions, il ne remarqua pas une camionnette roulant à folle allure qui venait à sa rencontre dans la rue à sens unique. Arrivé à sa hauteur, le véhicule obliqua brutalement à gauche et écrasa proprement Derek Dood contre une porte cochère. Comme un cancrelat, pensa-t-il avant de perdre conscience définitivement. Il avait toujours su choisir ses images.

*

Auguste Thénard haussa les sourcils. L'appelant utilisait un français approximatif teinté de l'accent de la péninsule. Il prétendait ne se confier qu'à une personne parlant italien, qui se trouvait là. Avec un aplomb incroyable, il persistait dans sa requête comme s'il devinait la présence d'Emmanuel.

L'homme avait un accent paysan prononcé qu'Emmanuel reconnut sans peine. C'était celui de la campagne avoisinant Plaisance. Pour des raisons obscures à première vue, cette province constituait une terre exceptionnelle de recrutement pour le personnel ecclésiastique de la Curie, comme si les familles pieuses s'étaient concentrées sur la tâche de former de futurs prélats. En se renseignant davantage, Emmanuel avait fini par découvrir que les charges se transmettaient tout simplement d'oncle à neveu. Cela datait de 1545, année où Paul II érigea Plaisance en duché au bénéfice de son fils naturel, Pierre-Louis Farnèse. À cette cordée de carriéristes plaisantins correspondait, par un joli effet de symétrie, une autre organisation fondée sur le népotisme bergamasque. En vivant avec ces prélats provinciaux, Emmanuel s'était habitué aux patois dont il savourait les accents.

Auguste Thénard couvrit le micro de sa main :

« C'est tout à fait contraire aux règles de vous transmettre cet appel, mais pourquoi pas ? Mon italien est très mauvais et je risque de mal comprendre. Écoutez-le et n'intervenez que par des phrases aussi courtes que possible. »

Emmanuel salua son correspondant en italien et attendit. L'autre se tut. Emmanuel le relança en demandant s'il était toujours au bout du fil. Il reçut pour toute réponse un grognement, puis après un délai interminable la demande de se confesser. L'appelant soutint opiniâtrement qu'il avait affaire à un prêtre, qu'il le savait pertinemment et qu'il était inutile de le nier. Après un signe positif d'Auguste Thénard, Emmanuel consentit à entendre la confession.

Il se heurta de nouveau au silence de son interlocuteur, qu'il relança avec une certaine impatience. L'autre répondit du tac au tac qu'il ne savait pas ce qu'il devait confesser. Emmanuel, agacé, commença à réciter machinalement la liste normalisée des péchés qui fait partie de l'arsenal des confesseurs italiens. Le pénitent avait-il blasphémé, manqué à son devoir dominical, volé, commis un adultère, propagé des calomnies ou des médisances...

Quand il eut terminé la liste, il entendit un autre grognement, puis enfin :

« *Un poco di tutto.* »

Complètement exaspéré, convaincu d'avoir affaire à un mauvais plaisant, Emmanuel s'apprêtait à interrompre la communication. Soudain, la voix changea de ton et d'accent : non seulement celle d'un homme instruit, mais une tonalité affectée, haut perchée, doucereuse.

Alors, mais trop tard, Emmanuel reconnut qu'il avait affaire à Tarcisio Bertini. Celui-ci s'identifia, répéta qu'il voulait effectivement se confesser :

« ... seul vous, Très Saint-Père, pouvez m'accorder et l'absolution et votre pardon personnel ! »

*

J'ai mis mon salut éternel en péril pour sauver l'Église de Jésus-Christ. J'ai peut-être péché d'innombrables fois, en croyant toujours bien faire. Mais au milieu de cette nuit, je n'en suis plus aussi sûr, car j'ai été entraîné bien au-delà de ce que je souhaitais. J'ai commis le mal que je ne voulais pas, tout en ne faisant pas le bien que je souhaitais. Je ne sais plus où se trouvent l'un et l'autre. Si j'ai péché, c'est contre mon gré, par manque de jugement, par dévouement à une cause qui me dépasse.

J'ai fait ce que j'ai pu, tout ce qui était humainement possible pour éviter que le scandale causé par un pape excentrique ne cause un tort irréparable. Lorsqu'il a abandonné sa charge voici une semaine, j'ai essayé de dissimuler son absence aussi longtemps que possible. J'ai mis tout en œuvre pour le suivre à la trace et le repérer.

Comme je ne pouvais pas alerter la police italienne, il m'a fallu recourir aux services d'une organisation parallèle qui a rendu jadis les plus grands services à l'Église dans la lutte contre le communisme. Cette fois-ci, elle a outrepassé mes demandes. Il en est résulté des morts. Je ne dois pas m'en considérer comme coupable, sinon parce que j'ai demandé l'appui de cette organisation, que je ne contrôle pas vraiment.

J'y ai mis bon ordre. Je leur ai demandé de ne plus s'en occuper malgré le désir qu'ils en ont. Je n'ai d'ailleurs plus besoin de cette collaboration pour retrouver le pape. La police française s'en charge à partir de maintenant. Elle est peut-être moins efficace mais elle est aussi moins dangereuse. Elle agit dans le cadre de la loi, même si c'est celle d'un État laïc et antireligieux.

Le pape a abandonné sa charge parce que les réformes qu'il prônait n'étaient pas mises en œuvre. Et, dans ma fonction de préfet par intérim de la Congrégation pour la Doctrine de la Foi, j'y ai mis un frein considérable. Car elles étaient impossibles à réaliser. Si on l'avait écouté, si on lui avait obéi, le sacrement de l'Ordre aurait été galvaudé au bénéfice d'hommes mariés et même de femmes. Les catholiques auraient été libres de divorcer et de se remarier, les époux d'utiliser des contraceptifs et les femmes d'avorter. Les homosexuels auraient eu le droit d'exercer leur coupable passion, les objecteurs de conscience auraient été confortés dans leur lâcheté. Le même laxisme se serait répandu dans les séminaires où l'on aurait mis en doute le péché originel, l'Immaculée Conception, la virginité perpétuelle de Marie, la divinité du Christ, sa résurrection, l'Assomption, l'infaillibilité pontificale.

En un mot, on aurait donné le pouvoir aux théologiens les plus radicaux, des intellectuels rationalistes corrompus par les idées du siècle. Ces personnages se gargarisent de formules comme « l'option préférentielle pour les pauvres », slogan creux qui réduit l'Église du Christ à un instrument de libération politique. La religion croupion au nom de laquelle ils parlent n'est plus qu'une construction abstraite qui méprise tous les signes sensibles dont le peuple est friand : miracles, reliques, apparitions, pèlerinages, canonisations, cérémonies pontificales majestueuses, usage du latin. Pour libérer politiquement un peuple, dont ils ignorent tout, ces intellectuels dévoyés le privent de la seule religion qui puisse le satisfaire, simple, traditionnelle, merveilleuse. Ils récusent le sacré, l'irruption du divin dans le monde, et ils lui substituent une démarche philosophique, qui n'intéresse personne sinon eux-mêmes. Dans les églises infectées par leurs liturgies démagogiques, il n'y a plus personne.

Le laxisme sexuel prêché à tout vent n'instille plus ce nécessaire sentiment de culpabilité qui est à la base de tout retour de l'homme sur lui-même. L'instinct lui a été donné à deux fins contradictoires : il est assez puissant afin que l'espèce se propage et que de nombreuses âmes soient engendrées au fil des siècles pour la plus grande gloire de Dieu ; mais il est irrésistible même lorsqu'il n'est pas ordonné à sa seule fin procréatrice. Dès lors, il faut tout faire pour que l'homme éprouve le plaisir comme une déchéance dans l'animalité et qu'il prenne appui sur sa faute pour la dépasser dans la contrition. Qu'il s'humilie au tribunal de la pénitence et qu'il fasse acte d'allégeance à l'Église dans une soumission totale ! On dit parfois en matière de plaisanterie qu'un cochon sommeille en tout homme. Dans le cochon tout est bon, même et surtout le regret de l'être.

Quelle que soit l'erreur que j'aie pu commettre dans ma gestion des événements liés à l'élection de Jean XXIV, à sa révolte contre la Tradition et à sa fuite, cette faute est rachetée par la vie pure que j'ai menée sans fléchir depuis mon adolescence jusqu'à aujourd'hui grâce à l'aide de Dieu et à la protection de la Vierge. Je n'ai jamais commis le péché de la chair, ni en action ni même en pensée. Je n'ai jamais consenti parce que je n'ai jamais rien ressenti. À ma prière instante, j'ai été préservé de toute tentation dépassant mes forces. Dans ma détresse présente, dans mes doutes passés, cette pensée me soutient. J'ai été et je suis pur. Est-il un seul homme sur la Terre qui puisse se comparer à moi ?

*

Emmanuel, toujours nu-pieds, secoua Théo sans ménagement.

« Réveille-toi ! Bertini nous a repérés, il faut fuir ! »

« D'accord, répondit flegmatiquement Théo. Mais il n'y a pas urgence. Nous ne risquons rien dans l'immédiat. »

« Je t'assure, je viens de l'avoir au téléphone. »

« Il nous a repérés à partir de la conversation que j'ai échangée avec Colombe. Il fallait l'informer pour qu'elle cesse de s'évertuer à Rome. Il fallait prendre ce risque pour qu'elle n'en coure pas un plus grand encore. »

« La police va débarquer d'un moment à l'autre. »

« Pas tout de suite. J'y ai veillé. Hier soir, le poste de gendarmerie dont dépend Aix a reçu une caisse de champagne de la part d'un automobiliste anonyme, reconnaissant pour une contravention supprimée. »

« Dans le tas, il y a peut-être un policier non alcoolique. »

« J'y ai songé. La caisse de champagne était apportée par deux entraîneuses recrutées dans la seule boîte de nuit de la ville. Il existe peut-être des gendarmes abstinents, mais il n'y a pas de policier chaste. »

Emmanuel parvint à ne pas rire et feignit de gourmander Théo :

« Tu es incorrigible. »

« Oui, mais je suis efficace. »

« Ce n'est pas très moral d'induire les autres en tentation. »

« Tu connais l'histoire de cette bigote, qui passait ses journées à l'église en suppliant Dieu de lui pardonner les tentations qui l'assiégeaient. Pendant très longtemps elle ne reçut aucune réponse et elle continua d'accabler le Seigneur de ses prières. En fin de compte, une voix terrifiante tomba des voûtes de l'église : "Ma fille, laisse-moi tranquille pour l'amour du ciel. Donne au moins à la tentation une chance de se manifester. Alors, mais seulement alors, tu pourras te repentir !"

« Mais tu as raison, on s'habille et on s'en va. À pied désormais ! »

10

Théo gourmanda Emmanuel, qui lambinait dix mètres en arrière.

« Il faut marcher ou bien s'arrêter. Se traîner ne sert à rien. Tu te fatigues sans avancer pour autant. Pourtant ton sac est léger ! Je porte la tente, le réchaud, la batterie de cuisine, les provisions. Tu n'as que ton sac de couchage et tes vêtements. Cela ne fait même pas dix kilos. À Aix, j'ai acheté le matériel le plus léger qui puisse se trouver. Nous sommes des pèlerins de luxe, des astronautes sur la route de Saint-Jacques. Tu nous vois déjà en cotte, surcot, chaperon, cape, mantelet de cuir. Nous porterions une besace en peau de bête, étroite et lourde, une calebasse pour servir de gourde, une boîte à certificats, sans parler du bourdon et du chapeau à bord rabattu. Tout cela pèserait un maximum et ne nous protégerait pas comme ces tissus synthétiques qui doivent tout à l'art des meilleurs chimistes et rien à une nature imparfaite. Enfin, si tu voulais bien te débarrasser de cette maudite valise accrochée à ton poignet, tu serais plus léger et nous attirerions moins l'attention. »

Théo énonçait toujours des conseils conformes à la raison la plus raisonnante et la plus raisonneuse. Il n'y avait qu'à supporter ses reproches fraternels, sauf à passer pour un écervelé.

« Je n'ai pas l'habitude, s'excusa Emmanuel. Toi, tu cours la montagne toutes les semaines. Je suis en mauvaise condition. Si tu t'imagines qu'à Rome on peut entretenir sa forme physique ! »

« Vous déconneriez moins si vous marchiez davantage ! » conclut posément Théo.

« S'il suffisait pour convertir un prélat de lui imposer de faire du jogging, je l'aurais fait depuis longtemps », énonça sombrement Emmanuel.

Bien qu'on ne fût qu'en avril, il faisait déjà chaud sur ce chemin de randonnée qui court à travers la garrigue délavée et caillouteuse à l'ouest de Montpellier en montant vers un plateau. Ce jour-là, Théo avait planifié une étape inhumaine de trente-six kilomètres qui prendrait neuf heures de marche. Les villages s'espaçaient comme pour mesurer l'hostilité de la nature. Les maisons se rapetissaient à la mesure de la misère de ceux qui les avaient jadis construites. On n'en voyait point de neuves comme si le pays avait été abandonné. Les vieilles bâtisses se recroquevillaient sur elles-mêmes comme les cadavres d'insectes morts de soif. Emmanuel avait l'impression de marcher sur cette plaine d'os dont parle Ézéchiel. Il suffirait d'une parole pour que les ossements s'emboîtent, se revêtent de nerfs, de muscles, de peau et qu'une immense armée se mette en marche...

« On s'arrête, décréta Théo, résigné. On se repose un quart d'heure. Mais il ne faut pas traîner si on veut arriver à Saint-Guilhem-le-Désert avant la nuit. »

« Pourquoi faut-il faire une étape aussi longue ? » gémit Emmanuel.

« C'est la tradition, argumenta Théo. Sur le chemin de Saint-Jacques, qui part d'Arles, les étapes sont bien marquées. On traverse des régions désertes. Les gîtes se sont installés à certains endroits pour accueillir les pèlerins. Si tu es vraiment trop épuisé, nous pouvons nous arrêter à Aniane, où nous trouverons un camping discret selon le guide. Ce serait dommage, car il ne reste plus que huit kilomètres jusqu'à Saint-Guilhem. L'abbatiale est superbe, reconstruite au XIe siècle. Abbaye fondée par un cousin de Charlemagne, Guillaume de Toulouse. Châsse dorée avec ses reliques. »

« Huit kilomètres font deux heures de marche ! » objecta Emmanuel, qui voua le bienheureux Guillaume de Toulouse à tous les diables.

Théo discourut :

« Tu devrais avoir le courage d'assumer tes choix. Ce n'est pas une mauvaise idée de suivre le chemin de Saint-Jacques. Ce sont surtout des sentiers de grande randonnée qui ne sont parcourus que par des sportifs ou des pèlerins. Au pis ce sont des départementales. Cela nous écarte des grandes routes, des gares, des péages, de tous les endroits où tu risques d'être reconnu et où l'on t'attend. Un gendarme de ce siècle ne marche plus à pied : ce n'est qu'un automobiliste en uniforme.

« Mais tu ne peux pas marcher en théorie, il faut placer tes pieds l'un devant l'autre même si tu as des crampes ou des ampoules. Le drame du clergé est bien son manque d'expérience pratique. Vous êtes des abstracteurs de quintessence. Vous avez élevé à l'apogée l'art ecclésiastique de fuir les problèmes en prétendant que vous en étudiez les solutions. Sur une musique lamentable de platitude, vous faites chanter des cantiques gnangnan évoquant le peuple de Dieu en marche. Très bien. Bonne métaphore. Mais vous chantez sur place, comme dans les opéras où le chœur parfaitement statique clame pendant un quart d'heure qu'il est urgent de partir.

« Apprends la terre par les pieds. Nous avons encore quelques gros problèmes à résoudre. Cela vaudrait la peine d'acquérir un peu de bon sens pratique avant de les aborder. Si dans les séminaires on donnait des cours de travaux manuels, des séances de gymnastique ou quelques bons laboratoires de chimie analytique, vous ne seriez pas tellement déconnectés de la réalité... »

Emmanuel avait envie de se boucher les oreilles. Depuis une semaine qu'ils marchaient de concert, Théo le persécutait avec un assortiment de conseils plus judicieux les uns que les autres, portant aussi bien sur les soins à donner aux pieds que sur l'organisation des diocèses ou les faiblesses conceptuelles du thomisme. Il était parfaitement clair que, si Théo s'était trouvé en lieu et place d'Emmanuel, les affaires de la Sainte Église catholique auraient pris un tour tout à fait différent. Un gestionnaire lui avait tragiquement manqué.

« On pourrait tout de même s'arrêter à Aniane ? » demanda Emmanuel aussi gentiment que possible.

« Si tu abandonnes ta valise... »

« Ce n'est pas possible. Si tu connaissais le contenu... »

« Il suffit que tu me le dises et je serai peut-être convaincu de traîner ce boulet derrière nous. »

« Ce n'est pas possible. »

« La seule façon de découvrir les limites du possible consiste à les franchir... »

*

Sur l'écran du téléviseur, Colombe regarda avec résignation la fumée blanche qui s'échappait de la cheminée. Elle demeura engourdie sur son lit, toujours en peignoir, comme une vieille qui n'a plus le courage de s'habiller. Depuis des jours qu'elle ne parvenait plus à compter, dix ou douze, ou plus. Ainsi, le sort en était jeté.

À peine quelques minutes plus tard, lui sembla-t-il, la télévision braquait ses caméras sur le balcon du Vatican et la cohorte de prélats qui l'encombraient, vêtus de toutes les couleurs de l'arc-en-ciel. Un cardinal inconnu de Colombe annonça une grande joie car les chrétiens avaient un pape. Et le pire devint sûr :

« ... Tarcisio cardinal Bertini qui a choisi le nom de Pie XIII... »

Le visage chevalin de Bertini apparut en gros plan tandis qu'il distribuait sa première bénédiction *urbi et orbi* suivie d'un tonnerre d'applaudissements. Il se pavanait dans sa soutane blanche. À en juger par son regard illuminé il devait être parfaitement heureux. Son âme ratatinée se dilatait jusqu'à découvrir quelques sous-produits de joie.

Il bénit très bien, pensa Colombe. Il était fait pour cela, pour se présenter comme le suprême pontife qui puise l'agrément de Dieu en élevant les mains vers le ciel et qui le répand sur un peuple agenouillé. Tel un héros de l'Antiquité dont les travaux lui valent l'élévation au rang de demi-dieu.

Un gros plan de la télévision montra une religieuse avec coiffe à l'antique, elle aussi agenouillée comme devant un potentat oriental. Des larmes de bonheur coulaient sur son visage et ses lèvres remuaient sur une prière silencieuse. Colombe l'envia presque, car sa vie de nonnain devait être tellement plus simple que celle du Dr de Fully. « Ce qui est faible dans le monde, Dieu l'a choisi afin de confondre les sages ; ce qui n'est pas, pour réduire à rien ce qui est. »

La citation lui était venue spontanément aux lèvres. Elle la remâcha un instant. Elle aimait chiquer un verset pour lui faire rendre tout son suc. Puis elle se leva :

elle savait maintenant ce qu'il fallait qu'elle fasse et quelle était la seule solution pour Emmanuel.

Tout d'abord s'échapper de la prison dorée de sa chambre d'hôtel. De sa prison payée par le geôlier en chef, comme elle l'avait appris lorsqu'elle avait demandé à la caisse s'il ne fallait pas qu'elle règle la facture de la semaine écoulée. Même les serveurs qui lui amenaient ses repas dans la chambre refusaient tout pourboire. Tarcisio Bertini s'était occupé de tous les détails, parce qu'il faisait partie de ces gens pour lesquels il n'y a point de détails.

Colombe pointa la tête dans le corridor. Il n'y avait plus de policiers. Un seul d'entre eux se contentait de monter la garde dans le hall d'entrée et d'accompagner les visiteurs dans l'ascenseur. Colombe vérifia que la porte donnant accès à l'escalier de service était bien ouverte. Elle passa par la lingerie pour emprunter une des blouses roses qu'utilisaient les caméristes. Dans son sac à main, elle mit le strict nécessaire, passeport, argent, cartes de crédit. Puis elle s'échappa de l'hôtel Raphaël, de Rome et de l'Italie sans être suivie et sans laisser de traces. Un ami de Théo l'attendait au port d'Ostie dans un voilier immatriculé à Marseille.

*

Après une plongée dans un vallon au fond duquel coulait une gentille rivière invitant à un bain de pieds, que Théo refusa au nom de la raison pure, la route se mit à grimper vers Aniane au milieu des collines de l'Hérault piquetées de fleurs rouges, bleues et jaunes dont Théo donna la nomenclature en multipliant les digressions botaniques, géologiques et climatiques jusqu'à assommer Emmanuel qui aurait suivi le train avec peine dans le silence et que le pédant verbiage de son frère étourdissait.

Peu après La Boissière, le sentier recoupa la départementale 27. À force de gémissements, Emmanuel obtint qu'ils la suivent plutôt que de continuer à cahoter sur les cailloux du sentier. Théo grommela pour la forme mais il se laissa faire. Peut-être commençait-il à peiner lui aussi, spécula Emmanuel avec une amère satisfaction.

Dans la dernière côte avant Aniane, une Opel fatiguée, immatriculée à Genève, les dépassa à petite vitesse puis s'arrêta. Une jeune femme en sortit et les contempla longuement, comme pour se convaincre qu'elle ne rêvait pas.

Sans lui adresser le moindre regard, Théo continua à abreuver Emmanuel de renseignements pédants :

« ... nous nous éloignons des garrigues calcaires, nous laissons les pays d'influence méditerranéenne pour aborder ceux qui sont soumis au régime des vents atlantiques. Tu remarqueras que la végétation change, que les versants nord sont plus frais, plus verts, tapissés de fougères, ombragés de châtaigniers. Nous marchons vers la ligne de crête, celle où se séparent les eaux... »

« Je ne me trompe pas, dit la jeune femme lorsque les deux frères furent à sa hauteur. Vous êtes bien le professeur Théo de Fully. »

Théo s'arrêta, la regarda et fit la grimace :

« Bonjour, Lytta. J'espérais l'incognito. Emmanuel, je te présente Lytta Basset, qui est pasteure à Chancy, près de Genève et professeure à la faculté de théologie de Lausanne. C'est là que je l'ai rencontrée. Nous suivons mutuellement nos conférences. Je lui apprends parfois un peu de physique et elle me donne une leçon de théologie en échange. »

Lytta regarda avidement Emmanuel, qui prévint ses questions :

« Oui, c'est moi. Je suis vivant. On me croit mort et je vis. Celui qui est mort n'était pas moi. »

« Vous avez surtout l'air mort de fatigue. Montez dans ma voiture. Vous vous expliquerez après. Où allez-vous comme cela tous les deux, déguisés en campeurs ? »

Tandis que la voiture cahotait sur la petite route, Théo fit un bref récit des événements essentiels afin que Lytta puisse comprendre comment et pourquoi les frères de Fully arpentaient cette route perdue.

La pasteure remontait vers Ganges et Saint-Hippolyte-du-Fort sur le chemin du Mas Soubeyran afin d'y retrouver des consœurs et des confrères, qui célébreraient un office à la mémoire des huguenots morts trois siècles plus tôt pour défendre leur foi. Le soir même, elle reviendrait jusqu'à un appartement qu'elle louait à Saint-Guilhem pour y passer les vacances de Pâques avec enfants et petits-enfants.

« Vous êtes bien courageux de marcher comme de simples pèlerins, mais vous avez perdu la notion du temps. Demain est le mercredi saint. Nous avons préparé une veillée, ce mardi soir, parce que les pasteurs seront occupés dans leurs paroisses durant la fin de la semaine. Vous pourriez peut-être vous joindre à nous ? »

Emmanuel ne répondit pas car il s'était déjà assoupi sur la banquette arrière : il entendait vaguement ce qui se disait et il l'enregistrait au plus profond de son inconscient.

Théo acquiesça à sa place. Tout plutôt que de continuer une marche à pied avec un Emmanuel à bout de forces. Théo se sentait tout aussi épuisé par la tension nerveuse qu'il subissait depuis deux semaines : d'abord la disparition d'Emmanuel, puis la menace sur sa vie et sa liberté, enfin l'angoisse du futur. Réputé mort, Emmanuel de Fully ne possédait tout simplement plus d'identité. Il faudrait qu'il accepte soit de créer le scandale, soit de mener une vie de réprouvé. Théo se demandait sans cesse si son frère avait pris conscience de la contradiction qu'était devenue sa vie. D'une façon ou d'une autre, il était devenu un gêneur pour les puissanccs de ce monde qui chercheraient à s'en débarrasser par tous les moyens, la prison, l'asile ou la mort.

De temps en temps, il échangeait quelques mots avec Lytta, d'abord par politesse pour ne pas se murer dans un silence offensant, puis avec une attention véritable car rien de ce qu'elle disait n'était dénué d'intérêt. Elle conduisait avec application car la route était étroite. Elle se mit à parler du pays :

« Bien avant la Réforme, ce pays était déjà en rébellion. Au moment où la révolution technique du Moyen Âge modifie les conditions de vie grâce au réseau d'abbayes qui développe de nouvelles méthodes de culture, le peuple sort lentement de sa misère. Pour lui parler de Dieu, il n'a que de pauvres curés rustiques, ignorants, sachant tout juste lire et écrire, pratiquant des rites dont ils ne comprenaient pas le sens. Ces pauvres prêtres, parfois mariés, sinon vivant en concubinage, servaient de caution à tout le système politique féodal qui fléchissait sous l'avancée économique des marchands et des artisans. »

« J'en suis bien conscient, répondit Théo. C'est bien ce qui me donne du courage aujourd'hui : Les vieilles structures craquent de toutes parts. Mais comment allons-nous entamer la reconstruction d'une société vivable ? »

« C'est ce qui s'est passé ici sur une toute petite échelle. Des hommes se sont mis à parcourir les campagnes et à parler de Jésus sur un autre ton. Il n'était plus le Justicier terrible que l'on voyait au tympan des cathédrales et dans les retables, envoyant en enfer la moitié des ressuscités, organisant un immense camp de concentration dont les condamnés ne sortiraient jamais. Les véritables bourreaux, qui torturaient, pendaient, rouaient, brûlaient en place publique tous les déviants, parfois de simples déments, démontraient chaque jour ce que l'enfer pouvait être : la vie sur terre dans ce qu'elle avait de pire. Ainsi le Dieu prêché par l'Église officielle se révélait plus dur et plus impitoyable encore que les nobles qui exploitaient et terrorisaient les paysans.

« Les Bons Hommes, comme on les appelait – il y avait aussi de Bonnes Femmes – prêchaient un autre christianisme, étrangement moderne. Le seul sacrement, celui du salut des âmes, condensait les sept sacrements catholiques. La liturgie sobre et dépouillée ressemblait à celle de l'Église primitive ou à celle qui fut introduite par la Réforme et par le concile Vatican II. Les prédicateurs étaient pauvres et persécutés tandis que les clercs de l'Église officielle cumulaient les honneurs, les pouvoirs et les richesses. Il suffisait de lire l'évangile pour reconnaître celui qui marchait sur les traces de Jésus. »

« Oui, je vois à quoi vous faites allusion, l'hérésie cathare. Je comprends qu'un peuple affolé par la souffrance se précipite dans une secte mais ce n'est pas une solution. »

« Eh bien ! Là, mon cher professeur, vous vous trompez. Les cathares étaient des chrétiens abandonnés à eux-mêmes dont on s'est efforcé après coup de brouiller l'image. Les cathares rejetaient l'Ancien Testament, qui était pour eux le récit de la domination de Yahvé, identifié à l'esprit du Mal, sur le monde. Il faut dire que cette lecture radicale jouit d'une certaine cohérence simpliste si on prend le texte au premier degré. Il existe une sérieuse différence entre Yahvé, capricieux, colérique, exigeant, prompt à punir pour des offenses insignifiantes, et le Dieu Père prêché par Jésus. L'exemple le plus clair est constitué par le Livre de Josué, où Yahvé attribue la Palestine à Israël, pourvu que les habitants de celle-ci soient éliminés par un véritable génocide. On ne peut manquer aujourd'hui d'éprouver un sérieux malaise à l'égard de ce Dieu raciste, nationaliste, cruel. Quelle part ce livre joue-t-il dans les souffrances infligées aujourd'hui encore au peuple palestinien ?

« Mais c'est sans doute la lecture de la Genèse qui oppose le plus radicalement catharisme et Église romaine. Dans la prédication des Bons Hommes, il n'y a pas de péché originel, ni de Jugement dernier, ni de damnation éternelle. Dans la logique cathare, un Dieu Père, miséricordieux et bon, ne peut laisser se perdre Ses créatures. Le Christ est le messager de la bonne nouvelle. Il ne vient pas sur Terre pour expier le péché originel auquel les cathares n'accordaient aucun crédit. La croix, instrument de supplice, n'apparaît pas dans les cultes cathares. Le Dieu bon du Nouveau Testament ne peut pas sacrifier Son Fils pour apaiser Son propre courroux. Il y avait assez de citations dans le Nouveau Testament pour conforter cette vision optimiste de la Création, qui anticipait étrangement les vues des théologiens de ce siècle-ci. Moi-même je ne parle jamais de péché originel, mais de grâce originelle. L'espèce humaine s'est élevée de la condition animale par un don divin ; elle n'est pas le résidu d'une chute à partir d'un être idéal. »

« En somme, émit Théo, pour vous les cathares ont eu tort d'anticiper. Cela n'explique pas la répression féroce dont ils furent les victimes. Il y avait autre chose qu'une querelle théologique. »

« Bien évidemment, en libérant leurs ouailles de la peur, les Bons Hommes ébranlaient les fondements de l'emprise exercée par la religion d'État sur les esprits simples. Ceux-ci n'étaient plus maintenus dans un respect suffisant pour accepter la domination des évêques et des princes. Tout l'édifice social était remis en question en prenant l'évangile au sérieux et en le mettant en application. Des représentants du pouvoir royal ou de l'Église officielle furent tout naturellement agressés, blessés, tués. La Croisade du Nord contre le Sud n'a pas d'autre raison. Elle est à la fois politique et religieuse. »

« Il reste, dit Théo, qu'il s'agit tout de même d'une hérésie manichéenne, qui devait naturellement affoler les théologiens de l'époque. »

« Affabulation pour justifier les bourreaux. Dans les documents qu'ils ont été seuls à rédiger, les inquisiteurs accusèrent les cathares de pratiquer une religion dualiste, radicalement opposée au christianisme. Tout comme les juges de l'époque stalinienne accusaient gratuitement les dissidents d'espionnage au bénéfice de l'Occident. Mais on n'a jamais retrouvé de textes manichéens ou bouddhistes qui auraient été utilisés dans la prédication cathare. En fait, avec le recul du temps, il apparaît aux historiens des religions qu'il s'agissait d'une Église chrétienne qui n'acceptait aucun compromis avec le pouvoir politique et les clercs à son service. Elle anticipait sur l'évolution historique.

« Au début du XIVe siècle, les derniers cathares disparurent sous le coup des persécutions. Mais dès le début du XVIe siècle la Réforme commence à gagner les mêmes terres du sud de la France. Le courant réprimé par la force resurgit après avoir circulé de façon souterraine. Et on peut se demander si l'Église catholique d'aujourd'hui ne se convertit pas lentement aux idées de la Réforme, qui furent celles d'une authentique Église chrétienne, en partie celle des cathares, en avance sur son temps, persécutée parce qu'elle était dans la vérité, celle de Dieu qui est toujours insupportable aux hommes. »

« Je lirai quelques bons ouvrages sur la question, répondit Théo, rêveur. Mais toutes ces querelles théologiques m'irritent plus qu'elles ne me convainquent. À quoi bon ? »

Lytta répliqua avec une certaine passion dans la voix :

« Lorsqu'il a fallu cacher des enfants juifs lors de la persécution nazie, les habitants des Cévennes se sont spontanément proposés en bravant tous les dangers. Ils n'ont pas hésité à reconnaître les persécutés parce qu'ils l'ont été eux-mêmes. »

*

Emmanuel garda un souvenir onirique de son passage au Mas Soubeyran. Il avait écouté Lytta, sans être vraiment éveillé, dans un état de disponibilité totale, incapable de mobiliser ses défenses, hypnotisé par cette légende d'une Église engloutie dans le passé dont aucun fidèle n'avait survécu à la persécution totale.

La cérémonie se déroulait dans un petit temple situé à Mialet en aval du Mas Soubeyran. Les robes noires des pasteurs et pasteures formaient une garde sombre au premier rang. Derrière, le peuple assez clairsemé. Au dernier rang, Théo, très attentif, en pleine forme, et Emmanuel, luttant contre le sommeil.

Ce fut d'abord un jeu de scène. Trois femmes enveloppées dans de grands voiles représentaient Marie de

Magdala, Salomé et Marie, mère de Jacques. Elles mimèrent la découverte du tombeau vide. Ces trois femmes inventaient le christianisme qui n'aurait pas existé si personne, le matin de Pâques, n'avait eu le courage de faire cette démarche de peur de se désigner à la vindicte des autorités. Une Église inventée par des femmes et confisquée aussitôt par les hommes. La récitante était aussi une pasteure.

Dans le brouillard qui l'entourait, Emmanuel découvrait une autre Église, non plus celle qui perpétuait à Rome, strictement entre hommes, les rites immémoriaux hérités de la République romaine, la religion du pouvoir qui fonde celui-ci par un lien avec l'univers divin. La religion de l'ordre, de la discipline, du travail, de l'intelligence, du droit, de la philosophie, parente et fille de l'université et des tribunaux, des armées et des marchés. La colonne vertébrale de la société.

Ici se jouait un autre jeu fondé sur la tendresse et le sourire, la passion des amants et le désir des enfants à naître, la table mise et la lessive faite. Il n'y avait plus de place pour la culpabilité. Une femme avait mis au monde Dieu et, après qu'il eut été assassiné, elle le recevait une dernière fois sur ses genoux, pour l'envelopper d'un linceul après l'avoir jadis emmailloté de langes.

Perdu dans sa méditation, Emmanuel n'avait pas remarqué que la veillée avait changé de nature. On plaçait une nappe sur l'autel. Il comprit soudain que le culte comprendrait une liturgie de la Cène. Dans ce temple minuscule, même en se trouvant au dernier rang il lui serait difficile de ne pas communier. Il chuchota quelques mots à l'oreille de Théo pour demander s'il ne vaudrait pas mieux qu'ils attendent dehors. Théo fronça les sourcils et murmura entre ses dents une injonction sifflante : « Il n'en est pas question ! »

Le pain était tout à fait banal, blanc, carré, déjà coupé en tranches, produit d'une boulangerie ordinaire, peut-être même d'une grande surface, le pain du XXIe siècle que doivent manger des consommateurs quelconques. Lytta, qui célébrait la Cène, partagea les tranches en morceaux au fur et à mesure que les communiants se présentaient à elle. Théo s'inséra dans la file et lança un regard impérieux à Emmanuel, qui le suivit comme en songe. Maintenant il entrait franchement en dissidence, il n'obéissait plus à ses propres prescriptions, il cessait d'être le pontife suprême au sommet d'une hiérarchie fondée sur la consécration sacerdotale. Il n'était plus que le baptisé Emmanuel de Fully commémorant la dernière Cène dans une cérémonie présidée par une femme qui n'avait pas reçu le sacrement de l'Ordre.

Il communia et retourna à sa place pour s'isoler dans la prière.

*

Le retour vers Saint-Guilhelm s'effectua au milieu d'une nuit noire. Le ciel était couvert d'une épaisse couche de nuages. Théo dormait sur la banquette arrière. Emmanuel fit l'effort de tenir compagnie à la conductrice qui avait tendance à s'endormir. Ils avaient à peine dépassé Anduze que Lytta lui décerna un éloge abrupt :

« Ce soir, vous avez exercé pleinement votre ministère de l'Unité. Si vous n'aviez pas communié, par votre refus vous auriez manifesté la réprobation de notre Église.

« Elle a résisté voici trois siècles à la persécution menée par le roi de France appuyé par l'Église catholique de l'époque. Chaque fois que je célèbre la Cène ici, je songe aux dizaines de pasteurs condamnés à mort et exécutés au milieu de supplices atroces. Je commémore les quatre mille réformés qui ont été condamnés aux galères et qui ont ramé jusqu'au trépas sous le fouet de la chiourme. Je fais mémoire de Marie Durand enfermée pendant dix-huit années dans la tour de Constance à Aigues-Mortes et encourageant ses compagnes à ne pas abjurer. Si le sang des martyrs est la semence des chrétiens, notre Église ne mérite-t-elle pas autant d'être considérée comme authentique que celle qui la persécutait ? Louis XIV, qui révoqua l'édit de Nantes, ne menait-il pas une vie de faste et de débauche, semblable à celle de Néron malgré sa chapelle dorée de Versailles, la somptueuse musique de Charpentier et les superbes sermons de Bossuet ?

« Qu'est-ce qui compte vraiment pour être un fidèle ministre de l'évangile ? Recevoir l'imposition des mains d'une suite historique d'évêques remontant jusqu'aux apôtres ou bien confesser la foi durant une persécution. Ce soir, j'ai commémoré le dernier repas de Jésus, qui souffrit sa passion comme nos ancêtres réformés, parce qu'il faisait la volonté de son Père et non celle du pouvoir ecclésiastique de l'époque, complice du pouvoir politique. Ce soir, vous avez cessé d'être complice. Quelque chose a changé. »

« Je sais tout cela, dit Emmanuel, un peu las, et je suis d'accord avec ce que vous dites. Mais en quoi ma participation à cette Cène, pourquoi ma communion a-t-elle une importance particulière ? Je me suis assis au dernier rang, comme le publicain. Je ne me suis pas présenté comme quelqu'un d'extraordinaire qui viendrait au nom de toute son Église. »

« Chaque catholique qui communie avec nous est précieux à notre cœur, répliqua Lytta. Je me suis souvent demandé si nous, les protestants, nous vous manquions autant, que vous, les catholiques, vous nous manquez. Qui a besoin de l'autre et qui peut s'en passer ? La relation va-t-elle à sens unique ? »

Emmanuel se sentit rougir et confessa honnêtement : « La plupart des catholiques soutiennent encore qu'ils appartiennent à la seule Église véritable, en ce sens que les autres n'en seraient que des copies imparfaites. C'est une illusion tenace contre laquelle j'ai lutté autant que j'ai pu. Mais encore ? En quoi l'illusion dans laquelle vivent les autres vous chagrine-t-elle à ce point ? Pourquoi avez-vous besoin de nous ? »

Lytta se tut un instant, puis elle raconta une parabole :

« C'est l'histoire d'une grande et très vieille famille, dans laquelle il y avait des cousins riches et des cousins pauvres. Tous les dimanches, les cousins riches invitaient leurs parents pauvres et partageaient avec eux un festin magnifique. Jusqu'au jour où les cousins pauvres proposèrent aux cousins riches de venir partager leur repas, chez eux, le dimanche suivant. Les cousins riches firent la moue et trouvèrent une foule de prétextes pour ne pas s'asseoir à la table des pauvres. De ce jour, il n'y eut plus une famille mais deux. »

« J'aime les paraboles, dit Emmanuel, parce que l'on ne sait jamais ce qu'elles veulent dire. On les écoute dans la mesure de ses moyens. »

11

Le samedi saint vers trois heures de l'après-midi, par un temps couvert et froid, Emmanuel et Théo remontaient la vallée du Cabot, un gros torrent gonflé par la fonte des dernières neiges, qui se déverse dans le Dourdou, un affluent du Tarn. Ils avaient dormi sous la tente dans le bois de Proudoumat, une vingtaine de kilomètres au sud. La nuit avait été glaciale au point qu'ils avaient eu beaucoup de peine à s'assoupir quelques heures, serrés l'un contre l'autre pour trouver un peu de chaleur. Au matin, Théo avait fait chauffer sur un petit réchaud à alcool une soupe en sachet qui les avait vaguement réconfortés. Ils l'avaient lapée en tapant des pieds et en courbant la tête sous les gouttes d'eau du givre qui dégelait sur les branches des arbres.

Au détour de la route, derrière un bouquet d'arbres qui se garnissait de vert tendre malgré le froid, ils découvrirent l'abbaye de Sylvanès, son pignon ouest et la grande verrière gothique qui seule perce le mur aveugle. Les deux frères s'arrêtèrent et Théo consentit à ce qu'ils vident la gourde remplie à la fontaine de Fayet. Emmanuel eut droit à l'ultime demi-barre de chocolat pour lui donner l'énergie de faire le dernier kilomètre. Il souffrait d'ampoules à chaque pied, de mains gercées, d'une dysenterie persistante. Théo témoignait d'une santé décourageante et d'une bonne humeur effrontée.

Un quart d'heure plus tard, les deux frères pénétraient dans la nef unique de l'église cistercienne. Une société paysanne avait construit cette église sur le modèle de ses granges, transposé en grès pour manifester la pérennité. La pierre était restée blanche comme une robe de mariée. Ils retrouvaient le lieu qui avait marqué leur jeunesse et qui restait inaltérable depuis neuf siècles. L'église était jeune ensemble qu'éternelle comme l'Église invisible qu'elle incarnait.

Une foule de gens s'affairaient sans leur prêter la moindre attention. Les uns au-dehors battaient les tapis, un autre astiquait le chandelier pascal, la plupart rangeaient les chaises qui envahissaient la nef, certains composaient des bouquets rustiques à partir de branches cueillies dans les bois des environs. Cela ressemblait à un de ces tableaux de la Renaissance, où une foule de personnages se multiplient dans des tâches diverses, tendus vers un but unique malgré le désordre apparent. On préparait manifestement la veillée pascale.

En sortant de l'église par la porte située à droite de la nef, ils firent quelques pas dans le cloître. C'était la première fois qu'ils le découvraient restauré dans son intégrité. De l'ancien scriptorium, qui servait maintenant de réfectoire, sortait un chant bien connu des deux frères. Le chœur répétait les versets qui font suite à l'annonce de la Résurrection :

Par sa mort il a vaincu la mort.
Aux morts il a donné la vie.
Où est-elle, ô Mort, ta victoire ?
Pourquoi cherchez-vous le Vivant parmi les morts ?

Il n'est pas ici, il est ressuscité comme il l'avait promis.
Puisque nous sommes morts avec lui,
Nous ressusciterons avec lui pour la Vie.

Par la porte entrouverte du scriptorium, Théo risqua un œil. Quelques dizaines de personnes répétaient sous la direction d'une assistante. Des jeunes et des vieux, autant d'hommes que de femmes, des intellectuels à lunettes dorées, des paysannes au visage couperosé par le grand air, quelques étudiants. Tous s'étaient projetés en dehors du temps ordinaire, délivrés du souci de gagner leur vie, occupés au seul plaisir de vivre.

Au deuxième rang, Théo repéra Colombe, qui chantait sagement les yeux libérés de la partition et fixés sur la répétitrice. Elle aperçut Théo et elle se leva sans précipitation. Mais dès qu'elle fut en dehors du cercle des choristes, elle hâta le pas et, passé la porte, elle se jeta dans les bras de ses frères qu'elle réunit dans une même étreinte. Elle tremblait de tout son corps.

« Vous avez failli me rendre folle ! Vous auriez pu vous faire tuer ! Vous êtes impossibles ! Dès que je vous quitte, vous faites les pires bêtises ! »

Elle les palpait comme pour s'assurer qu'il ne s'agissait pas de revenants. Puis, elle conclut son inspection de façon tout à fait pratique :

« Vous puez comme des boucs. Tous les deux, vous méritez une bonne douche. Venez. J'ai loué une voiture à Marseille. Notre hôte vous attend au prieuré des Granges, sur la colline en face dans la forêt. Vous serez en sécurité. »

*

Il faisait trop froid sous le couvert de la forêt pour rester longtemps dehors. Les premières effusions passées, le vieux maître d'Emmanuel invita la famille de Fully dans son séjour, une vaste pièce carrée à la charpente apparente qui servait à la fois de cuisine, de salle à manger et de salon de musique. Sur le piano, il travaillait depuis vingt ans à composer cette *Liturgie chorale du peuple de Dieu*, qui s'imposait de plus en plus dans les célébrations du pays tout entier. Une grande hotte couvrait un feu ouvert entouré d'un banc de pierre garni de coussins sur lesquels ils s'installèrent. Quelques bûches fumaient en répandant des arômes de résine, de marrons grillés, de noix, de romarin et de lavande.

« Emmanuel ! Après que tu as été élu, je n'ai jamais imaginé qu'un jour tu reviendrais ici. Aussi j'avais accroché au mur un souvenir de ton premier passage. »

Le maître des lieux décrocha un petit cadre contenant une photo jaunie.

« Tu te souviens de 1974 ? Tu avais fait partie de l'équipe de jeunes pour lesquels j'avais organisé un stage de chant dans la région. Je connaissais l'abbaye qui était abandonnée à l'époque. Le dernier curé était parti et l'église était restée vide. Puis le fermier, qui rangeait son tracteur dans le dortoir des moines et gardait ses moutons dans le scriptorium, avait lui aussi abandonné son métier. Le bâtiment était vide, totalement vide, comme une ruine dans une ville désertée. Un bâtiment classé par la République qui ne s'en occupait pas, ne serait-ce que pour l'entretenir un minimum. Le maire, M. Castan, en désespoir de cause nous a proposé de donner un concert. Nous avons chanté aux bougies parce qu'il n'y avait même pas d'électricité. Tout paraissait encore possible dans le monde de 1974. Nous étions une bande de jeunes fous qui étions contents de manger une soupe avec une croûte de pain et de chanter à nous érailler la voix. Tu venais d'être ordonné, tu ne savais que faire de tes vacances, tu es venu cet été-là et tu es revenu l'année suivante. Voilà la photo de groupe. »

Emmanuel contempla avec inquiétude le jeune homme qu'il avait été. Il était toujours hanté par la phrase de Sainte-Beuve : « On ne mûrit pas vraiment, on pourrit par place, on durcit en d'autres. » Mais il fut soulagé. Cet été 1974 avait été un des sommets de sa vie, à cause de son maître spirituel sans doute mais aussi par la magie du lieu. Non, il n'avait pas trop changé. Plus de trente années d'amertume, de déceptions, de rancœurs parfois n'avaient pas trop altéré ses traits. Son visage était creusé et buriné comme un champ qui a été labouré, ensemencé, moissonné. Mais à tout prendre, il préférait ce qu'il était devenu à ce qu'il avait été, trop naïf, absolu, entêté. Sa vie avait coulé comme un torrent de montagne creusant son lit à la recherche de la mer. Il entrait dans son estuaire, apaisé et tranquille. De toute façon, tôt ou tard, il rejoindrait l'océan pour s'y perdre.

Comme la limaille est attirée par l'aimant, il était revenu vers le lieu d'où il avait tiré sa force initiale, celle qui lui avait permis de survivre dans le monde ecclésiastique. Il sentit maintenant que tout pouvait recommencer ici, non seulement sa vie mais aussi cette institution qu'il tenait si mal dans ses mains débiles.

« Depuis que Colombe m'a prévenu que tu avais pris la route et que vous aviez rendez-vous, je me doutais que tu viendrais chercher refuge ici. Et j'ai relu un très vieux livre, celui que Bernard de Clairvaux a écrit pour un de ses moines devenu le pape Eugène III, submergé par sa tâche. Lui aussi, il s'est enfui en France car il était plus doué pour être moine que pour gouverner l'Église. Je ne dirais pas qu'il était trop bon, en laissant entendre que tu l'es aussi ? Non ! C'est plus compliqué que cela, ce n'est pas noir ou blanc. C'était déjà confus au XIIe siècle. Ton prédécesseur s'est évertué en vain à ramener un peu de moralité puérile et honnête dans la Curie romaine, mais il a été dépassé par les intrigues de cour, la rapacité des évêques, les querelles de préséances, le juridisme, la bureaucratie, les tentatives du pouvoir politique pour accaparer le sacré. Tout ce sur quoi tu as achoppé, il l'a connu à l'époque et il n'a pas pu résister. Tu ne dois donc pas estimer que tu es nécessairement fautif. »

Théo intervint pour apporter à leur hôte les nouvelles que Colombe n'avait pas encore pu lui apprendre. Emmanuel ne disposait plus d'aucune existence juridique, ni canonique ni civile. La police française le recherchait sous le nom de Henri Fusain, souteneur et assassin. Une arrestation ou une reddition permettrait sans doute de dénouer l'imbroglio, mais il faudrait courir le risque d'une élimination physique dans un des cachots de la République. Et assumer le scandale planétaire d'un pape Pie XIII, coupable de la plus gigantesque fraude imaginable malgré son élection par un conclave, assisté par l'Esprit. Théo conclut son analyse par un « Que faire ? » totalement perplexe.

Colombe prit la parole avec beaucoup de circonspection, comme si elle hésitait en parlant :

« J'ai beaucoup réfléchi. Je vais suggérer la solution qui se trouve être à la fois la plus insolite et la plus incontestable, la plus forte et la plus faible, la plus dangereuse et la plus sûre. Voilà ! Il faut lâcher prise. Il faut renoncer à toute revendication. Si Tarcisio Bertini veut faire le pape, qu'il le fasse. Je ne vois pas pourquoi nous lui contesterions ce siège qu'il ambitionne tellement et qu'Emmanuel appréhende tout autant d'occuper. Que ce trône devienne donc la chose de celui qui se juge indispensable dans une fonction qu'il estime nécessaire. J'ai bien dit "la chose" pour exprimer ce que j'en pense. »

« Pas d'accord, grommela Théo. Je ne m'avoue pas battu au premier revers. Surtout face à un personnage aussi malhonnête. Surtout en lui faisant cadeau d'une fonction qu'il remplira sans doute très mal. »

« Justement, répliqua Colombe, laissons les morts enterrer les morts, le mort spirituel Bertini occuper cette espèce de catafalque qu'il prend pour un trône. Nous ne pensons pas tellement de bien de l'institution. Pourquoi s'y accrocher comme si c'était la mission d'Emmanuel de la ressusciter à toute force, épurée peut-être mais intangible dans son principe, immuable dans son organisation ? On ne ressuscite pas une institution mourante. Jésus n'est pas venu fonder cette Église-ci plutôt qu'une autre, qui aurait pu être tout à fait différente. Celle-ci appartient au passé, elle a bien rempli son rôle, elle s'est usée à la tâche. Oublions-la. Une institution tout à fait différente surgira dans la mesure où nous croyons en l'Église invisible, inspirée par l'Esprit. Il n'y a plus grand chose de commun entre l'Église médiévale et celle que nous connaissons. Faisons confiance. Et puis, surtout, une fois qu'il aura son joujou, Bertini nous laissera tranquilles. Emmanuel, toi et moi, nous courrons beaucoup moins de risques. Je commence à en avoir marre de jouer dans ce western débile. »

« Tu oublies, répliqua Théo, que si nous lâchons prise, comme tu dis si facilement, Emmanuel est mort au regard de la loi et qu'il endosse l'identité d'un malfaiteur. Il ne peut même pas rentrer avec moi à Fully car on le reconnaîtrait. Il faut qu'il se cache le reste de sa vie. Où cela ? »

Leur hôte intervint :

« Au cœur de l'Aveyron, Emmanuel ne court pas de grand risque. La gendarmerie est composée de gens du pays, qui sont d'abord les cousins des paysans avant d'être des sbires de Paris. Ici les gens sont discrets, ils ne se mêlent pas de la vie des autres. Emmanuel ne sera pas pris pour Jean XXIV, mais pour quelqu'un qui lui ressemble. Au début, on risquera peut-être deux ou trois plaisanteries et puis on pensera à autre chose. Combien de gens ai-je recueillis dans ce prieuré, prêtres paumés, séminaristes déséquilibrés, religieuses à bout de force. On ne m'a jamais pressé d'aller les inscrire à la maison communale. Il se produit un tel va-et-vient au prieuré que cela n'aurait pas de sens. La mécanique du pouvoir s'arrête ici, car il n'y a pas d'argent à gagner en Aveyron, les terres sont pauvres, les routes sont rares. Le seul produit d'exportation est le roquefort, ce que peut fabriquer un pays pauvre à partir de lait de ses brebis. »

« Donc, reprit Colombe à l'intention d'Emmanuel, muet, en pratique tu peux rester ici. Tu vivras au grand air plutôt que dans la pollution de Rome, tu cesseras de souffrir de l'incurie vaticane, tu seras bien nourri avec les bons produits de l'Aveyron. Théo et moi, nous passerons les vacances ici plutôt qu'à Rome, qui est l'endroit le plus fatigant du monde. Et, qui sait, pourquoi ne pas nous retirer ici ? »

« En somme, vous me laissez dans une sorte d'établissement médico-social campagnard, s'efforça de plaisanter Emmanuel. Il y a tout de même un autre aspect à la question. Nous abandonnons l'Église à un voleur et peut-être à un assassin. »

« C'est bien cela que signifie lâcher prise, expliqua Colombe. Je te rappelle le chapitre 6 de Luc. Il est écrit qu'il faut donner ta tunique à celui qui te vole ton manteau. À qui te prend ton bien, ne le réclame pas !

Il n'y pas de faute ou de honte lorsque l'on renonce à son droit. Aimer son ennemi signifie ne pas lui faire la guerre, même si le théologien de service calcule au millimètre près qu'il s'agit d'une guerre juste. L'âpreté au gain, l'exploitation des pauvres, l'attachement à la propriété, le goût du pouvoir, tout cela témoigne du même esprit d'accaparement. En possédant le monde ou une parcelle de celui-ci, l'homme croit s'approprier de force l'immortalité, tandis qu'il y accède vraiment en y renonçant.

« Quand j'aide un mourant, quand j'essaie d'adoucir son passage, j'essaie de le faire renoncer à tout ce qu'il possède, son argent, sa maison, ses vêtements, sa famille même. C'est seulement à cette condition qu'il meurt pacifié. C'est le sens le plus immédiat de la phrase selon laquelle il est plus difficile à un riche d'entrer au royaume des cieux qu'à un chameau de passer par le chas d'une aiguille. Ou encore que celui qui veut garder sa vie la perdra et que celui qui la donne accède à la vie éternelle. Il faut lâcher prise. »

« Et abandonner l'Église à un voleur qui en fera n'importe quoi », reprit obstinément Emmanuel.

« Non, intervint Théo. Les papes indignes n'ont pas manqué dans l'histoire. Certains ont fait la guerre, ils ont vécu dans le luxe, ils ont opprimé les pauvres, ils ont forniqué, ils se sont comportés comme les aristocrates italiens qu'ils étaient de naissance. Mais ils n'ont jamais enseigné quoi que ce soit contre la vraie foi et ils ont prêché la morale même s'ils ne la pratiquaient pas. C'est cela l'Église. Une réalité qui échappe à nos petits calculs et surmonte nos défaillances. »

Leur hôte intervint :

« Nous ne devons rien décider tout de suite. Emmanuel et Théo sont épuisés. Ils souhaitent prendre une douche, manger un morceau, se reposer. Nous pourrons aviser une fois qu'ils seront restaurés. Nous avons tout le temps. D'ici la veillée pascale, ce soir à neuf heures, je propose qu'Emmanuel et moi nous nous voyions en tête à tête pour en parler. Je l'attends dans mon bureau. Mais d'abord je vais vous montrer vos chambres. »

*

Emmanuel posa sa mallette sur le bureau de son hôte et il lui annonça avec un peu trop de solennité :

« Je t'apporte des cadeaux pour l'abbaye. »

La mallette contenait plusieurs paquets enveloppés de papier fort. Du premier, Emmanuel sortit un mince cylindre de cuir rouge.

« Voici le manuscrit du Saint-Sépulcre qui a été découvert par Théo lors de sa campagne de fouilles à Jérusalem. Il date du Ier siècle et il constitue la source commune à laquelle ont puisé Luc et Matthieu, celle que les exégètes ont appelée *Quelle* en allemand. C'est une collection des paroles de Jésus, celles qu'il a vraiment prononcées et qui étaient tellement stupéfiantes qu'elles ont parfois été notées par un auditeur. Mais aussi d'autres qui ont été interprétées, retouchées ou adaptées par des intermédiaires, pour se parler à eux-mêmes à travers la figure du Galiléen qui commençait à prendre une dimension légendaire.

« J'ai extrait ce manuscrit des archives du Vatican parce que je suis convaincu que la première tentation de Bertini serait d'organiser la disparition du document, pour pouvoir mieux nier ensuite qu'il ait jamais existé. Pie XIII est du même bois que ces évêques espagnols qui demandaient que la Bible soit mise à l'index afin d'en interdire la lecture aux fidèles ordinaires. Je ne pouvais pas supporter l'idée que ce manuscrit puisse être menacé. Je suis très sentimental au sujet des vieux papiers. Le manuscrit a été photocopié bien évidemment dès que Théo l'a découvert, mais l'objet lui-même est précieux. Parfois je me dis qu'il a été dans les mains de Jacques, le premier évêque de Jérusalem, le propre frère de Jésus. Je ne suis pas un maniaque des reliques, mais je ne pouvais pas laisser celle-ci à l'abandon. »

Son hôte prit le petit cylindre, tellement étroit qu'il ne pouvait contenir qu'un rouleau modeste. Il fit une observation pratique :

« Je dispose d'un coffre dans la bibliothèque du prieuré... »

Emmanuel précisa :

« Pour déplacer ce parchemin sans l'abîmer, je l'ai fait envelopper dans un emballage sous vide. Bien entendu, je n'ai pas utilisé l'installation des archives du Vatican pour ne pas donner l'alerte. J'ai été tout simplement chez mon boucher à Rome et le soir, volets tirés, nous avons procédé à l'opération. Après tout, le parchemin est de la peau d'agneau : un boucher n'était pas tout à fait incompétent. Cela m'a servi à quelque chose de faire moi-même mes courses. Ici il faudrait installer une réserve spéciale avec une atmosphère à température et humidité contrôlées. Mais cela ne coûtera pas grand-chose. J'en ai discuté avec Théo qui propose d'acquérir tout simplement une de ces armoires spéciales pour conserver les grands crus. Il paiera la facture. »

Emmanuel rouvrit sa mallette dont il retira un second cylindre de même taille :

« En fait, les archives secrètes du Vatican possédaient déjà depuis bien longtemps un autre manuscrit, sur papyrus celui-là, de la même source Q avec des variantes par rapport à celui du Saint-Sépulcre. Ce papyrus a été découvert à Oxyrhynque à deux cents kilomètres au sud du Caire avec un grand nombre d'autres manuscrits en 1897. Il a été acheté aux découvreurs par le Vatican et mis sous secret. À la fin du XIXe siècle, on était en pleine crise du modernisme, il n'était pas possible de tendre la perche à Renan ou à Loisy. Je le confie également à la bibliothèque de Sylvanès. »

Emmanuel sortit d'un autre paquet un gros classeur dans lequel des documents se trouvaient insérés dans des enveloppes de plastique :

« Ceci est tout autre chose. Après le paradis, l'enfer. J'ai emporté une douzaine de documents dont les historiens ont toujours suspecté l'existence, mais dont la communication a été refusée avec la même persistance. En octobre 2000, les six historiens, trois chrétiens et trois juifs, de la commission internationale nommée par Jean-Paul II pour faire toute la lumière sur l'attitude du Vatican pendant la Seconde Guerre mondiale, ont remis un rapport critiquant le refus de les publier. L'existence de ces documents avait été déduite à partir du contexte. En les consultant, on parvient à mieux comprendre ce qui s'est passé durant la Seconde Guerre mondiale. »

Son hôte prit le classeur et le posa sur son bureau comme s'il ne savait qu'en faire. Emmanuel le rassura :

« Je ne souhaite surtout pas que ces documents soient publiés. On ne frappe pas un blessé. On ne rajoute pas à la disgrâce de sa mère même si elle est indigne. On n'étale pas la honte de la famille. Si j'ai sauvé ces documents, c'est tout d'abord parce que j'étais persuadé qu'ils seraient détruits par Bertini dès qu'il en aurait la possibilité. Mais aussi, sur le conseil de Théo, comme une assurance sur ma vie. En quittant Rome j'ai forcément envisagé que je n'y reviendrais peut-être jamais et qu'il faudrait que je me trouve une retraite sûre, Sylvanès par exemple. Mon intention est de protéger ce lieu en faisant savoir à Bertini que ces documents seraient publiés si une agression était commise contre moi-même ou mes hôtes. »

Enfin Emmanuel sortit un autre classeur. Il contenait l'ensemble des documents manuscrits d'Albino Luciani, ceux qui avaient été sauvés de la destruction à Venise après sa mort et puis confiés à Emmanuel et aussi ceux que le cardinal Villot avait trouvés sur le lit de mort de Jean-Paul Ier. De la main du pape assassiné, les ébauches des trois encycliques *Ancilla Domini*, *Crescere et multiplicare* et *Ad altare dei*, qu'Emmanuel n'avait pas réussi à publier, pas plus du reste que son prédécesseur.

« Je crois, dit le maître des lieux en souriant, que la bibliothèque de Sylvanès deviendra dans quelques années la plus célèbre du monde lorsque ces documents seront rendus accessibles. »

Le vent se mit à souffler en rafales dans la forêt dont les branches nues s'entrechoquèrent comme la crécelle qui ponctue les célébrations à partir du jeudi saint. L'hôte alla confectionner une grande théière bouillante à la cuisine et revint avec deux bols. Puis il servit son invité et il répondit à sa demande muette.

*

Emmanuel, je crois que Colombe a raison, même si ce qu'elle propose semble tout à fait déraisonnable. Elle dit quelque chose de très fort. Elle tranche le nœud de contradictions dans lesquelles tu te débattais.

Avec la meilleure intention du monde, tu perpétuais une institution mourante en essayant de la réformer. Tu continuais à te situer par rapport au pouvoir, même et surtout en refusant de l'exercer. Tu définissais une papauté en creux, un non-pape qui restait néanmoins pape, un pape en état d'abdication larvée pour empêcher qu'un pape traditionnel revienne au pouvoir. La question posée par Colombe est simple : peut-on se passer de pape ? Un magistère central est-il indispensable pour l'Église catholique ? Ou bien peut-on lui substituer l'institution scientifique sous le couvert des facultés de théologie ? Ma réponse est deux fois négative. La foi n'est ni une question de pouvoir ni une question d'intelligence.

Les pauvres Églises des hommes ne peuvent être que les superstructures d'une religion alors que la foi, qui seule compte, doit être une infrastructure de la vie. Notre Église n'est pas pire que les autres dans ce domaine. Toutes les religions gèrent le pouvoir au plus mal, parce que ce n'est pas leur véritable fonction. Les religions n'ont pas à apporter d'autres vérités que des vérités existentielles. À la fois une révélation et sa mise en œuvre. Si tu veux, une praxis révélatrice. Dans l'agir s'expose l'être. Plus une religion dévoile une qualité d'être, plus elle est véridique.

À ce point de vue toutes les religions ne se valent pas, mais toutes elles se rejoignent dans ce qu'elles ont de meilleur et de moins superficiel. Une pratique révélatrice des mystères cachés depuis le début du monde plutôt qu'une dogmatique. Le Christ demande que nous soyons des fidèles. Il ne nous sollicite pas d'adhérer intellectuellement à des vérités mais de les vivre. Les évangiles sont un récit, pas un traité de théologie ou de morale. Le catéchisme est une invention des clercs.

Le drame propre à l'Église catholique, c'est qu'elle promeut avec obstination des vérités transhistoriques, sans mains et sans pieds, purement conceptuelles. Seule l'histoire philosophique de l'Occident pouvait fabriquer une Église aussi crispée sur une vérité prétendument immuable. En revanche, on a découvert en sciences naturelles qu'il n'existe pas des lois éternelles de la nature, qui attendraient que les savants les découvrent comme autant de réponses à des devinettes. Il n'y a que des approximations successives imaginées par les hommes, qui permettent de décrire de plus en plus finement la réalité expérimentale. C'est seulement dans la mesure où un savant dit quelque chose qui risque d'être faux, qu'il court une chance de découvrir un nouveau morceau de la vérité sans jamais l'épuiser. La recherche scientifique est une entreprise à risques. La répétition perpétuelle des mêmes enseignements stérilise : c'est ce qui s'est passé dans le monde hellénistique ou dans l'univers communiste. Interroge Théo, il te renseignera.

Il serait temps que cette conception de la vérité informe l'enseignement du christianisme. La vérité spirituelle résulte d'un travail spirituel. Seule la sainteté permet d'avoir un discernement qui serait infaillible. La seule vérité de la foi est interne à l'homme et impossible à transmettre dans sa plénitude avec des mots. Tout en prétendant demeurer imperturbablement fidèle à une Tradition, de fait l'Église proclame aujourd'hui des vérités qui étaient des erreurs hier et inversement.

D'ailleurs est-il bien nécessaire de proclamer des vérités ? Et n'est-il pas plus dangereux encore de se prétendre infaillible, en laissant aux successeurs la pénible tâche de gérer le contentieux et de persévérer dans les erreurs commises. L'angoisse de Paul VI obligé de publier *Humanae vitae* pour ne pas contredire ses prédécesseurs ! Cette hantise d'une vérité intangible provient de la connivence avec le pouvoir politique, qui est grand utilisateur de vérités. Vraies ou fausses, cela n'a pas d'importance pourvu qu'elles s'imposent ou qu'elles soient imposées au peuple. Même les laïcs, au sens français du terme, sont des religieux de l'État.

La langue de bois, qu'ils affectionnent tellement, n'est que la version moderne de la bigoterie. Falsifier l'histoire du monde, comme le faisaient grossièrement les communistes ou les nazis, comme continuent de le faire à la petite semaine les énarques de la République, une et indivisible, c'est attribuer le caractère de vérité incontournable à des opinions, des préjugés, des idées toutes faites.

Les religions, elles, visent la sainteté quand elles font vraiment leur métier. Pendant les premiers siècles du christianisme, discuter interminablement de la Trinité sur base de distinctions abstraites entre la nature et la personne a mené à des guerres entre princes, ni plus ni moins convaincus de ces définitions philosophiques les uns que les autres, mais bien contents de disposer d'une religion d'État différente de celle du voisin. Idem pour les guerres entre princes luthériens et catholiques sur fond de dispute théologique entre la grâce et le mérite. La religion servait de facteur d'unanimité, de ciment social rêvé pour les empires. Il fallait donc comprimer la foi dans un corset philosophique, car celui-ci vise précisément la vérité.

Dans ce christianisme sociologique, on reste à un baptême de surface, sans atteindre ces profondeurs où tous les croyants se rejoignent en évitant de s'arc-bouter sur leurs différences. L'Occident dit chrétien n'a jamais été vraiment chrétien. Par nature le christianisme est une religion de la personne et pas de l'État. On a donc ritualisé les sacrements, enseigné des dogmes mais pas éduqué à la foi. On a bâti l'empire des clercs et pas le royaume de Dieu, qui est le cercle enchanté des béatitudes. Même un agnostique, disciple de Jésus, est plus chrétien que celui qui adhère à tous les dogmes proclamés, mais dont la vie n'est pas en accord avec sa foi prétendue.

Pour ma part, je professe une confession très sobre sur la personne du Christ. Je ne me permets pas d'essayer de comprendre la composition chimique de Jésus, la part divine et la part humaine. Je veux simplement me laisser habiter par la vie de Dieu. La prédication de Jésus n'est pas une théorie sur Dieu, il n'est pas venu pour faire de nous des coreligionnaires. Le sommet de la théologie consiste à ne rien dire de Dieu, sinon son mystère et sa présence.

Le Christ est venu annoncer le royaume où chaque homme peut être reconnu comme enfant de Dieu et où tous les hommes peuvent vivre ce mystère de filiation. Est-ce que le Christ est venu apporter une nouvelle religion ? C'est loin d'être évident car il pratique la religion de ses ancêtres. Le baptême chrétien n'est pas le rite d'entrée dans une institution, mais la révélation d'une filiation unique. Dieu ne s'est révélé que pour nous apprendre que nous sommes fils de Dieu. La seule preuve de Dieu est la vie du Christ. Notre accès à Dieu est le plus humble possible : la vie d'un homme. L'Église débute là où commence la Parole et elle cesse là où elle s'arrête.

Cette Parole n'est la propriété de personne. Surtout pas des universitaires qui l'ont dépecée selon la démarche rationaliste, qui s'occupe du contenant et pas du sens. Quand tout est pillé, il ne reste qu'une carcasse, qui est un déchet et que l'on jette. Telle est l'ambition des exégètes modernes, plus pontifes que le pontife, qui prétendent détenir les ultimes clés de compréhension d'un texte.

Maintenant il faut que l'Église renaisse, ici et maintenant avec toi, invisible et présente. Peut-être aurait-on dû en rester là. Les trente-deux premiers papes, tous morts martyrs de la persécution romaine, étaient inconnus des Romains et connus par les chrétiens des catacombes. Ici, à Sylvanès nous sommes un peu l'équivalent de cette chrétienté. La République et les médias nous ignorent. Il n'y a plus d'évêque dans la cathédrale et je ne l'irrite plus par mon enthousiasme. Les curés du voisinage, qui se plaignaient de l'activité de l'abbaye, non parce qu'elle était contraire à la foi ou aux mœurs, mais parce qu'elle était entreprenante, sont en fin de vie dans des établissements médico-sociaux.

Le petit reste des chrétiens doit s'arc-bouter. Au risque de susciter la haine, il faut ne pas être d'accord avec cette société, dite d'abondance. Les chrétiens doivent entrer en rébellion et refuser l'aliénation économique. Être résistant dans la manière de vivre. Pratiquer la dissidence au quotidien pour être prêt à l'affirmer à une échelle plus importante, comme le proposent certains leaders paysans qui sentent bien comment une certaine façon de produire et de consommer de la nourriture est indigne parce qu'elle nie le sens de la vie. Une économie de sagesse. Éviter les principes généraux. Recourir au conseil fraternel. Ne pas écouter des guides ou des gourous, mais des frères avec lesquels on peut travailler la vérité, chercher la lumière dans l'obscurité.

Je ne suis pas à ta place, je ne peux décider pour toi. Chaque histoire est unique. L'existence se vit dans l'opacité et la crainte. Il faut refonder un christianisme qui recrée l'enchantement de la vie.

*

Sur la prairie face au pignon ouest de l'église, un grand bûcher avait été érigé, aussi haut que celui sur lequel avaient brûlé Jeanne d'Arc, les cathares, les démentes condamnées comme sorcières. Ce soir, personne ne monterait sur le bûcher. À dix heures, il serait allumé pour signifier le commencement de la veillée pascale.

Une grande foule l'entourait. Des pèlerins venus de Paris et de Strasbourg, de Genève et de Bruxelles, des animateurs de chorales qui chantaient à longueur d'année la *Liturgie chorale du peuple de Dieu*, comme manifestation de leur exigence d'une liturgie, qui soit manifestation de la beauté de Dieu plutôt que de la conformité routinière à un rite universel. Mais il y avait aussi les habitants du village et ceux d'alentours, ceux de Camarès et de Brusque, de Montlaur et de Fondamente. Ils venaient de tous ces bourgs qui avaient été construits dix siècles plus tôt autour d'une église aujourd'hui déserte. Depuis trente ans, plus aucune ordination n'avait eu lieu dans le diocèse de Rodez dont le dernier évêque était mort sans que l'on trouve un successeur. Sur le territoire de l'Aveyron, Sylvanès était devenu le centre de gravité du culte catholique comme l'abbaye l'avait été à sa fondation au XIIe siècle par Pons de Léras, un bandit repenti. Le petit reste des croyants se réunissait sur une prairie autour d'un bûcher.

Emmanuel était seul dans l'église plongée dans une obscurité absolue. Il avait convenu avec son hôte qu'il aurait été imprudent de se mêler aux célébrants, au risque d'être reconnu par un de ceux-ci. Comme il n'y avait plus de sacristain, il pourrait le remplacer, assister de près à la célébration et s'effacer de façon tellement visible que personne ne devinerait celui qu'il était. Théo et Colombe étaient accoutumés de venir aux célébrations pascales de Sylvanès. Ils seraient reconnus sans surprise par les habitués. Ceux-ci avaient déjà témoigné de leurs condoléances à la sœur et au frère du pape défunt. Emmanuel était donc invisible car personne n'imaginait qu'il pût être là, un vivant absent comme s'il était mort et d'autant plus présent.

Emmanuel se plaça dans l'embrasure de la porte. Sa modeste charge consistait à empêcher que la foule envahisse l'église avant que n'y pénètre le cierge pascal. Quelques personnes âgées et handicapées avaient préféré attendre dans le sanctuaire plutôt que de risquer lc froid et l'humidité extérieurs. Comme un sacristain, il était le gardien d'une église vide et obscure dans l'attente de la lumière.

La flamme jaillit du centre du bûcher, aidée dans son explosion par quelques judicieuses lampées d'alcool à brûler. En quelques minutes, le bois sec éclata en étincelles qui montaient vers le ciel tout à fait clair, piqueté d'étoiles comme des clous retenant un plafond de velours bleu sombre.

Le chœur entonna :

Je suis le Fils de Dieu
Dont les yeux sont une flamme ardente.
Et la flamme de mes yeux ne s'est pas éteinte
Quand les yeux de mon âme se sont fermés,
Dans ma chair sur la Croix.
Je suis venu jeter le feu sur la Terre,
Ma vie nul ne la prend,
Mais c'est moi qui la donne.
Mon Corps est le Buisson ardent qui n'est pas
[consumé.
Écoute Israël : « Je suis Celui qui est. »

Le cierge pascal fut allumé, non sans risques, par un clerc en aube hautement inflammable qui alla quérir le feu dans le brasier. Le soleil, dont l'énergie avait été emmagasinée dans le bois sec, rayonnait au milieu de la nuit avec son éclat insoutenable. La foule s'écarta et plusieurs détournèrent les yeux.

La procession se mit en route vers le portail de l'église. Les cierges des célébrants, puis du chœur, puis de la foule furent allumés à partir du cierge pascal par transmission de la main à la main.

Emmanuel ouvrit à deux battants la porte et la procession entra dans l'église obscure avec le seul éclat des flammes individuelles. Par l'allée centrale, le cierge pascal avança vers l'autel où il fut hissé sur le candélabre. Deux par deux, le clergé et les fidèles suivirent. Emmanuel eut la fugitive vision d'une procession d'âmes entrant dans le royaume des cieux.

Il commença à allumer les cierges posés sur de grands candélabres, fichés dans des vasques de sable, nichés dans des embrasures. Jusqu'à la fin de l'*Exultet*, il s'abstint de recourir à l'éclairage électrique.

Au *Gloria*, il mit en branle la grosse cloche tandis que les enfants faisaient carillonner tout ce que l'église comportait de clochettes, de grelots et de sonnailles. Lorsque le bourdon fut bien lancé, Emmanuel se sentit soulevé de terre par la corde. Il se laissa aller à cette lévitation. Existe-t-il plus grande joie que de sonner les cloches de Pâques ? Colombe et Théo, côte à côte, lui sourirent comme s'il était un enfant.

En quête du trésor de Salomon

L'éclat de Dieu
Romain Sardou

1099. Jérusalem est tombée aux mains des Croisés. Les milliers de pèlerins se hâtant sur les routes vers le tombeau du Christ sont pillés et massacrés par des hordes de brigands. Sous prétexte d'assurer leur protection, neufs chevaliers décident alors d'unir leurs forces. Mais leur apparente bienveillance n'est-elle pas le moyen le plus sûr de faire main basse sur un secret convoité depuis la nuit des temps ?

(Pocket n° 12677)

Intrigue à Rome

Imprimatur

Rita Monaldi & Francesco Sorti

Rome, 1683. À la mort brutale d'un voyageur français, l'hypothèse effroyable d'une épidémie de peste est avancée : l'auberge du Damoiseau et ses douze résidents sont mis en quarantaine. Lorsque le médecin Cristofano découvre que le voyageur a été empoisonné, l'abbé Melani décide de mener l'enquête. Accompagnés du jeune aubergiste, ils transgressent les ordres et leurs investigations vont les conduire des souterrains de Rome aux grands salons des palais princiers, entre les secrets du Vatican et les terribles intrigues de la cour de Louis XIV.

(Pocket n° 11929)

Achevé d'imprimer sur les presses de

BUSSIÈRE

GROUPE CPI

à Saint-Amand-Montrond (Cher)
en mars 2006

POCKET - 12, avenue d'Italie - 75627 Paris Cedex 13
Tél. : 01-44-16-05-00

— N° d'imp. : 60365. —
Dépôt légal : mars 2006.

Imprimé en France